L'INFINITÉ DIVINE

DEPUIS PHILON LE JUIF JUSQU'A PLOTIN
(I" s. av. J.-C. — III" s. ap. J.-C.)

Avec une Introduction sur le même sujet dans la Philosophie grecque avant Philon le Juif

PAR

Henri GUYOT
DOCTEUR ÈS-LETTRES

PARIS

FÉLIX ALCAN, ÉDITEUR

LIBRAIRIES FÉLIX ALCAN ET GUILLAUMIN RÉUNIES
108, Boulevard Saint-Germain, 108.

1906

Tous droits de traduction et de reproduction réservés.

L'INFINITÉ DIVINE

DEPUIS PHILON LE JUIF JUSQU'A PLOTIN

L'INFINITÉ DIVINE

DEPUIS PHILON LE JUIF JUSQU'A PLOTIN
(Iᵉʳ s. av. J.-C. — IIIᵉ s. ap. J.-C.)

Avec une introduction sur le même sujet dans la Philosophie grecque avant Philon le Juif

PAR

Henri GUYOT
DOCTEUR ÈS-LETTRES

PARIS
FÉLIX ALCAN, ÉDITEUR
LIBRAIRIES FÉLIX ALCAN ET GUILLAUMIN RÉUNIES
108, BOULEVARD SAINT-GERMAIN, 108.

1906

Tous droits de traduction et de reproduction réservés.

DU MÊME AUTEUR :

La Monadologie de Leibniz. Edition classique publiée d'après le texte de Gerhardt, avec introduction, sommaire et notes. — 1 vol. in-16 (Ch. Poussielgue ; Paris, 1904).

Les réminiscences de Philon le Juif chez Plotin. Etude critique. — 1 vol. in-8° (F. Alcan ; Paris, 1906).

OBJET, DIVISION ET BUT DE L'OUVRAGE

Dieu, chez Aristote, est essentiellement fini. Pour nous autres modernes, au contraire, l'Infinité est le comble de la Perfection et l'attribut divin par excellence. Or, cette opposition de la Perfection et de l'Infinité cessa et leur union commença chez Plotin (IIIe s. ap. J.-C.). Mais la Bible, Philon le Juif (Ier s. av. et ap. J.-C.) et Numénius avaient préparé ce changement, tandis que les Néopythagoriciens et Plutarque (IIe s. ap. J.-C.) le retardèrent. Enfin, les philosophes grecs, antérieurs à Philon le Juif, avaient tantôt uni, tantôt séparé l'Infinité et la Perfection; puis ils les opposèrent définitivement et en vinrent même à nier l'existence de tout Infini. C'est ce que nous montrons dans une Introduction générale sur *l'Infinité divine dans la philosophie grecque avant Philon le Juif* et dans trois Parties intitulées *Philon* le *Juif* — *Les Néopythagoriciens* — *Plotin*. Le but de notre travail est modeste comme son objet ; nous n'avons voulu, en effet, que déterminer avec exactitude et clarté où, quand et comment la notion de l'Infinité divine s'est formée. L'histoire entière de cette notion, qui eût elle-même servi à l'histoire de l'idée de Dieu — cette dernière mesurant à son tour la valeur d'une telle idée — eût donc été autrement importante ; mais la tâche nous a paru dépasser encore nos forces. Toutefois, les *Origines* sont, dans ces histoires, un moment et un aspect essentiels. En outre, les noms d'un Pseudo-Denys, d'un Spinoza et d'un Aug. Comte ne sont pas plus inconnus de ceux qui nous liront que les noms d'Aristote et de Plotin. Ceux-là, dès lors, verront d'abord comment, depuis Philon le Juif jusqu'à Plotin, l'esprit averti sur le réel par la spéculation et pourtant pleinement confiant dans l'existence d'un Principe meilleur que le réel, en vint à traiter ce Principe d'infini. Seulement l'Infinité et des lambeaux anthropomorphiques restèrent mélangés chez Philon, chez Plotin même et chez ceux qui lui ont succédé jusqu'à nos jours. C'est le succès croissant de la Science qui commence seulement de rendre l'Infinité à elle-même. Le jour par exemple où la Morale aura fini de se constituer rationnellement sous le nom de

Sociologie, on ne voit plus bien à quoi Dieu, tel du moins que nous le concevons encore, pourra servir : Idéal, sans doute, qui sera identique au tout et réel comme lui, mais Idéal dont on ne pourra rien dire, objet de *foi* coloré diversement par les différents esprits qui le concevront, étranger de toutes façons à la pensée scientifique. Voilà ce que le lecteur apercevra peut-être par delà ce qu'il aura vu immédiatement. Peut-être aussi et dès lors cela même ne paraîtra-t-il pas dépourvu de tout intérêt [*].

---

[*] Nous devons remercier ici très particulièrement M. V. BROCHARD de sa précieuse et ferme direction et plus généralement pour maints encouragements ou conseils MM. H. BERGSON, E. BOUTROUX, CH. HUIT, S. KARPPE, CL. PIAT et FR. PICAVET.

Table alphabétique des auteurs cités.

ARISTOTELIS *opera* edit. Academia regia borusica. Berlin, 1831-70. — Aristotelem (Commentaria in... graeca). Berlin, 1882 et seqq.

Bible polyglotte par F. Vigouroux. Paris, 1903. — *La Sainte Bible.* Traduction par L. Second. Paris, 1901 (citée pour l'A. Test. tout entier, sauf pour l'*Ecclésiastique* et la *Sagesse*).

BOUILLET M.-N. *Les Ennéades de Plotin.* Paris, 1857-1861. (Toujours diffus et souvent erroné.)

CAIRD EDW. *The evolution of Theology in the Greek Philosophers.* Glasgow, 1904.

CHALCIDII commentarius in Timaeum Platonis. Edit. F.-G.-A. Müllach (dans *Fragmenta philos. graecor.* vol. II). Paris, 1877.

CHANTEPIE DE LA SAUSSAYE P. D. *Manuel de l'histoire des religions,* trad. H. Hubert-J. Lévy. Paris, 1904.

CICERONIS *opera* edit. Müller. Leipsig, 1880.

COUSIN V. *Histoire générale de la philosophie.* Paris, 1863.

COVOTTI. *La cosmogonia plotiniana.* Rendic. dell. real. Acad. d. Lincei. Cl. di Sc. mor. V, 4, pp. 371-393, 469-488.

CROISET A. et M. *Hist. de la Littérature grecque.* Paris, 1894. — Manuel d'histoire de la Littérature grecque. Paris, 1900.

DIELS H. (ou H. D). *Die Fragmente der Vorsokratiker.* Berlin, 1903.

DIOGENIS LAERTII *de vitis philosophorum libri X.* Lipsiae, 1833 (indiquée par la lettre S).

Epicurea ed. H. Usener. Lipsiae, 1887.

EUSEBII Caesariensis *opera* recogn. G. Dindorf. Lips., 1867.

FOUILLÉE A. *La philosophie de Platon.* Paris, 1869.

GOMPERZ TH. *Griechische Denker.* 2ᵉ édit. Leipsig, 1903.

GUYOT H. Sur l'ἄπειρον d'Anaximandre. Rev. de Philos. ; Février, 1904. *Sur le dieu de Platon.* Rev. de l'Inst. catholique, 1903, n° 4. — *Ammonius Saccas.* Rev. de l'Inst. cath., 1904, n° 5. — *La Génération de l'Intelligence par l'Un chez Plotin.* Rev. Néoscolastique ; Février, 1905. — *L'Infini d'Anaximandre et le Germe d'Anaxagore.* Rev. de l'Inst. cath. ; Décembre, 1905.

HERRIOT ED. *Philon le Juif.* Paris, 1898.

HESIODI *carmina.* Edit. J. Flach. Leipsig, 1878.

HUIT CH. *La vie et l'œuvre de Platon.* Paris, 1893. — *Le Sophiste.* Rev. de Philos. ; Mars, 1904. — *Les notions d'Infini et de Parfait.* Rev. de Philos. ; Décembre, 1904.

JUSTINI philosophi et martyris opera. Edit. Otto (Corpus apologetarum christianorum, vol. III). Iena, 1879.

KARPPE S. *Etude sur les origines et la nature du Zohar.* Paris, 1901. *Essais de critique et d'histoire de philosophie.* Paris, 1902.

LACHELIER J. *Note sur le Philèbe.* Rev. de Métaphys. et de Morale ; Mars, 1902.

Loisy A. *Les mythes babyloniens et les premiers chapitres de la Genèse.* Paris, 1901. — *Etudes bibliques.* Paris, 1902.

Milhaud G. *Leçons sur les origines de la science grecque.* Paris, 1893. — *Les philosophes géomètres de la Grèce. Platon et ses prédécesseurs.* Paris, 1900.

Nemesius. *De natura hominis.* Edit. C. F. Matthaei. Halle-Magdebourg, 1802.

Nicomachi Geraseni pythagorei *introductio arithmetica.* Edit. R. Hoche. Lipsiae, 1865.

Nicomachi *theologumena arithmetica.* Edit. Ast. Leipsig, 1817.

Ocelli. De universi natura. Ed. F.-G.-A. Mullach. Berlin, 1845.

Philon le Juif *Opera.* Edit. Cohn et Wendland. Berlin, 1896 et seqq. (en cours de publication). — *Opera.* Editio stereotypa. Lipsiae, 1888 (indiquée par la lettre S).

Photius. *Bibliothèque.* Edit. Bekker. Berlin, 1824.

Piat Cl. *Aristote.* Paris, 1903.

Picavet Fr. *Plotin et saint Paul.* Séances et travaux de l'Académie des Sc. mor., etc. ; Mai, 1904.

Platonis *Dialogi* ex recog. C.-F. Hermani. Lips., 1874.

Plotin. *Ennéades.* Edit. R. Volkmann. Lipsiae, 1883.

Plutarque. *Moralia.* Edit. G. Bernadakis. 8 vol. in-12. Lipsiae, 1888. — *Plutarchi moralia* emendavit D. Wyttentach. Oxonii, 1795 (indiqué par la lettre W).

Ravaisson. *Essai sur la Métaphysique d'Aristote.* Paris, 1846.

Ritter H. *Histoire de la philosophie,* trad. par C.-F. Tissot. Paris, 1835-36.

Ritter-Preller-Wellmann. *Historia philosophiae graecae*. Gothae, 1898.

Sextus Empiricus, ex recensione I. Bekkeri. Berlin, 1842.

Simon J. *Histoire de l'Ecole d'Alexandrie*. 2 vol. in-8°. Paris, 1845.

Steinhart K. *Real. Encyclopaedie der classichen Alterthum-Wissenschaft* de Paüly, Art. *Plotin*. Stuttgart, 1901.

Stobaei J. *Eclogarum physicarum et ethicarum libri duo* recensuit A. Meineke. Lips. 1869.

Tannery P. *Pour l'histoire de la science hellène*. Paris, 1887. — *Pour l'histoire du mot* ἄπειρον. Rev. de Phil.; Février, 1904.

Vacherot. *Histoire critique de l'Ecole d'Alexandrie*. 3 vol. in-8°. Paris, 1846-51.

Zeller Ed. *Die philosophie der Griechen*. Berlin, 1903. — *Ammonius Sakkas und Plotin*. Archiv. für Gesch. d. Philos. t. VII, pp. 295-313. — *La philosophie des Grecs*. Trad. franç. par E. Boutroux. Paris, 1877. — *Die Entwicklung des Monotheismus bei den Griechen*. Vortr. u. Abhandl. Iste Sammlung, 1. 2ste Aufl. Leipsig, 1875.

INTRODUCTION

L'INFINITÉ DIVINE DANS LA PHILOSOPHIE GRECQUE AVANT PHILON LE JUIF

L'histoire de l'Infinité divine dans la philosophie grecque avant Philon le Juif peut être partagée en deux périodes : 1º De Thalès à Démocrite l'esprit grec *hésite* entre l'Infinité et la détermination du Principe premier. 2º De Platon jusqu'aux Stoïciens le Principe premier est considéré comme *déterminé*.

I

De Thalès à Démocrite.

L'esprit grec hésite entre l'Infinité et la détermination du Principe premier.

« Au commencement, écrit Hésiode, existait le Chaos (Χάος)... Du Chaos sortirent l'Erèbe et la Nuit sombre, et de la Nuit l'Ether et le Jour (1). » L'Indéterminé et

---

(1) Hésiod. *Théog.* 116. (Edit. J. Flach, Leipz., 1878.)

l'Obscur sont donc les principes d'explication que nous trouvons au début de la philosophie grecque. La chose ne doit pas nous étonner absolument. Cette philosophie est encore une mythologie; Hésiode n'est lui-même qu'un poète et un théologien. L'*imagination* qui prédomine dans l'une et chez les autres trouve avec l'Indéterminé une explication facile. Mais la *spéculation* proprement dite allait du premier coup manifester avec un entendement éminemment clair des dispositions toutes contraires.

Thalès de Milet s'étant avisé de rechercher l'élément primordial, déclara que c'était l'eau (1). Le problème philosophique se posait donc sur un terrain proprement *naturel* et *scientifique*. Par suite la pensée grecque pouvait bien un jour quitter ce terrain et s'élever jusqu'à la métaphysique. Mais la manière initiale dont la question avait été posée fit que la philosophie hellénique se présenta longtemps comme une *Physique*, plutôt que comme une Métaphysique. Or une Physique ne pouvait laisser à l'Infinité que peu de place ou seulement une place inférieure. En fait, l'eau que le premier physicien donnait pour l'élément primordial, était un principe *déterminé*.

Anaximandre, disciple et successeur de Thalès, lui substitua l'*Indéterminé* (τὸ ἄπειρον). « Anaximandre, écrit Théophraste, déclara que le principe et l'étoffe des êtres était l'Indéterminé (2). » — Le terme ἄπειρον apparaît pour la première fois dans la spéculation. Sa signification ultérieure sera certainement « infini. » Nous préférons

---

(1) Arist. *Mét.* I, 3, 983ᵇ18.
(2) Theophrast. *Physic. opin.* ap. Simplic. *Phys.* 24. 13 (H. Diels. *Die Fragmente d. Vorsokr.*, 16, 9) : Ἀναξίμανδρος... ἀρχήν τε καὶ στοιχεῖον εἴρηκε τῶν ὄντων τὸ ἄπειρον....

pourtant le traduire ici par *indéterminé*. Cette traduction possède en effet l'avantage d'être toujours convenable, à quelque étymologie (ἀ — πέρας, *sans limite* — ou ἀ — πεῖρα, *sans expérience*) qu'on rattache le concept d'Anaximandre et de quelque attribut qu'on enrichisse ce concept (1). — Il est plus intéressant de remarquer tout de suite que l'Indéterminé est nommé pour la première fois « principe. » Le physicien le croit propre à ce rôle parce que l'*Indéterminé explique mieux qu'un principe déterminé* et relativement rare *la fécondité inépuisable* et la variété *de la nature* (2). Sa puissance est infinie. Il est l'étoffe d'où tout sort et où tout rentre nécessairement. Se séparer de lui est un amoindrissement et un péché (3). Ce sont les mêmes considérations, le même rôle, le même terme qui auront une fortune si grande à dix siècles d'intervalle chez Plotin. — Si toutefois l'Indéterminé d'Anaximandre était déjà certainement éternel (4) et plus ou moins illimité (5), il n'était encore qu'une substance *matérielle* comme l'eau

---

(1) Voir les considérations intéressantes de P. TANNERY. *Pour l'hist. du mot ἄπειρον*. Rev. de Phil. Juin 1904, 704. — L'étymologie ἀ-πεῖρα, *sans expérience*, nous paraît bien improbable. M. Tannery lui-même, pour la défendre, est obligé de remarquer qu'elle « se prêterait également au sens *passif* » : sans expérience, c'est-à-dire *non-expérimenté*, inconnu, indéterminé. Mais le terme n'a jamais chez les auteurs que le sens actif, *qui n'a pas expérimenté, ignorant*, etc.

(2) THEOPHR. *loc. cit.* et ARIST. *Phys.* III, 8, 208ᵃ 8.

(3) THEOPHR. *loc. cit.* et ARIST. *Phys.* III, 4, 203ᵇ 7. Il n'est pas sûr que les paroles περιέχειν ἅπαντα, κ.τ.λ. soient d'Anaximandre. H. DIELS. *loc. cit.* ne les souligne plus. Mais Théophr. *loc. cit.* appuie suffisamment notre assertion.

(4) ARIST. *Phys.* III, 4, 203ᵇ 7.

(5) A notre sens, Anaximandre ne s'est pas posé la question. Sur les opinions différentes, cf. notre travail *Sur l'ἄπειρον d'Anaximandre*. Rev. de Phil. 1904, 712, 4.

de Thalès (1). On l'a, croyons-nous, identifié justement avec le « vide atmosphérique (2) » ou « l'azur sans bornes (3). »

La doctrine d'ANAXIMÈNE confirme cette opinion. Anaximène déclara que le principe premier était l'*air infini* (τὸν ἀέρα... τῶι μεγέθει ἄπειρον) (4). Quoique Théophraste paraisse opposer à ce sujet Anaximandre et Anaximène (5), vraisemblablement le disciple ne faisait que préciser la pensée de son maître. Mais cette précision la déformait. Les raisons pour lesquelles Anaximandre avait posé l'Indéterminé tout court, le rôle dont il l'avait chargé, le terme même, s'opposaient à ce qu'on le fît de substantif épithète ; l'air infini était un principe moins infini, moins premier, moins fécond et moins souple que le seul Indéterminé. L'esprit grec cédait donc à sa nature scientifique. Les opinions qu'Héraclite, les premiers Pythagoriciens et Xénophane professent à la même époque, achèvent de le montrer.

La substance unique et première, suivant HÉRACLITE, est le feu intelligent, *limité* (πεπερασμένον) et mobile (6) ; sur lui reposent l'existence, la connaissance et l'action (7). — La mobilité du feu fut sans doute le motif pour lequel Héraclite le substitua à l'eau, à l'Indéterminé et à l'air des

---

(1) ARIST. *Phys.* III, 8, 208ᵃ 8 : σῶμα αἰσθητόν.
(2) John BURNET. *Earl. Greek Phil.* dans P. TANNERY, *art. cité*. Rev. de Phil. 1904, 704, 1.
(3) PEITHMANN cité par CH. HUIT. *Les notions d'Infini et de Parfait*. Rev. de Phil. 1904, 742, 1.
(4) PLUT. *Strom.*, 3 (H. D. 22, 6).
(5) Ap. SIMPLIC. *Phys.* 24, 26 (H. D. 22, 5).
(6) THEOPHR. ap. SIMPL. *Phys.* 23, 33 (H. D. 62, 6).
(7) Fr. 1, 2, 30 (H. D. 66 et 71).

Milésiens. Par cette mobilité, en effet, le feu pouvait tout devenir. Or cette aptitude était vraiment une puissance infinie qui se trouvait déjà dans l'Indéterminé d'Anaximandre. — Mais ce côté des choses ne retient pas l'attention de l'Ephésien. Héraclite songe plutôt contre Anaximandre à déterminer l'élément premier dans sa quantité d'abord (1) et surtout dans sa nature; le feu est un *Verbe* (λόγου) (2). Platon, Aristote, les Stoïciens ne penseront pas et ne parleront pas autrement. Le *Verbe* d'Héraclite, c'est presque toute la physique et presque toute l'intelligence grecque. — Héraclite, enfin, qui définit le principe premier, connaissait les mystères religieux de l'Orient (3). Si dès lors un certain Orient, le Judaïsme par exemple, a joué dans la formation de l'Infinité divine un rôle prépondérant, il ne faut pas se hâter de prêter le même rôle à l'Orient en général (4).

« Suivant les Pythagoriciens, avait écrit Aristote, le vide existe et pénètre dans le ciel, quand celui-ci respire le souffle *infini*. Il divise les natures comme une barrière qui séparerait des choses placées les unes à côté des autres. Il est donc antérieur aux nombres, puisqu'il les divise. Le ciel est un ; de l'*infini* sortent le temps, le souffle et le vide qui assigne à chaque chose ses limites (5). » — Le

(1) Fr. 1.
(2) *Ibid.*
(3) P. Tannery. *Pour l'hist. de la Sc. Hell.* VII, 3.
(4) Cf. Ire Partie, ch. I. — Ed. Zeller, qui n'a pas mis le premier point dans une lumière suffisante, a eu raison de combattre obstinément Ritter et Cousin sur le second. Th. Gomperz se tient dans un juste milieu.
(5) Arist. *Phys.* IV, 6, 213ᵇ 22 : εἶναι δ'ἔφασαν καὶ οἱ Πυθαγόρειοι κενόν, καὶ ἐπεισιέναι αὐτῷ τῷ οὐρανῷ ἐκ τοῦ ἀπείρου πνεύματος ὡς ἀναπνέοντι καὶ τὸ κενόν, ὃ διορίζει τὰς φύσεις, ὡς ὄντος τοῦ κενοῦ χωρισμοῦ τινος τῶν ἐφεξῆς καὶ

vide dont il s'agit ici est un vide relatif, éthéré et matériel, analogue à l'air. Nous le voyons, en effet, chargé de diviser les choses et identifié avec le souffle infini. Quant au temps, il est dit sortir du souffle infini, parce qu'il est luimême infini. — D'autre part, ces opinions appartiennent bien aux *premiers* Pythagoriciens. Elles sont grossières, « au plus haut point obscures et nébuleuses (1). » Elles rappellent la physique d'Anaximandre, que les travaux de l'école n'ont point encore perfectionnée. Enfin Xénophane avait écrit : « Le monde voit et entend, mais il ne respire pas (2). » Or Xénophane vit au même temps et presque aux mêmes lieux que Pythagore et ses premiers disciples. D'autre part, ni Anaximandre, ni Héraclite, ni Parménide n'ont enseigné que le monde « respire. » Xénophane visait donc une opinion particulière aux Pythagoriciens. — Nous obtenons ainsi la représentation suivante : une matière diffuse, homogène et illimitée, pareille au vide ou à l'espace tels que le vulgaire les conçoit ; au centre de cette matière, le monde sous la forme d'une sphère enflammée, jadis unique, maintenant fragmentée ; l'un, enfin, puisant la vie dans l'autre par un mouvement respiratoire analogue à celui d'un animal. — De prime abord le rôle de l'Infini demeure équivoque. Celui-ci est quelquefois en même temps la matière dont les choses sont faites et le principe

---

διορίσεως · καὶ τοῦτ' εἶναι πρῶτον ἐν τοῖς ἀριθμοῖς · τὸ γὰρ κενὸν διορίζειν τὴν φύσιν αὐτῶν. — ARIST. *La philos. de Pythag.* livre I, cité par STOBÉE. Ecl. I, 18 (édit. Meineke, I, 103ⁿ) : ἐν δὲ τῷ περὶ τῆς Πυθαγόρου φιλοσοφίας πρώτῳ γράφει, τὸν μὲν οὐρανὸν εἶναι ἕνα, ἐπεισάγεσθαι δ' ἐκ τοῦ ἀπείρου χρόνον τε καὶ πνοὴν καὶ τὸ κενόν, ὃ διορίζει ἑκάστων τὰς χώρας ἀεί.

(1) ED. ZELLER dans E. BOUTROUX. Trad. fr. I, 416.
(2) DIOG. IX, 19 (H. D. 38, 1).

qui les fait; tantôt en tous cas il est l'élément limité et tantôt l'élément limitant. Cependant un examen attentif le montre plutôt comme *indéterminé* en lui-même et subissant l'action déterminante d'un autre principe. L'infini devient avec les premiers Pythagoriciens l'élément imparfait.

Xénophane de Colophon avait écrit : « La terre semble limitée par l'éther en haut et tout près de nous ; mais par le bas elle va à l'infini (1). » L'Infinité n'est donc plus avec Xénophane que l'Illimitation relative de l'Etre dans l'espace.

(1) H. D. 56, 28 : ἐς ἄπειρον ἱκνεῖται. (Cf. Arist. *De coel.* B., 13, 294ᵃ 21 : οἱ μὲν γὰρ ἄπειρον τὸ κάτω τῆς γῆς εἶναί φασιν, ἐπ' ἄπειρον αὐτὴν ἐρριζῶσθαι λέγοντες ὥσπερ Ξ. ὁ Κολοφώνιος. — Aet. III, 9, 4 et III, 11, 1-2. (H. D. 48, 47. — Ps-Arist. *De MXG* 976ᵃ 32 : ὡς καὶ ὁ Ξ. ἄπειρον τό τε βάθος τῆς γῆς καὶ τοῦ ἀέρος φησὶν εἶναι.) — L'opinion de Xénophane sur l'infinité ou la limitation de l'univers paraît d'abord assez difficile à fixer. D'après Arist. *Mét.* I, 5, 986ᵇ 18, Xénophane ne se serait pas prononcé (οὐθὲν διεσαφήνισεν); d'après Theophrast., chez Simplic. *Phys.* 23, 4 D., Xénophane aurait posé au sujet de l'infinité et de l'immobilité de l'être des antinomies dans la manière de Zénon l'Eléate; enfin suivant Ps-Arist. *De MXG* 977ᵇ 2, Xénophane aurait dit également que l'univers n'est ni infini, ni limité. — Mais 1°) le *De MXG* qui a peut-être été tiré d'un πρὸς τὰ Ξενοφάνους d'Aristote (cf. *Diog. Laërce*, v, 25) par un éclectique de l'époque romaine (cf. H. D., 41, 28), doit être écarté. 2°) Simplicius qui cite Théophraste d'après Alexandre d'Aphrodisias et le reconstitue avec le *De MXG* qu'il croit être du même Théophraste, dénature complètement l'opinion de ce dernier. (Cf. P. Tannery. *Pour l'hist. de la Sc. hell.*, 137.) Cependant Théophraste croyait en effet que l'univers de Xénophane était limité (Cf. H. Diels. *Dox. graec.* 108, cité par P. Tannery, *ibid.*) Mais il s'égare à la suite de son maître Aristote. 3°) Les paroles d'Aristote ne sont point absolument authentiques (Cf. H. Diels. *Dox. graec.* 109-10 chez P. Tannery, *ibid.*, 135.) Aristote, en tout cas, a été trompé soit par le langage imprécis de Xénophane, soit par la tradition qui rattachait celui-ci à Parménide. Or Parménide professe explicitement la limitation de l'univers. 4°) Au contraire, les textes cités au début de cette note nous paraissent inattaquables et décisifs. Conclusion : Xénophane croyait à l'infinitude de l'univers, mais, comme à beaucoup d'autres choses, sans en chercher la preuve. (Cf. P. Tannery. *Ouvr. cité*, 134-138, dont nous avons résumé la discussion.)

L'école éléatique, en présence de laquelle l'ordre des temps, sinon l'œuvre de Xénophane, nous place (1), accuse mieux encore que la philosophie ionienne l'hésitation de l'esprit grec entre la détermination et l'infinité du principe premier.

« L'Etre, suivant Parménide, est *fini* (τετελεσμένον) de toutes parts : telle la masse d'une sphère parfaitement ronde (2). — L'Etre, suivant Mélissos, est éternel. S'il est éternel, il n'a ni commencement ni fin, il est *infini* (ἄπειρον) (3). »

On doit insister sur la divergence qui existe entre Parménide et Mélissos touchant l'infinité de l'Etre. Cette divergence, en effet, ne trahit pas seulement l'hésitation de l'esprit grec sur ce sujet ; elle tient à des raisons plus profondes. Parménide et Mélissos cèdent en réalité à des *sentiments* différents. Leur *déduction* au contraire est illusoire, puisque des principes et une marche semblables la mènent à des conclusions opposées. L'infini n'offre pas de prise à l'entendement. Les antinomies de Zénon, qui à la même époque complétèrent et illustrèrent la doctrine de Parménide, ne prouvent, semble-t-il, en fin de compte rien autre chose.

La doctrine de Mélissos provoque quelques réflexions complémentaires. — Parménide était resté sur un terrain

---

(1) M. Th. Gomperz. *Griech. Denk.* I, II, 1 rend justement à Xénophane son rôle de précurseur, que P. Tannery. *Pour l'hist. de la Sc. hell.* V, limité peut-être par son sujet, lui avait enlevé. (Cf. Aug. Diès, Compte-rendu de Th. Gomperz, t. I ; trad. fr. de Aug. Raymond. Rev. de Phil. 1905 ; 453, 4.)

(2) H. D. 125, 1 : τετελεσμένον ἐστί...πάντοθεν, εὐκύκλου σφαίρης ἐναλίγκιον ὄγκωι.

(3) H. D. 148, 2 : καὶ ἀρχὴν οὐκ ἔχει οὐδὲ τελευτήν, ἀλλ' ἄπειρόν ἐστιν.

entièrement réaliste. Son être, « c'est la matière cartésienne (1). » Au contraire la question se pose sérieusement avec Mélissos de savoir si l'être n'est pas immatériel. On a d'abord le fragment : « ἓν δὲ ὂν δεῖ αὐτὸ σῶμα μὴ ἔχειν (2). » En outre, de Parménide à Mélissos par Zénon, le progrès de l'esprit vers l'abstrait est remarquable. Parménide donne le pas à l'intelligible, grossièrement conçu d'ailleurs, sur le sensible ; de plus, son non-être est le vide relatif, insaisissable aux sens : l'espace s'amincissait. Zénon ne nie pas davantage l'existence du monde sensible, mais il le rattache plus étroitement au monde intelligible, en montrant que la substance est continue ; en outre, il déclare impossible l'existence de l'espace. Mélissos, enfin, ne parle pas du monde sensible : il n'est plus que « métaphysicien (3). » Toutefois les difficultés abondent. Le fragment cité dit « incorporel » et non « immatériel. » Un autre fragment, d'ailleurs obscur, ajoute : « Comme il (l'être) est toujours, de même sa *grandeur* doit être *infinie* (4). » Enfin Mélissos parle du vide comme un réaliste : « Quelque chose peut-il encore pénétrer, il y a vide (5). » Il semble donc plutôt que nous soyons en présence d'une pensée idéaliste dans ses tendances, mais inhabile encore et réaliste dans son langage. Toujours est-il que l'Infinité chez Mélissos est plus que l'extension de l'Etre ; elle en est déjà la plénitude.

---

(1) P. TANNERY. *Pour l'hist. de la Sc. hell.*, 221.
(2) H. D. 135, 24.
(3) P. TANNERY. *Pour l'hist.*, etc., 264.
(4) H. D. 149, 3.
(5) *Ibid.*, 152, 7.

On peut précisément se demander si cet Etre ne serait pas Dieu. D'abord le langage du philosophe le donnerait à penser. « L'Etre est éternel, infini, un et complètement homogène. Il ne peut ni dépérir, ni devenir plus grand, ni être embelli en quoi que ce soit; il n'éprouve ni douleur ni chagrin (1). » Mélissos en outre ne croyait guère aux dieux nationaux (2). Xénophane enfin, Héraclite, d'autres encore avaient attaqué rudement le polythéisme. Le monothéisme en un mot naissait lentement (3). Toutefois, le problème philosophique s'était posé pour la pensée grecque à propos de la substance et non à propos de la cause première. Si la physique cherchait l'une, la théologie apportait l'autre. Physique et théologie se rapprochaient : elles ne fusionneront que beaucoup plus tard. L'être de Mélissos est le dieu pour nous ; il n'était encore pour le physicien que le fond des choses.

Au même temps PHILOLAOS continuait les premiers Pythagoriciens et opposait l'Etre et l'infinité.

Le nombre, suivant Philolaos, est à la fois cause et matière des choses (4); les relations mathématiques, les lois astronomiques, les accords musicaux le prouvent (5). Seulement le nombre est lui-même composé du pair et de

(1) H. D. 150, 7.
(2) DIOG. IX, 24 (H. D. 140, 1).
(3) ED. ZELLER. *Die Entwicklung des Monotheismus bei den Griechen.* Vorträge und Abhandlungen. I^e Sammlung, 1. — 2e Aufl.; Leipsig, 1875.
(4) ARIST. *Mét.* I, 5, 986ª 15 : τὸν ἀριθμὸν νομίζοντες ἀρχὴν εἶναι καὶ ὡς ὕλην τοῖς οὖσι καὶ ὡς πάθη τε καὶ ἕξεις.
(5) Cf. G. MILHAUD. *Les philosoph. géom. de la Grèce,* pp. 79-101.

l'impair (1). Or, comme les *gnomons* le font voir, le pair est identique au fini et l'impair à l'infini (2). Toutes choses sont donc composées de ceux-ci aussi bien que de ceux-là (3). L'harmonie les unit et engendre ainsi l'unité (4).

Il y a dans ces explications, si coordonnées en apparence, une difficulté fondamentale. Le nombre n'est pas simple : il est composé de pair et d'impair. Or, ceux-ci non plus ne sont pas simples. Quel est donc leur élément substantiel et celui des choses ? Ce n'est point l'unité, puisque celle-ci résulte de leur union. Les Pythagoriciens n'ont pas répondu. Leurs travaux mathématiques les avaient habitués à une multiplicité relative. Ils l'ont mise dans l'univers et ils l'y ont laissée.

Toutefois la nature et le rôle de l'infini apparaissent clairement. L'infini est le principe matériel et passif, multiple, divers et changeant, inintelligible et mauvais (5) : il s'oppose au principe fini, qui introduit en lui l'ordre et la vie, l'unité, l'identité et la stabilité, l'intelligibilité et la bonté. Le *cosmos* est le résultat de leur union.

L'infini prend donc avec Philolaos et les disciples de Pythagore le rôle, physique et moral, qu'il aura dans la cosmologie et l'éthique d'un Platon. Mais, il sera là tout à fait indéterminé. Ici, au contraire, il est matériel encore, comme le nombre avec lequel il est identifié et qui

---

(1) Arist. *Mét.* I, 5, 986ᵃ 15 (H. D. p. 251, 5).
(2) Arist. *ibid.* — Sur les *gnomons*, cf. G. Milhaud, *ouvr. cité*, pp. 87-90, 115-17.
(3) H. D. 249, 1 : ἁ φύσις δ'ἐν τῶι κόσμωι ἁρμόχθη ἐξ ἀπείρων τε καὶ περαινόντων καὶ ὅλος ὁ κόσμος καὶ τὰ ἐν αὐτῶι πάντα. (Cf. *ibid.*, fr. 2.)
(4) H. D. 251, 6¹³.
(5) H. D. 254, 11⁷.

n'était pour ces mathématiciens intuitifs qu'une portion d'espace (1).

La masse primitive, suivant ANAXAGORE, était *infinie* en quantité (2). Les choses y étaient toutes ensemble, *infiniment* nombreuses et petites (3). A cause de cette petitesse même et du mélange, rien n'était distinct (4). Seuls l'air et l'éther s'étant dégagés de la masse environnante contenaient toutes choses (5) : ils sont, en effet, *infinis* et surpassent de beaucoup tout le reste par le nombre et la grandeur (6). — Dans tous les composés existent donc les germes de toutes choses, multiples et divers, possédant des formes, des couleurs et des saveurs de toutes sortes (7) : tout est dans tout (8) : chaque chose paraît ce dont elle

(1) Cf. les considérations si intéressantes de G. MILHAUD. *Les philos. géom.*, etc., pp. 87-90, 106-110, 115-117. Le point était, pour les Pythagoriciens, une portion d'espace; la ligne, une suite de points, etc. L'arithmétique et la géométrie fusionnaient encore. On pourrait donc ajouter quelque chose aux pages admirables qu'Ed. Zeller (*Die philos. d. Griech.*, trad. E. BOUTROUX, t. I, pp. 280-474) a consacrées aux premiers Phytagoriciens : l'illustre historien, à notre avis du moins, s'est fait du pythagorisme primitif une conception trop exclusivement *arithmétique*. — Quant au fameux fragment d'Archytas : « Si, parvenu à l'extrémité du ciel, j'étends la main, y aura-t-il un dehors ou non ? » etc., il prouve évidemment l'infinité de l'espace (δῆλον ὅτι καὶ ἄπειρον). Mais s'il est d'Archytas, il est d'une époque postérieure [Archytas florissait vers 400-365 (RITTER, Pr. — WELL. 61)]; ensuite, il n'est pas certain qu'il soit d'Archytas. (H. DIELS. *Die Fr.*, etc., 267, 24, ne le met qu'au nombre des leçons.)
(2) H. DIELS. *Die Fr.*, etc., 326, 2^{25} : καὶ τό γε περιέχον ἄπειρόν ἐστι τὸ πλῆθος.
(3) Id. *ibid.*, 1^{17} : ὁμοῦ πάντα χρήματα ἦν, ἄπειρα καὶ πλῆθος καὶ σμικρότητα.
(4) Id. *ibid.*, 1^{18}.
(5) Id. *ibid.*, 1^{20}, et fr. 2.
(6) Id. *ibid.*, 1^{20} : ἀμφότερα ἄπειρα ἐόντα, κ.τ.λ.
(7) Id., *ibid.*, fr. 4^{29}. (σπέρματα = germes).
(8) Id. *ibid.*, fr. 6^3 : ἐν παντὶ πάντα. (Cf. fr. 4, p. 328^{15}, fr. 12, p. 330^{26}, p. 331^3.)

contient le plus (1). — L'Intelligence a mis la masse en branle. Elle est de toutes les choses la plus subtile et la plus pure (2), *infinie*, autonome (3), séparée de tout : autrement, tout étant dans tout, elle serait mélangée à tout et empêchée de rien actionner (4). — Au commencement, son action ne s'est exercée que sur une faible portion de la masse; elle s'est ensuite étendue et s'étendra de plus en plus (5); jusqu'où s'étend son mouvement, là se produit la séparation (6). Maintenant l'Intelligence est en tout, dans la masse environnante, dans ce qui est déjà séparé et dans ce qui est en train de se séparer (7). Sa science s'étend à tout et sa puissance l'emporte sur tout ; ce qui est mélangé, ce qui est distinct et séparé, ce qui a été, est, ou sera, elle a tout ordonné (8). — Cependant, dans cet état de séparation, rien n'est ni plus grand ni plus petit, mais tout reste égal (9). Dans le petit, en effet, il n'y a pas de minimum, mais quelque chose de toujours plus petit : l'être ne peut cesser d'être (10). Mais, dans le grand aussi, il y a toujours quelque chose de plus grand, et il est égal en nombre au plus petit. Enfin chaque chose est en soi grande et

(1) Id. *ibid.*, fr. 12, p. 332⁶.
(2) Id. *ibid.*, fr. 12, p. 331⁶ : ἔστι γὰρ (sc. ὁ νοῦς) λεπτότατόν τε πάντων χρημάτων καὶ καθαρώτατον.
(3) Id. *ibid.*, fr. 12, p. 330²⁷ : ἄπειρον καὶ αὐτοκρατές.
(4) Id. *ibid.*, fr. 12, pp. 330²⁶.
(5) Id. *ibid.*, fr. 12, p. 331¹¹.
(6) Id. *ibid.*, fr. 13, p. 332¹⁴.
(7) Id. *ibid.*, fr. 14, p. 332²⁰.
(8) Id. *ibid.*, fr. 12, p. 331¹³.
(9) Id. *ibid.*, fr. 5, p. 328.
(10) Id. *ibid.*, fr. 3, p. 327⁸. — M. P. Tannery (*Pour l'hist. de la Sc. hell.*, p. 303, 15) a lu « Τὸ γὰρ ἐὸν οὐκ ἔστι τομῇ οὐκ εἶναι » et traduit : « car il n'est pas possible que l'être soit anéanti par la *division.* » Nous lisons avec H. Diels : « Τὸ γὰρ ... τὸ μὴ... εἶναι » et nous traduisons : « car ... que l'être cesse d'être. »

petite (1). C'est ainsi que, maintenant comme au commencement, tout est encore en tout (2).

Ces opinions paraissent d'abord étonnamment originales et profondes. Mais la réalité est autre. La tradition ancienne faisait d'Anaxagore l'auditeur d'Anaximène (3). Elle allait ainsi contre la chronologie, mais elle avait raison au point de vue doctrinal : le *germe* est l'Indéterminé d'Anaximandre repris et mis au point (4).

Xénophane, Héraclite et Parménide avaient, en effet, posé ou établi fortement l'unité de l'Etre. Zénon, à son tour, avait montré que le devenir comme tel est illusoire. Un idéalisme était fondé, dont ni la science ni Anaxagore (5) ne pouvaient se contenter. Un principe moins simple semblait nécessaire pour expliquer la multiplicité en même temps que l'unité de l'Etre. L'Indéterminé d'Anaximandre, dont la masse contenait virtuellement les choses, répondait à cette condition. Anaxagore le reprit : le *germe* aussi possède « des formes, des couleurs et des saveurs de toutes sortes. »

Mais le germe d'Anaxagore est en progrès sur l'Indéterminé d'Anaximandre.

---

(1) Id. *ibid.*, fr. 3, p. 327⁶.
(2) Id. *ibid.*, fr. 6, p. 329⁶. — H. Diels donne comme fragments 3, 5, 6, les fragments 14, 15, 16 de P. Tannery (*Pour l'hist.* etc., p. 303). Nous préférons l'ordre suivi par ce dernier, comme plus rationnel.
(3) Diog. Laerce. II, 6, (Cf. Ritter-Pr.-Well. *Histor. philos.*, etc., 148ᵃ.)
(4) Cf. notre travail *L'Infini d'Anaximandre et le Germe d'Anaxagore*. Rev. de l'Inst. cath. Décembre, 1905.
(5) L'amour de la science et les découvertes scientifiques (explication des éclipses, des phases de la lune, etc.) caractérisent la physionomie d'Anaxagore tout autant que la doctrine des *germes* primitifs. (Cf. P. Tannery. *Pour l'hist.* etc., pp. 275-80.)

L'Intelligence qui est le germe premier est d'abord *isolée* vigoureusement de la masse environnante. Les mêmes penseurs, Héraclite, Parménide, Xénophane, qui avaient établi l'unité de l'être, avaient aussi distingué, en effet, l'intelligible et le sensible, l'un et le multiple, l'immuable et le changeant, grossièrement il est vrai, mais sans qu'il y eût possibilité de les confondre de nouveau. Un monisme comme celui d'Anaximandre devenait trop absolu et trop simple. L'isolement même de l'Intelligence est le résultat d'un raisonnement curieux : « L'Intelligence engagée même partiellement dans le mélange ne pourrait plus rien mouvoir ; la séparation est la condition de son action. » C'est la méthode de transcendance employée sur un terrain matériel et d'un point de vue mécanique. Plotin dira un jour : « Le principe ne peut être ni le tout ni quoi que ce soit du tout afin de le pouvoir produire (1). » — L'Intelligence prise en soi est aussi plus infinie que l'Indéterminé d'Anaximandre. Sans doute sa nature est matérielle (2) et rien précisément ne montre mieux combien nous sommes proches encore de la physique milésienne. Bien plus. Le fait d'accorder l'intelligence au germe premier marque un recul sur le pur Infini du Milésien ; par là, au contraire, Anaxagore sacrifiait à Héraclite, annonçait Platon et reconnaissait la détermination foncière de l'être. Néanmoins l'Intelligence est *de toutes* les substances *la plus* légère et *la plus* subtile. Sa science s'étend à *tout*. Sa puissance l'emporte sur *tout*. Plotin encore dira un jour : « L'Etre premier est parfait et

(1) *Enn.* III, 8, 9 (I, 343 ⁵).
(2) Fr. 12 (H. D. p. 331 ⁶).

la perfection même (1) ; son action est une supraintellection éternelle (2) ; il est la puissance de toutes choses, parce qu'il produit tout (3). — Enfin l'action de l'Intelligence est progressive et universelle. Ce progrès sans doute est une marque d'imperfection qu'un Plotin dissimulera dans la mesure où le langage humain le comporte. Mais le germe premier est ici comme chez Plotin le fond de tout : « Maintenant l'Intelligence est en tout, dans la masse environnante, dans ce qui est déjà séparé et dans ce qui est en train de se séparer. »

Les germes qui coexistent à l'Intelligence sont infinis par le nombre et dans leur constitution. Cette doctrine est extrêmement remarquable ; elle ne devient même aisément compréhensible que si l'on se reporte à ce que Plotin dira sur l'infinité du monde en général et en particulier du monde intelligible (4). Les principes qui viennent dans les *Ennéades* à la suite du Principe premier, sont vraiment en nombre infini : il y en a autant que d'êtres vivants. De plus, chacun de ces êtres vivants symbolise le Principe premier par sa variété infinie. « Là, écrit Plotin au sujet du monde intelligible, tout est chaque chose ; chaque chose est tout ; c'est une splendeur infinie ($ἄπειρος$) (5). » Tout de même chez Anaxagore. Le germe premier était infini en soi : rien donc ne devait être en dehors de lui. Cependant d'autres germes existent. Le nombre en sera donc infini, puisque l'infini une fois utilisé, il n'y a plus

---

(1) *Enn.* V, 4, 1 (II, 203 [16]).
(2) *Ibid.* VI, 8, 16 (II, 501 [1]).
(3) *Ibid.* V, 3, 15 (II, 199 [7]).
(4) Cf. IIIe Partie, ch. 2 et 3.
(5) *Enn.* V, 8, 4 (II, 235 [16]).

de raison de mettre quelque part du fini. Ces germes seront aussi infinis dans leur constitution. En effet un principe organisé par une puissance infinie doit être lui-même infini. « Tout est dans tout ; chaque chose paraît ce dont elle contient le plus ; après la séparation rien n'est ni plus grand ni plus petit, mais tout reste égal. » Enfin retour étrange. Le germe riche de tout est lui-même un univers en raccourci. L'Intelligence devient inutile, si ce n'est pour donner la chiquenaude. L'Infini ne supporte rien à côté de lui.

La philosophie d'Anaxagore est une philosophie de l'Infini. C'est la deuxième que l'histoire de la pensée grecque nous présente après Anaximandre ; elle est aussi la plus remarquable et la dernière que cette pensée ait produite avant Plotin ou du moins Philon. Maintenant et jusqu'à ces deux philosophes, le rôle de fonder et d'organiser l'Etre sera confié au Parfait.

Les travaux *scientifiques* progressaient en effet (1). La spéculation pure passait au second plan. Ceux qui philosophent alors sont des savants, surtout des médecins (2).

Archélaos enseignait à Athènes (3). Il avait entendu Anaxagore (4), mais il voulut constituer une physique originale (5). L'élément premier est l'air *infini* (6), et dans celui-ci réside l'Intelligence (7). Sous l'action de l'une,

(1) Cf. Th. Gomperz. *Griech. Denk.* I, 221.
(2) Id. *ibid.*, 221-254 (*Die Ärzte*).
(3) Diog. Laerce. II, 16.
(4) Id. *ibid.*
(5) Simplic. *Phys.* 27, 23 : — Τι φέρειν ἴδιον.
(6) Aët. I, 3, 6 (H. D. 337^{34}) : ἀέρα ἄπειρον.
(7) Hippol. *Ref.* I, 9 (H. D. p. 336, 4).

l'autre s'est bientôt divisé en une multitude *infinie* de germes différents (1). Ceux-ci, à leur tour, en se rapprochant ou en se dispersant, produisirent l'eau et le feu, le froid et le chaud, d'où naquit tout le reste (2). — Diogène d'Apollonie avait également entendu Anaxagore (3). Tout sort d'un *même* principe *infini* : sinon, l'action des éléments les uns sur les autres serait inexplicable (4). Ce principe est ce qu'on appelle communément l'air (5). L'observation le prouve. Les êtres animés ne vivent qu'en respirant : dès qu'ils en sont empêchés, ils meurent et cessent de penser (6). L'air est un corps, infini et éternel (7), grand et puissant (8), intelligent, comme l'ordre du monde le montre (9). Il prend, en se condensant et en se raréfiant, une *variété infinie* de formes (10). C'est de lui que tout relève (11). — Les doctrines d'Archélaos et de Diogène sont toutes deux infinitistes, mais sans originalité.

---

(1) Theophrast. chez Simplic. *Phys.*, 27, 33 (H. D., 337¹⁹) : οὗτοι (sc. Ἀναξαγόρας καὶ Ἀρχέλαος) μὲν οὖν ἀπείρους τῷ πλήθει καὶ ἀνομογενεῖς τὰς ἀρχὰς λέγουσι τὰς ὁμοιομερείας τιθέντες ἀρχάς.

(2) Aet. I, 3, 6 (H. D. 337³⁴) (Cf. Herm. *Irris.* 11, chez H. D. *ibid.*³⁷). — Notre exposé de la doctrine d'Archélaos est conforme à celui que donne Th. Gomperz. *Griech. Denk.* I, p. 304.

(3) Theophrast. chez Simplic. *Phys.* 25, 1 (H. D. 342²⁸). — L'affirmation d'Anthisthène, rapportée par Diog. Laerce (IX, 57) que Diogène d'Apollonie aurait entendu Anaximène, est dénuée de toute vraisemblance. Anaximène, qui florissait vers 546, était mort à l'époque de Diogène d'Apoll., dont l'ἀκμή doit être placée av. 423 (Cf. Ritt.-Prell.-Well. *Hist. philos.* 206ᵃ).

(4) Simplic. *Phys.* 151, 28 (H. D. 347¹⁹).

(5). Theophrast. chez Simplic. *Phys.* 25, 1 (H. D. 342²⁴) : τὴν δὲ τοῦ παντὸς φύσιν ἀέρα καὶ οὗτός φησιν ἄπειρον εἶναι καὶ ἀΐδιον, κ.τ.λ.

(6) Simplic. *Phys.* 151, 28 (H. D. 348, 4).

(7) Id. *ibid.*, 153, 17 (H. D. 353, 7).

(8) Id. *ibid.*, 151, 28 (H. D. 349⁴).

(9) Id. *ibid.* (H. D. 348, 3).

(10) Id. *ibid.* (H. D. 349¹²) : — καὶ χροιῆς ἄπειροι.

(11) Id. *ibid.* (H. D. 349⁴).

Sous l'influence des travaux scientifiques, les deux disciples d'Anaxagore ont repris les opinions d'Anaximène, mais en se préoccupant d'accorder les deux maîtres. Archélaos a subi en outre l'influence de Parménide : sa doctrine est étroitement moniste. D'autre part, Diogène d'Apollonie s'est mis à l'école de Leucippe (1) : il lui doit le caractère scientifique de sa méthode et de ses idées. Ce caractère scientifique est ici en réalité la chose neuve. L'infini surprend au contraire. Tout annonce les doctrines homogènes et déterministes d'un Empédocle ou d'un Démocrite. — EMPÉDOCLE, en effet, célèbre le « Sphéros arrondi » qu'il déclare d'ailleurs par une contradiction de langage « tout à fait infini (2). » — Pour DÉMOCRITE, les atomes sont *déterminés* dans leur forme et dans leur position (3). Mais leur multitude, les mondes qu'ils forment, le vide où ils se meuvent sont infinis (4).

Des deux périodes que nous avons distinguées dans l'histoire de l'Infinité divine avant Philon, Démocrite termine la première et cette période présente, comme nous l'avions annoncé, l'*hésitation* continuelle de l'esprit grec entre l'Infinité et la Détermination du Principe premier. Tantôt avec Anaximandre et Anaximène, Xénophane et Mélissos, Anaxagore et les derniers Physiciens, le Principe premier est infini et cette infinité est le signe

---

(1) Id. *Ibid.*, 25, 1 (H. D. 342 ²³).
(2) H. D. 193, 28 : πάμπαν ἀπείρων.
(3) ARIST. *De cælo*, III, 4, 303ᵃ 10 : ἐπεὶ διαφέρει τὰ σώματα σχήμασιν, ἄπειρα δὲ τὰ σχήματα, ἄπειρα καὶ τὰ ἁπλᾶ σώματα φασιν εἶναι.
(4) SIMPLIC. *De cæl.*, p. 294, 33 (H. D., 375¹⁹) : προσαγορεύει δὲ τὸν μὲν τόπον τοῖσδε τοῖς ὀνόμασι τῶι τε κενῶι καὶ τῶι οὐδενὶ καὶ τῶι ἀπείρωι.

de sa perfection. Tantôt avec Thalès et les premiers Pythagoriciens, Parménide et Philolaos, Empédocle et Démocrite, il est déterminé ; l'infinité est l'imperfection même et le principe Infini l'étoffe dans laquelle le principe fini découpe les choses ou plus simplement encore le vide dans lequel celles-ci se forment, subsistent et disparaissent.

II

De Platon jusqu'aux Stoïciens.

Le Principe premier est déterminé ; l'Infini devient l'imparfait et même l'irréel.

L'histoire de l'Infinité divine avant Philon le Juif présente une seconde période qui va de Platon jusqu'aux Stoïciens inclusivement. Cette seconde période est marquée par *l'opposition explicite* de la Perfection et de l'Infinité. Le Principe premier est *déterminé* chez Platon, chez Aristote, Epicure et les Stoïciens ; l'Infini au contraire est chez les deux premiers l'Imparfait, chez Epicure une Grandeur ou une Multitude, chez les Stoïciens l'Irréel et l'Inconcevable.

PLATON traite explicitement du Fini, de l'Infini et de leurs rapports dans le *Philèbe* (1). « Tout ce qui paraît devenir plus grand et plus petit, recevoir le fort, le doux, le trop et autres choses semblables doit être rangé dans

---

(1) *Philèb.* 23 C : Τὸν θεὸν ἐλέγομεν... — 27 C : πρῶτον μὲν τοίνυν ἄπειρον...

le genre de l'infini (εἰς τὸ τοῦ ἀπείρου γένος) (1). » Le fini, au contraire, est « l'égal et l'égalité, le double, tout ce qui en un mot est comme un nombre par rapport à un nombre et une mesure par rapport à une mesure (2). » Le fini en pénétrant dans l'infini y introduit l'harmonie et donne naissance aux choses sensibles (3).

La théorie du *Philèbe* est claire mais abstraite ; elle prend figure dans les pages confuses du *Timée* sur la matière. La matière est *ce en quoi* les choses deviennent (ἐφ' ᾧ γέγονεν) (4). Sa nature est de recevoir éternellement toutes choses. Elle en prend les formes et les mouvements ; mais elle n'a par elle-même ni forme ni mouvement (5) ; sinon, elle déformerait les images qui se produisent en elle (6). La matière est donc informe (7) et difficile à concevoir (8), réceptacle (9) et fond commun des choses (10), feu lorsqu'elle s'enflamme, eau lorsqu'elle se liquéfie, terre et air chaque fois qu'elle reçoit ces formes (11). Mais Dieu l'a arrangée le mieux possible à l'aide des Nombres et des Idées (12).

---

(1) *Ibid.* 24 E-25 A : ὁπόσ' ἂν ἡμῖν φαίνηται μᾶλλον τε καὶ ἧττον γιγνόμενα... εἰς τὸ τοῦ ἀπείρου γένος.
(2) *Ibid.* 25 A.
(3) *Ibid.* 25 B - 26 E. — Le rapprochement, que nous établissons entre l'ἄπειρον du *Philèbe,* et la matière du *Timée,* a déjà été indiqué par M. LACHELIER. *Note sur le Philèbe.* Rev. de Mét. et de Morale ; Mars 1902, p. 219.
(4) *Tim.* 52 C.
(5) *Ibid.* 50 C : δέχεται, κ.τ.λ.
(6) *Ibid.* 50 D-51 A.
(7) *Ibid.* 51 A.
(8) *Ibid.* 49 A.
(9) *Ibid.* 52 A.
(10) *Ibid.* 50 C : ἐκμαγεῖον.
(11) *Ibid.* 51 B.
(12) Cf. III⁰ Partie, ch. III, II.

L'Infini est donc pour Platon ce que l'Idée n'a pas encore pénétré. Celle-ci est le principe actif, intelligible et bon. L'autre est le principe passif, confus et mauvais. L'infini a d'ailleurs sa réalité propre. Sans doute cette réalité est mince ; tout l'effort et toute la confusion du *Timée* ont même pour objet de l'amincir le plus possible ; Plotin enfin n'aura qu'à reprendre le langage de Platon et à le pousser plus avant pour décrire un infini purement négatif et idéal (1). Néanmoins la *matière* du *Timée* et l'infini du *Philèbe* sont non seulement le « lieu », mais aussi le « fonds » des choses (2). Nous restons avec Platon dans le dualisme pythagoricien, où le Principe premier est fini tandis que l'infini est le principe inférieur.

Nous devons cependant, et avant que d'aborder la théorie

(1) Cf. III° Part., ch. III, 11.
(2) Si cette introduction avait pour objet propre non l'Infinité divine, mais l'Infini en général, nous aurions dû exposer *Sophiste*, 251 A-255 E : κοινωνία τῶν γενῶν. Cet exposé eût confirmé notre conclusion réaliste et dualiste. Ce que Platon, en effet, appelle κίνησις dans le *Sophiste* (254 D) semble bien être ce qu'il appelle ἄπειρον dans le *Philèbe*. (Cf. M. LACHELIER, *art. cité*.) Or la κίνησις est réelle. — D'autre part, Platon chez ARISTOTE. *Mét.* I, 6, identifiait l'ἄπειρον avec la dyade et subdivisait celle-ci en petit et grand. Aristote, d'ailleurs, critique vivement cette conception mathématique ainsi que la théorie des Idées-Nombres en général (*Mét.* III). Mais Aristote entend les doctrines de Platon d'une manière puérile. L'Idée est un nombre, dont les parties sont hétérogènes, qui ne se forme point par addition, qui est, si l'on ose dire, non point quantitatif, mais *qualitatif*. Toutes les critiques d'Aristote tombent devant cette remarque (Cf. G. MIL-HAUD. *Les philos. géom.* etc., pp. 352-365). Quant à la division de l'ἄπειρον ou de la dyade en *petit* et en *grand*, elle répond à ce que nous avons vu dans le *Philèbe*, où déjà l'ἄπειρον est défini par le plus et le moins, c'est-à-dire par des caractères apparemment quantitatifs. Mais précisément, dyade et ἄπειρον, grand et petit, plus et moins, restent ici et là foncièrement concrets et matériels. En substituant les premiers aux seconds, Platon a précisé la doctrine des Pythagoriciens : il ne l'a pas changée. Le point de vue est toujours dualiste.

de l'Infini chez Aristote, citer et discuter un passage fameux de la *République*. Platon en effet semble y affirmer tout à coup l'Indétermination de Dieu. — Déjà le *Sophiste* transporte l'infinité dans le monde intelligible. Platon y traite en effet de l'*Idée de l'autre* (τῆς ἰδέας τοῦ θατέρου) ou *non-être* (τὸ μὴ ὄν) (1). Ce non-être, au dire du philosophe, est aussi réel en lui-même et dans ses parties que l'être et les parties de l'être (2). Or l'Idée de l'autre n'est que l'Idée de la matière ou qu'une *matière intelligible. L'infinité du monde sensible passait dans le monde intelligible.* Plotin reprendra cette doctrine et la développera considérablement. — Le passage de la *République* est plus remarquable : « L'Idée du Bien (τὴν τοῦ ἀγαθοῦ ἰδέαν), écrit Platon, est le principe (παρέχον) de l'intelligibilité et de l'intelligence, mais il est quelque chose de plus beau que celles-ci. De même qu'ici-bas, la lumière et la vue sont semblables au soleil (ἡλιοειδῆ), mais ne sont point le soleil lui-même, ainsi là-haut, intelligibilité et intelligence sont semblables au Bien (ἀγαθοειδῆ), mais celui-ci est encore plus vénérable (ἔτι μειζόνος τιμητέον)... Les choses que nous connaissons ne lui empruntent pas seulement l'intelligibilité, mais encore l'être et l'essence (être et essence, chez Platon, sont identiques entre eux et tous deux identiques à l'Intelligence) : quant à lui, il est encore au-dessus de l'essence par la dignité et la puissance (ἀλλ' ἔτι ἐπέκεινα τῆς οὐσίας πρεσβείᾳ καὶ δυνάμει ὑπερέχοντος) (3). — Ainsi l'Idée en

---

(1) *Soph.* 255 E-258 C.
(2) *Ibid.* 257 C-258 C : οὕτω δὴ καὶ τὸ μὴ ὄν κατὰ ταὐτόν ἦν τε καὶ ἔστι μὴ ὄν, ἐνάριθμον τῶν πολλῶν ὄντων εἶδος ἕν.
(3) *Rép.* 508 E-509 C.

général était déterminée comme l'élément fini des Pythagoriciens que Platon avait repris et perfectionné (1). Chaque Idée toutefois tient l'essence et l'existence d'une Idée supérieure. Si donc le Bien est semblable à ce que nous connaissons, cette nature lui viendra d'une autre Idée. Mais il ne sera plus l'Idée suprême. Or il est l'Idée suprême. Le Bien doit donc n'être rien de ce que nous connaissons ; c'est pourquoi « il est supérieur à l'être, à l'essence et à l'intelligence. » — Le mouvement naturel de sa pensée portait donc Platon jusqu'à l'Infinité divine et Plotin ne parlera pas autrement. Seulement Plotin partira de cette conception et règlera d'après elle le reste de sa doctrine. Platon au contraire ne l'atteint que pour la laisser aussitôt. Elle dépassait en effet le but du philosophe qui était de fonder la *science* et non la théologie (2). Surtout elle répugnait à l'esprit de ses interlocuteurs qui rient et se moquent (3). M. Ed. Zeller écrit donc à juste titre : « Platon avait, à la vérité, élevé l'Idée du Bien au-dessus de toute autre et la doctrine de Plotin sur l'Unité suprême pourrait sans doute y trouver son point d'attache. Mais les deux choses diffèrent essentiellement, parce que le Bien de Platon n'est que la plus haute des Idées, tandis que l'Etre suprême de Plotin, sis en dehors du monde entier des Idées et du *Nous* qui contient ce monde, est un principe différant totalement et essentiellement des

---

(1) Cf. G. MILHAUD. *Les phil.-géom.* II, 5.
(2) La suite du passage le prouve bien : « C'est toi, dit Socrate à Glaucon, qui es coupable en m'obligeant à dire ma façon de penser sur ce sujet. » (*Rép.* 509 C.)
(3) *Rép.* 509 C.

Idées (1). » Si un but et des interlocuteurs différents eussent obligé Platon à compléter sa pensée, il l'eût complétée, comme Aristote va le faire, dans le sens non de l'infinité, mais de la perfection.

Aristote reprend touchant l'Infini, développe et systématise la doctrine de Platon. Telle quelle la théorie que nous lisons au IIIe livre de la *Physique* est la plus complète et la moins insuffisante que l'histoire de la pensée grecque et peut-être de la pensée en général nous présente (2). Plotin la fera passer tout entière dans les *Ennéades* pour expliquer la nature de l'Infini négatif ou Matière. Bien plus, cette même théorie sera le cadre dans lequel Plotin essaiera d'enfermer ses conceptions sur Dieu, ou l'Infini positif. Nous avons donc à présenter dans son ensemble la doctrine d'Aristote sur l'Infini. Mais notre tâche doit se borner là. Si en effet les conceptions de Plotin sur Dieu ou l'Infini positif sont exprimées avec les termes qu'Aristote emploie pour définir la Matière ou l'Infini négatif, ces conceptions ont, comme nous le verrons, une origine et une nature différentes. Aussi bien les passages essentiels que nous citerons montreront-ils cette différence en même temps que les emprunts dons nous parlions tout à l'heure.

L'infini existe ; nous en avons pour preuves le cours du temps, la divisibilité des grandeurs, la perpétuité de la génération, l'illimitation de l'espace et celle de la série

---

(1) III[2], 529.
(2) *Phys.* III, 4-8. Cl. Piat. *Aristote*, pp. 52-61 résume excellemment cette théorie.

numérique (1). — L'infini n'est pas une substance; l'un en effet est toujours divisible, l'autre est indivisible (2). L'infini est donc un accident (3). Cet accident toutefois n'existe en acte ni comme nombre ni comme grandeur; autrement on aboutirait à des conséquences absurdes : dans une série infinie, par exemple, la partie étant infinie serait égale au tout (4). « Il reste donc que l'infini existe en puissance (5) » : soit un nombre, on peut toujours lui ajouter ou lui enlever une unité (6); soit une grandeur, on peut toujours supposer une grandeur supérieure ou plus petite, etc. (7). « L'infini (τὸ ἄπειρον) est donc ce qui devient toujours autre; mais ce qui pénètre en lui est toujours fini, quoique toujours différent (8). » — L'infini n'est donc pas un principe comme le disaient les Pythagoriciens et Platon après eux (9). Il n'est même pas l'enveloppe de l'univers, comme Anaximandre le pensait : « loin de contenir, il est contenu (10). » L'infini s'oppose au principe. « L'infini est ce en dehors de quoi il reste toujours quelque chose, quoi qu'il ait déjà reçu. Mais ce en dehors de quoi il n'y a rien, voilà le parfait (τέλειον) et le tout... Le tout et le parfait sont ou complètement identiques ou naturelle-

---

(1) *Phys.* III, 4, 203ᵇ.
(2) *Ibid.* III, 4, 203ᵇ 10-15; 5, 204ᵃ 8-13.
(3) *Ibid.* III, 5, 204ᵃ 14-20, 28-29.
(4) *Ibid.* III, 5, 204ᵃ 20-26; 204ᵇ 7-22; 205ᵃ 10-15; 205ᵇ 31-35; 205ᵇ 24-30; etc.
(5) *Ibid.* III, 6, 206ᵃ 1-18 : — λείπεται οὖν δυνάμει εἶναι τὸ ἄπειρον.
(6) *Ibid.* III, 6, 206ᵃ.
(7) *Ibid.* III, 6, 206ᵃ.
(8) *Ibid.* III, 6, 206ᵃ 27 : ὅλως μὲν γὰρ οὕτως ἐστὶ τὸ ἄπειρον, τῷ ἀεὶ ἄλλο καὶ ἄλλο λαμβάνεσθαι, καὶ τὸ λαμβανόμενον μὲν ἀεὶ εἶναι πεπερασμένον, ἀλλ' ἀεί γε ἕτερον καὶ ἕτερον.
(9) *Ibid.* III, 6, 204ᵃ 32.
(10) *Ibid.* III, 6, 207ᵃ 15.

ment voisins. Mais le parfait n'est rien de ce qui n'a pas de fin ; or la fin est le terme (τὸ δὲ τέλος, πέρας). Parménide a donc mieux raisonné à notre avis que Mélissos : celui-ci fait l'univers infini et celui-là le limite..... On proclame l'excellence de l'infini, *parce qu'il contient tout* ou *parce qu'il enveloppe tout*. L'infini ressemble en effet d'une certaine façon à un tout. Mais l'infini n'est que la matière (ὕλη) de la grandeur et de la perfection ; il est tout entier en puissance, rien en acte... S'il est tout ou fini, ce n'est pas de lui-même, mais par autre chose. Loin de contenir, il est contenu... Il est aussi inconnaissable en tant qu'infini. Une matière en effet n'a pas de forme... Il est impossible et absurde que ce qui est inconnu et indéterminé contienne et détermine (1). »

Le terme de *matière* éclaire toute cette doctrine et confirme ce que nous disions en débutant. Aristote reprend les opinions de Platon sur l'infini et les systématise. Chose remarquable d'abord : le philosophe rattache rigoureusement l'étude de l'Infini, non à la métaphysique, mais à « la science de la Nature (2). » L'Infini s'oppose en effet au Parfait comme la Matière première à l'Idée et à

---

(1) *Ibid*. III, 6, 207ᵃ 7 : Ἄπειρον μὲν οὖν ἐστιν οὗ κατὰ ποσὸν λαμβάνουσιν ἀεί τι λαβεῖν ἔστιν ἔξω. Οὗ δὲ μηθὲν ἔξω, τοῦτ' ἐστὶ τέλειον καὶ ὅλον. — Ὅλον δὲ καὶ τέλειον ἢ τὸ αὐτὸ πάμπαν ἢ σύνεγγυς τῇ φύσει ἐστί · τέλειον δ' οὐθὲν μὴ ἔχον τέλος · τὸ δὲ τέλος, πέρας. Διὸ βέλτιον εἰπητέον Παρμενίδην Μελίσσου εἰρηκέναι· ὁ μὲν γὰρ τὸ ἄπειρον ὅλον φησίν, ὁ δὲ τὸ ὅλον πεπεράνθαι. — Ἐπεὶ ἐντεῦθέν γε λαμβάνουσι τὴν σεμνότητα κατὰ τοῦ ἀπείρου, Τὸ πάντα περιέχον, καὶ τὸ πᾶν ἐν ἑαυτῷ ἔχον, διὰ τὸ ἔχειν τινὰ ὁμοιότητα τῷ ὅλῳ. Ἔστι γὰρ ἄπειρον τῆς τοῦ μεγέθους τελειότητος ὕλη, καὶ τὸ δυνάμει ὅλον, ἐντελεχείᾳ δὲ οὔ. — Ὅλον δὲ καὶ πεπερασμένον οὐ καθ' αὑτό, ἀλλὰ κατ' ἄλλο : καὶ οὐ περιέχει, ἀλλὰ περιέχεται, ᾗ ἄπειρον . διὸ καὶ ἄγνωστον ... εἶδος γὰρ οὐκ ἔχει ἡ ὕλη... Ἄτοπον δὲ καὶ ἀδύνατον τὸ ἄγνωστον καὶ τὸ ἀόριστον περιέχειν καὶ ὁρίζειν.

(2) *Phys*. III, 6, 202ᵇ 36.

l'Acte. Celui-ci produit et illumine celui-là ; l'une subit et en même temps obscurcit l'autre. Tout de même pour l'Infini et le Parfait. « L'Infini n'est que la matière de la grandeur et de la perfection ; il est tout entier en puissance et rien en acte ; enfin il est inconnaissable en tant qu'infini. » La réalité de l'Infini est égale à celle de la Matière première : tous deux sont une « condition d'existence (1). » Mais ni l'une ni l'autre ne se rencontrent à l'état séparé ; matière et forme, infini et limite sont toujours unis (2). La réalité est finie.

Nous avons dû écarter plus haut un texte de la *République*, où l'Infinité divine semblait contenue. Un texte de la *Métaphysique*, qui pourrait donner lieu à la même conclusion, doit également être discuté ici. « L'Acte pur, écrit Aristote, étant ce qu'il y a de meilleur, pense : soit. Mais s'il pense, ne devient-il pas subordonné à ce qu'il pense et ne cesse-t-il pas dès lors d'être l'essence parfaite (3) ? » Logiquement Aristote eût dû répondre que l'Acte pur ne pensait pas, c'est-à-dire qu'il était infini. Plotin qui reprend l'objection le répondra. Or Aristote se contente d'affirmer que la pensée étant ce qu'il y a de meilleur, l'Acte pur est une pensée qui ne pense rien autre chose qu'elle-même (4). Rien ne montre mieux combien le point de vue d'Aristote et le point de vue grec était le fini (5).

(1) Ch. Huit. *Les notions d'Infini et de Parfait.* Rev. de Phil., 1ᵉʳ décembre 1904, p. 745.
(2) *Mét.* I, 6, 987^b 1 ; 9, 192^a 27.
(3) *Mét.* XI, 9, 1074^b 15.
(4) *Ibid.* 34.
(5) Nous ne pouvons faire état du texte obscur *Mét.* XI, 7, 1073^a 5. Le philosophe vient d'établir qu'il existe une essence éternelle, immo-

Les atomes d'Épicure sont finis. La division à l'infini est en effet impossible ; autrement les choses s'évanouiraient dans le non-être (1). Mais le vide dans lequel les atomes se meuvent est infini. « Le tout est infini (ἄπειρον) ; le fini, en effet, a une limite, mais une limite n'est telle que par rapport à autre chose (2). » La multitude des atomes est elle-même infinie : autrement ceux-ci se perdraient dans

---

bile et séparée des choses sensibles (immatérielle). Il poursuit : « Δέδεικται δὲ καὶ ὅτι μέγεθος οὐθὲν ἔχειν ἐνδέχεται ταύτην τὴν οὐσίαν, ἀλλ' ἀμερής καὶ ἀδιαίρετός ἐστιν. Κινεῖ γὰρ τὸν ἄπειρον χρόνον, οὐθὲν δ'ἔχει δύναμιν ἄπειρον πεπερασμένον. Ἐπεὶ δὲ πᾶν μέγεθος ἢ ἄπειρον ἢ πεπερασμένον, πεπερασμένον μὲν διὰ τοῦτο οὐκ ἂν ἔχοι μέγεθος, ἄπειρον δ'ὅτι ὅλως οὐκ ἔστιν οὐθὲν ἄπειρον μέγεθος. » La *puissance infinie*, dont il est ici question, semble d'abord être l'activité toute-puissante dont Plotin parlera et le terme ἄπειρον paraît prendre l'acception qu'il aura définitivement dans les *Ennéades*. On voit quelle importance aurait le texte cité. Mais 1°) il paraît rapporté : en fait, Aristote a prouvé auparavant la simplicité du premier moteur d'une manière beaucoup plus nette, savoir par sa nature d'Acte pur, qui répugne à tout changement, à toute *division*, à toute multiplicité. 2°) Le raisonnement est embarrassé dans son allure générale. 3°) Ce serait l'*unique* cas, où le terme ἄπειρον aurait, chez Aristote, ce sens nouveau. 4°) Dans le passage même en question, ἄπειρον est employé *quatre* fois dans son acception ordinaire, péripatéticienne et antique. Il est tout à fait invraisemblable que le philosophe lui ait ainsi donné brusquement un sens nouveau. 5°) Enfin un examen attentif du texte nous paraît rendre à la δύναμιν ἄπειρον son sens antique : celle-ci correspond évidemment à l'ἄπειρον χρόνον, dont il est question quelques mots auparavant. « Un *moteur étendu* subira, en mouvant, quelque *changement* ; il enfermera donc de la *puissance* (au sens péripatéticien), et s'il meut durant un temps infini, cette puissance sera infinie. Or toute étendue, tout corps est nécessairement fini (Aristote le démontre longuement *Phys.* III, 5, 204^b et seqq.). Or une chose finie ne peut avoir une puissance ni rien qui soit infini. Donc le premier moteur, qui meut effectivement pendant un temps infini, est incorporel. » Cette preuve, ainsi comprise, nous semble être tout à fait dans la manière d'Aristote, tant par l'allure générale que par les doctrines sur lesquelles elle s'appuie. L'expression δύναμιν ἄπειρον y garde donc son sens péripatéticien.

(1) Diog. X, 56 (Us. *Epic.* p. 16^1).
(2) Diog. X, 41 Us. 7^b : ἀλλὰ μὴν καὶ τὸ πᾶν ἄπειρόν ἐστι · τὸ γὰρ πεπερασμένον ἄκρον ἔχει · τὸ δὲ ἄκρον παρ' ἕτερόν τι θεωρεῖται.

l'infinité du vide (1). Les mondes enfin, que les atomes forment, sont en nombre infini (2). Le principe ou plutôt les principes premiers des choses sont donc déterminés ; l'infini, au contraire, n'est plus qu'une quantité concrète ou abstraite.

Les STOÏCIENS achèvent de l'éliminer. On doit suivant eux distinguer entre le tout (πᾶν) et le monde réel (ὅλον). Le tout, c'est le monde réel plus le vide infini (ἀπείρῳ) ; le monde réel, c'est le monde sans le vide (3). Or ce monde est formé par l'union de la qualité et de la matière. Si la matière, il est vrai, pouvait exister sans la qualité, elle se disperserait dans le vide et deviendrait infinie. Mais une matière sans qualité ne peut pas exister : ce serait le non-être (4). Le monde réel est donc une quantité parfaitement déterminée (5). Restent l'espace et le vide qui sont infinis (6). Sans doute. Mais l'espace, le vide, l'infini n'ont qu'une réalité d'emprunt. Tout ce qui est, est en effet corporel (7). Or l'espace, le vide, l'infini sont incorporels (8) ;

---

(1) *Ibid.* 42 (Us. 7⁶).
(2) *Ibid.* 89 : ἄπειροι τὸ πλῆθος (Us. 37¹⁴).
(3) PLUT. *Plac.* II, 1. (Bern., V, 297¹³. W., 885 C) : οἱ Στωικοί (φασι) διαφέρειν τὸ πᾶν καὶ τὸ ὅλον· πᾶν μὲν γὰρ εἶναι τὸ σὺν τῷ κενῷ τῷ ἀπείρῳ, ὅλον δὲ χωρὶς τοῦ κενοῦ τὸν κόσμον.
(4) PLUT. *Stoïc. rep.* 44 (B., VI, 271²¹. W., 1054) : Ἡ οὐσία συντέτευχεν ἀιδίως τὸν μέσον κατειληφυῖα τόπον. — ALEX. APHROD. *De Mixt.* III (*Comment. in Arist.* II², 216¹⁴) : Ἡνῶσθαι... τὴν σύμπασαν οὐσίαν, πνεύματός τινος διὰ πάσης αὐτῆς διήκοντος, ὑφ᾽ οὗ συνέχεταί τε καὶ συμμένει.
(5) DIOG. VII, 150 (S., 65, 76) : ἡ μὲν οὖν (sc., ὕλη) τῶν ὅλων, οὔτε πλείων οὔτε ἐλάττων γίνεται.
(6) DIOG. VIII, 53 (S., 24, 36).
(7) PLUT. *Comm. notit.* 30 (B., VI, 326². W., 1073 E) : ὄντα γὰρ μόνα τὰ σώματα καλοῦσιν (Cf. CIC. *Acad.* I, 39 ; SEXT. *Math.* IX, 211).
(8) STOB. *Ecl.* I, 392 (Mein. I, 108⁶) : καθάπερ δὲ τὸ σωματικὸν πεπερασ-

ils rentrent donc dans la catégorie des choses simplement exprimables, intermédiaires entre la pensée et les objets sensibles, à la fois vraies et fausses. L'esprit les atteint par une marche transcendante, mais rien ne leur répond dans la réalité (1). Tout ce qui est, est donc fini ; l'infini, c'est l'irréel et l'inconcevable. Cette exclusion systématique de toute infinité clôt la deuxième période dans l'histoire de l'Infinité divine avant Philon le Juif.

En somme, l'esprit grec aima trop la mesure et la proportion pour s'être résolu à voir dans l'Infinité le comble de la Perfection. Peut-être aussi et précisément le terrain scientifique sur lequel Thalès plaça la spéculation empêcha-t-il toujours celle-ci de prendre de Dieu une idée suffisamment haute. En tous cas, le Principe premier — Eau, Fini, Atome, Idée, Pensée — est conçu dès l'origine et par la suite comme déterminé. Seulement, ce Principe devant rester aussi premier, c'est-à-dire autre que ce que l'on connaissait, tendait à devenir infini et il le devient en effet avec Anaximandre, Mélissos, Anaxagore ; mais Platon, Aristote, les Stoïciens, c'est-à-dire les princes de la pensée grecque se refusent plus ou moins délibérément à le reconnaître. Une conclusion générale nous donnera

μόνον εἶναι, οὕτω τὸ ἀσώματον ἄπειρον, ὅ τε γὰρ χρόνος ἄπειρος καὶ τὸ κενόν. Ὥσπερ γὰρ τὸ μηδὲν οὐδέν ἐστι πέρας, οὕτω καὶ τοῦ μηδενός, οἷόν ἐστι τὸ κενόν. — Sext. *Math.* X, 218 (Bekk., 521 [3]) : τῶν δὲ ἀσωμάτων τέσσαρα εἴδη καταριθμοῦνται, ὡς λεκτὸν καὶ κενὸν καὶ τόπον καὶ χρόνον.

(1) Ammon. *De Interpr.* f. 15 ᵛ (Comment. in Arist. 17 [27]) : μέσον τοῦ τε νοήματος καὶ τοῦ πράγματος, ὅπερ οἱ ἀπὸ τῆς Στοᾶς ὑποτιθέμενοι λεκτὸν ἠξίουν ὀνομάζειν. — Sext. *Math.* VIII, 70 (Bekk., 302 [5]) : ἐν λεκτῷ τὸ ἀληθὲς εἶναι καὶ τὸ ψεῦδος. — Diog. VII, 53 (S., 24, 36) : νοεῖται τὰ δὲ κατὰ μετάβασίν τινα, ὡς τὰ λεκτὰ καὶ ὁ τόπος.

même l'occasion de signaler comment par le *Germe*, par la *Matière première*, par la *déclinaison*, par l'*Absolu*, l'Infinité rentrait de tous côtés dans la philosophie grecque ; mais ni Anaxagore, ni Platon et Aristote, ni Epicure, ni les Stoïciens ne le voient (1). Cependant, une réaction se préparait dont les Doctrines d'Anaxagore et de ses successeurs envisagées sous cet aspect remplissent la première époque. Puis, les Sceptiques vont encore rejeter les esprits vers l'Absolu et l'Indéterminé en infirmant la valeur de l'entendement. Enfin, une notion plus haute de la Divinité se formera avec un Sénèque, un Musonius Rufus, un Epictète, un Marc-Aurèle. Philon introduira alors dans la spéculation grecque la notion juive, sinon de l'Infinité, du moins de l'Indétermination divine ; mais — on doit le reconnaître — cette spéculation était préparée à recevoir cette notion.

(1) Cf., outre la *Conclusion* de ce travail, notre étude *Les réminiscences de Philon le Juif chez Plotin :* nous y avons signalé et même établi ces différents points.

PREMIÈRE PARTIE

LA TRADITION JUIVE, PHILON LE JUIF

PREMIÈRE PARTIE

LA TRADITION JUIVE, PHILON LE JUIF

Tandis que les Grecs avaient essayé dès la première heure et longtemps ensuite de définir le Principe premier des choses, la nature *mystérieuse* de ce principe paraît avoir été bientôt reconnue par les Juifs. « Voici un lieu près de moi, dit l'Eternel à Moïse dans l'*Exode* ; tu te tiendras sur le rocher. Quand ma gloire passera, je te mettrai dans un creux du rocher et je te couvrirai de ma main jusqu'à ce que j'aie passé. Et lorsque je retournerai ma main, tu me verras par derrière, *mais ma face ne pourra pas être vue* (1). » Or la *face* signifie ici l'essence de Dieu. Philon hérita de ce sentiment, lui donna un tour philosophique et le fit pénétrer dans la spéculation hellénique. Si Dieu, en outre, est infini, des *principes intermédiaires* et un Verbe sont nécessaires pour l'unir avec le monde. L'âme enfin ne le pourra connaître qu'en

(1) *Exod.*, xxxiii, 21. Trad. L. Segond ; Paris, 1901.

brisant ses propres limites et en *sortant* d'elle-même. La théorie des Principes intermédiaires et celle de l'Extase complètent nécessairement celle de l'Infini en soi. La tradition juive n'ignora ni l'une ni l'autre et Philon leur fait une place importante. Cette première partie comprendra donc trois chapitres : I. L'Infini en soi dans la Tradition juive. — Philon le Juif. Origines ; éducation. L'Infini en soi. II. Les Puissances intermédiaires dans la Tradition juive. — Philon le Juif. Les Puissances intermédiaires et le Verbe. La Matière. III. L'Extase dans la Tradition juive et chez Philon.

CHAPITRE PREMIER

L'INFINI EN SOI DANS LA TRADITION JUIVE, PHILON LE JUIF. ORIGINES, ÉDUCATION, L'INFINI EN SOI

I

Le peuple juif débuta comme les autres peuples par le polythéisme (1). Mais des raisons à la fois politiques et morales le firent bientôt aboutir à un monothéisme rigoureux (2). « Il faut avoir vécu la foi juive pendant sa première jeunesse, écrit M. Karppe, pour comprendre l'ardeur tenace et invincible avec laquelle le judaïsme s'attacha à Jahvé, la haine farouche et meurtrière qu'il voua à ce qui pouvait être l'ombre d'une ombre de polythéisme (3). » De ce monothéisme trois points nous intéressent : Dieu est ineffable ; Dieu est parfait ; l'univers n'est rien au regard de sa toute-puissance.

Dieu est *ineffable*. « L'Eternel dit (à Moïse) : Voici un

---

(1) A. Loisy. *Les mythes babyloniens*, etc. Av.-Prop. XI et XIII.
(2) On trouve tous les renseignements désirables sur cette question obscure dans P. D. Chantepie de la Saussaye. *Manuel d'hist. des religions*, trad. H. Hubert. I. Lévy, p. 186 et seqq. Paris, 1904.
(3) S. Karppe. *Essais de critique*, etc., p. 123.

lieu près de moi ; tu te tiendras sur le rocher. Quand ma gloire passera, je te mettrai dans un creux du rocher et je te couvrirai de ma main jusqu'à ce que j'aie passé. Et lorsque je retournerai ma main, tu me verras par derrière, mais ma face ne pourra pas être vue (1). » Or la face de Dieu est son essence. Au chapitre XIII des *Juges*, Manoach dit à l'ange de l'Eternel : « Quel est ton nom ?... L'ange de l'Eternel lui répondit : Pourquoi demandes-tu mon nom ? Il est merveilleux... Alors Manoach comprit que c'était l'ange de l'Eternel et il dit à sa femme : Nous allons mourir, car nous avons vu Dieu (2). » Le livre de *Job* dit de la Sagesse :

> Mais la Sagesse, où se trouve-t-elle ?
>   Où est la demeure de l'Intelligence ?
> L'homme n'en connaît pas le prix.
>   Elle ne se trouve pas dans la terre des vivants.
> L'abîme dit : Elle n'est point en moi.
>   Et la mer dit : Elle n'est point avec moi (3).

Toute *vision* de Dieu est illusoire. Si les soixante-dix vieillards de l'*Exode* ont vu Dieu, entendons qu'ils virent « sous ses pieds... comme un ouvrage de saphir transparent, comme le ciel lui-même dans sa pureté (4). » Esaü aussi voit Dieu, mais c'est « le trône de Dieu » et « les pans de sa robe (5). » Daniel voit l'Ancien des jours, mais « son vêtement était blanc comme la neige, et les cheveux

---

(1) *Exod.* XXXIII, 21. Cf. *Ibid.*, 20.
(2) *Juges.* XIII, 17 et seqq.
(3) *Job.* XXVIII, 12.
(4) *Exod.* XXIV, 10.
(5) *Es.* VI, 1 et seqq.

de sa tête étaient comme de la laine pure (1). — Les commentaires mystiques tiennent le même langage que le texte biblique. Le Talmud de Jérusalem s'exprime ainsi : « Rabbi Jochanan ben Zaccaï était en route, monté sur un âne, et derrière lui marchait Rabbi Eleazar ben Aroch. Celui-ci dit : Maître, enseigne-moi un chapitre de Maaseh Mercabah (sc., Ezéchiel). Le maître répondit : Les sages n'ont-ils pas enseigné qu'il ne fallait pas exposer la Mercabah même à un seul, à moins qu'il ne fût sage et un homme pénétrant par lui-même (2) ? » Le même Talmud dit plus fortement encore à propos de la *Genèse* : « Quiconque s'occupe de pénétrer quatre choses à savoir : Ce qui est en haut, ce qui est en bas, ce qui est avant, ce qui est après, il vaudrait mieux pour lui qu'il ne fût pas né (3). » Ces textes, il est vrai, sont peut-être postérieurs de plusieurs siècles à Philon le Juif. Le Talmud n'a été clos qu'en l'an 500 ap. J.-C., et les idées y sont sans chronologie (4). Mais le but des commentaires talmudiques était, au contraire du texte biblique, l'explication *scientifique* de ce texte (5). Les tendances agnostiques qu'ils manifesteraient donc encore à une époque avancée établissent fortement le sentiment juif de l'ineffabilité divine.

Dieu est *parfait*. Il est tout-puissant (6). Cette puissance remplit et déborde l'univers :

---

(1) *Dan.* VII, 9.
(2) Cité par S. KARPPE. *Etude sur les origines et la nature du Zohar*, p. 22. Cf. p. 24.
(3) *Ibid.* p. 23. Cf. p. 24.
(4) *Ibid.* p. 5.
(5) *Ibid.* p. 10. L'un des buts que M. S. Karppe s'est proposé est précisément d'établir le caractère *scientifique* du mysticisme juif.
(6) *Gen.* XVII, 1 ; XVIII, 14 ; XIII, 14 ; XXXV, 11. *Nombr.* XI, 23.

Où irais-je loin de ton esprit,
    Et où fuirais-je loin de ta face ?
Si je monte aux cieux, tu y es ;
    Si je me couche au séjour des morts, t'y voilà (1).

Au Ier livre des Rois, Salomon s'écrie : « Mais quoi ! Dieu habiterait-il véritablement sur la terre ? Voici, les cieux et les cieux des cieux ne peuvent te contenir : combien moins cette maison que j'ai bâtie (2) ! » Dieu est unique et il n'y a pas d'autre Dieu que lui (3). Dieu est éternel ; il n'a ni commencement ni fin, mais il est lui-même principe et fin (4). Dieu sait, entend et voit tout (5). Dieu est le Juge suprême qui récompense chacun suivant son mérite (6). Dieu est bon et de lui vient toute bonté (7). Dieu est saint et de lui vient toute sainteté (8). Dieu est fort et il donne la force (9). Dieu est juste et rien n'est juste que par lui (10). Dieu est seul heureux et l'auteur de tout bonheur (11). C'est lui seul qu'il faut adorer et servir (12).

Au regard de ce Dieu infiniment parfait l'univers n'est rien. Comme la parole de Dieu est toujours « suivie de son effet (13) », il lui a suffi de dire pour créer : « Que

---

(1) *Ps.* cxxxix, 7.
(2) I *Reg.* viii, 27.
(3) *Exod.* iii, 14. *Deut.* iv, 35.
(4) *Gen.* xxi, 33. *Exod.* xv, 18.
(5) *Exod.* iii, 16. *Num.* xii, 2.
(6) *Gen.* xviii, 25.
(7) *Gen.* i, 31.
(8) I *Reg.* ii, 2.
(9) *Gen.* xxxii, 28. I *Reg.* ii, 2.
(10) *Gen.* vii, 2.
(11) *Gen.* xxxiii, 13.
(12) *Exod.* xx, 5. *Deut.* vi, 13.
(13) *Nombr.* xi, 23.

l'univers soit (1). » Le terme *bara* (créer), qu'on lit au début de la *Genèse*, « désigne dans l'*esprit biblique* un miracle qui ne tombe pas sous la loi de la raison (2). » Nous soulignons les mots *esprit biblique*. Etymologiquement en effet le terme *bara* signifie *arranger* et non absolument créer ou tirer de rien. L'idée de création absolue n'a pas engendré l'idée d'infinité divine ; c'est celle-ci qui a produit celle-là. Ni l'une ni l'autre ne sont encore entièrement formées chez Philon le Juif. Mais des textes postérieurs à la Genèse établissent que cette formation était commencée avant Philon touchant la création absolue aussi bien que touchant l'infinité. Dieu n'a fait l'univers que pour manifester sa gloire : Ainsi parle l'Eternel :

> Le ciel est mon trône
> Et la terre mon marchepied (3).

Dieu par conséquent est le maître de l'univers ; il peut le disposer à son gré :

> Car l'Eternel crée une chose *nouvelle* sur la terre :
> La femme recherchera l'homme (4).

« Si *l'Eternel fait une chose inouïe*, si la terre ouvre sa bouche pour les engloutir... vous saurez alors que ces gens ont méprisé l'Eternel (5). » Quand enfin nous lisons

---

(1) *Gen.* I, 3.
(2) S. KARPPE. *Etude*, etc., p. 38.
(3) *Es.* LXVI, 1. Cf. *Ps.* presque à chaque page.
(4) *Jérém.* XXXI, 22.
(5) *Nombr.* XVI, 30.

que le souffle divin est le principe de tout (1), cela veut dire que Dieu peut tout modifier et tout anéantir à son gré comme il a tout créé librement. En fait les miracles sont presque les événements ordinaires du récit biblique. « L'histoire d'Israël est l'histoire de Dieu même pendant de longs siècles de l'humanité. Ce trait lui appartient en propre (2). »

Le Dieu de la Bible et du Talmud n'était donc pas infini à proprement parler ; il était même foncièrement personnel, Roi tout-puissant, Dieu des armées, Juge souverain. Celui de Philon sera cela aussi quoique d'une façon atténuée. Mais la Bible et le Talmud nous présentent une notion de l'ineffabilité et de la grandeur divine telle que nous n'en avons pas encore rencontrée chez les Grecs. C'est cette notion que Philon va reprendre et introduire dans la spéculation hellénique.

II

Les *origines* et l'*éducation* préparaient PHILON LE JUIF à ce rôle. Philon est juif par les unes et devient grec par l'autre. Mais il demeura toujours plus juif que grec.

Philon est juif d'abord par la naissance (3). De plus, il appartient à une famille sacerdotale et considérable dans Alexandrie ; son frère est même « alabarque », c'est-à-dire

(1) *Ps.* CXXXIX.
(2) A. Loisy. *Etudes bibliq.* Intr. p. 56.
(3) Eusebius. *Hist. Eccl.* II, 4, 2 et Suidas ap. Ritter-Preller. *Hist.*, etc., 596 et note C.

lieutenant de l'empereur auprès des Juifs (1). Philon connait à fond les livres de l'Ancien Testament et ses traités n'en sont que le commentaire. Ses croyances sont fermes et pures ; surtout sa confiance en la Providence est inébranlable. « Nous n'avions plus d'âmes, écrit-il dans la *Légation à Caïus;* mais, durant cette agonie, nous nous élevâmes vers le vrai Dieu et nous le suppliâmes d'apaiser la colère de ce faux Dieu. *Le Seigneur donc prenant pitié de nous inclina l'âme* (de Caïus) *à la clémence.* ... Ce n'était pas, d'ailleurs, que par amour de la vie, nous craignions de mourir. Nous eussions, au contraire, accepté la mort avec joie comme une immortalité, *si nos lois avaient dû en retirer quelque bénéfice* (2). » Notre philosophe fait aussi son pèlerinage au temple de Jérusalem et il en décrit minutieusement, avec l'intérêt d'un dévot, l'état et les rites (3). Enfin il hait l'étranger et l'idolâtre, l'Egyptien en général et l'Alexandrin en particulier, dont les Juifs ont été jadis et sont encore les victimes (4). Les Grecs même ne sont pas épargnés. « Ils ont écrit des comédies et des fables sybaritiques : ... il fallait employer ces talents à louer les hommes de bien et à raconter leur vie (5). »

Ce dernier passage ne doit pourtant pas faire illusion. Si Philon est juif par la naissance, il est bien grec aussi par l'éducation. D'abord il naît à Alexandrie vers l'an 30

---

(1) Suidas, *ibid.*, note C et E. Herriot. *Philon le Juif*, pp. 108-109.
(2) *Leg. ad Caïum*, 46 (S., VI, 165. M., 600).
(3) *De Monarch.* lib. II.
(4) *Vita Mosis*, lib. I. *Leg ad Caïum*, 25.
(5) *Vit. Mosis*, I, 1 (C., IV, 119¹², M., 81).

av. J.-C. (1). Alexandrie était la ville la plus grande du monde et véritablement cosmopolite. « Toutes les marchandises... s'y entassaient, amenées par des hommes de toute race, de toute religion, de toute culture (2). Ce Juif ensuite ne sait peut-être pas l'hébreu. « En tout cas, il cite la Bible d'après la traduction grecque qu'il suit... jusqu'à en être dupe (3). » Philon au contraire écrit le grec, sinon avec pureté, du moins avec une extrême facilité (4). Ses préférences vont à la Grèce. Il oppose couramment les Grecs et les Barbares (5). Les Juifs, qui ne parlent pas grec, sont des Barbares ; les autres sont des Grecs (6). Lui-même se vante non sans éloquence de posséder une raison aussi développée que celle de ses prédécesseurs. « Mes parents par la raison, c'est Denys de Corinthe..., Crésus de Lydie..., les villes, les peuples, etc. (7). » De fait, comme Eusèbe le remarque, Philon connaissait mieux que personne la philosophie et les arts libéraux, dont l'ensemble constituait alors pour un Juif la culture étrangère (8). Il apprit la grammaire, la géométrie et la musique (9) ; il fréquentait les théâtres : « les poètes ne sont-ils pas les éducateurs de la vie publique (10) ? » ;

(1) Cf. RITTER-PRELLER. *Hist.*, etc., 596 et les notes. *Ibid.*, p. 570. La *légation à Caïus* eut lieu, en effet, en 40 ap. J.-C. Or Philon, qui fut délégué, dit (*Leg. ad Caïum*, 29) qu'il était alors vieux et un Juif ne pouvait se dire vieux qu'à 70 ans au moins (Cf. E. HERRIOT. *Philon le Juif*, pp. 107 et 130).
(2) A. et M. CROISET. *Hist. de la litt. gr.* t. V, p. 11.
(3) A. et M. CROISET. *Hist. de la litt. grecque*, V, p. 423, note 2.
(4) Cf. E. HERRIOT. *Philon le Juif*, pp. 353-354.
(5) *Vita Mosis*, II, 5. *De Abrah.*, 26.
(6) *De conf. ling.* 26.
(7) *De Josepho*, 23 (C., IV, 88 16 M., 60).
(8) Ap. RITTER-PRELLER. *Hist.*, etc., 596.
(9) *De congr. erudit. grat.*, 14.
(10) *Quod omn. prob. lib.* 20 (S., V, 314. M., 468).

surtout la philosophie l'attirait et le retenait (1). C'est à elle qu'il rapporte ses autres études (2). Aucun philosophe ancien ou récent ne lui est inconnu. Tous, non seulement Moïse, mais Platon, Thalès, Anaximandre et Anaximène, Anaxagore, Pythagore, Empédocle, Hippase, Aristote, se pressent sous sa plume au hasard de l'inspiration et du souvenir (3). La doctrine de Platon, en particulier, lui devint si familière, qu'on dira couramment : « Ou Platon philonise ou Philon platonise (4). » Mais, croyant inébranlable, il regarde toute cette sagesse comme venue de Moïse (5).

Cette dernière remarque confirme ce que nous disions en débutant. Philon est juif par la naissance, grec par l'éducation. Mais il est demeuré l'un plus que l'autre. On s'explique mieux de cette façon le caractère de son Dieu en partie indéterminé, en partie fini et personnel.

L'Indétermination divine est d'abord impliquée par la doctrine générale du philosophe. Dieu n'a aucune des imperfections essentielles aux créatures et il est supérieur à toutes leurs perfections. Puis Philon déclare expressément que Dieu est *sans qualités*, inconnaissable et ineffable.

Dieu n'est ni le monde, ni l'Ame du monde. « L'Intelligence universelle, Dieu, est hors de la nature matérielle (ἔξω τῆς ὑλικῆς φύσεως)... : la cause est, en effet, supérieure

---

(1) *De special. leg.*, III, 1.
(2) *De congr. erud. grat.*, 14.
(3) Ainsi dans *De Provid.* I, 22, d'où nous tirons cette énumération incohérente.
(4) SUIDAS ap. RITT.-PRELLER. *Hist.*, etc.), 596, note C.
(5) *Quod. omni. prob. lib.* 8.

à ce qu'elle produit (1). — Dieu n'est ni dans l'espace ni dans le temps. « Il enveloppe, mais n'est pas enveloppé (περιέχοντος, οὐ περιεχομένου) (2). — L'action divine est évidemment *instantanée*, qu'il soit question de ses actes ou de ses pensées (ἅμα γὰρ πάντα ὁρᾶν εἰκὸς Θεόν, κ. τ. λ.) (3). » — Dieu n'a ni le visage ni les passions de l'homme. Nous sommes, il est vrai, « enveloppés dans le mortel comme les escargots dans leur coquille (4). » Mais l'anthropomorphisme est une impiété « plus vaste que l'océan (5) » et Philon multiplie les efforts pour expliquer allégoriquement les passages de la Bible où Dieu paraît semblable à l'homme. Par exemple la voix qui retentit sur le Sinaï n'était pas celle de Dieu : Dieu n'a pas de bouche et ne parle pas ; c'était une voix invisible, qui s'était formée dans l'air sur l'ordre de Dieu (6). — A dire vrai, il n'y a pas de commune mesure entre l'homme et Dieu. L'un passe, l'autre est éternel (ἄφθαρτος) (7). L'un est multiple, l'autre est simple. « Je suis plusieurs, âme et corps ; dans mon âme même, raison et déraison, etc. : mais Dieu n'est ni un mélange ni une synthèse ; il n'est mêlé à rien (ἀμιγὴς ἄλλῳ) (8). » L'un change, l'autre est immuable. L'immutabilité est la marque principale de la perfection. Plus nous changeons, moins nous sommes véritablement hommes.

(1) *De migr. Abrah.*, 35 (C., II, 306³. M., 466).
(2) *De conf. ling.*, 27 (C., II, 254²³. M., 425).
(3) *De opif. mund.*, 3 (C., I, 4². M., 3).
(4) *De ss. Abel. et Caïn.*, 29 (C., I, 241¹⁰ M., 182).
(5) *De conf. ling.*, 27. (C., II, 254¹⁸. M., 425).
(6) *De dec. oroc.*, 2. Cf. *De post. Caïn.*, 1. *Leg. alleg.*, I, 13. *De ss. Abel. et Caïn.*, 29. Etc.
(7) *Leg. alleg.*, III, 11 (C., I, 121². M., 94).
(8) *Leg. alleg.*, II, 1 (C., I, 90¹¹. M., 66).

L'Etre parfait est donc complètement immuable. Quand l'Ecriture dit qu'il s'est *repenti*, l'Ecriture parle allégoriquement (1). L'homme, enfin, dépend de tout ; Dieu est souverainement libre, il se suffit, il est absolu. « Qui ne voit qu'avant la naissance du monde, Dieu se suffisait (ἱκανὸς ἦν αὐτὸς ἑαυτῷ) et qu'après cette naissance, il reste le même et ne change pas (2) ? »

Non seulement Dieu n'est pas imparfait comme les créatures : il est supérieur à leurs perfections. « L'Intelligence universelle est très pure et très sainte, meilleure que la vertu, meilleure que la science, meilleure que le Bien même et que le Beau (3). — On apprend ainsi à voir ce qui est inengendré et divin, ce qui... à dire vrai, est meilleur que le bien, plus beau que la beauté, plus heureux que la félicité, plus fortuné que la fortune et plus parfait que tout ce qui a été dit (4). » Dieu est même supérieur à l'Unité. « Le Premier est l'Etre qui est même au-dessus du principe un et unique (5). — Il ne faut pas penser que Dieu soit suivant l'un et la monade (κατὰ τὸ ἕν καὶ τὴν μονάδα) ; c'est plutôt la monade qui est suivant le Dieu unique (μᾶλλον δὲ ἡ μονὰς κατὰ τὸν ἕνα Θεόν). Tout nombre est en effet postérieur au monde ; il en est de

---

(1) Tout le traité *Quod Deus sit immut.*
(2) *De mut. nom.*, 5 (C., III, 164¹⁹, M., 585). Cf. *De ss. Abel. et Caïn.*, 91 (C., I, 240ᵇ).
(3) *De opif. mund.*, 2 (C., I, 2¹⁹, M., 2) : Ὁ τῶν ὅλων νοῦς ἐστιν ... κρείττων ἢ ἀρετή, καὶ κρείττων ἢ ἐπιστήμη, καὶ κρείττων ἢ αὐτὸ τὸ ἀγαθὸν καὶ αὐτὸ τὸ καλόν.
(4) *Leg. ad Caïum*, 1 (S., VI, 87, M., 546) : Τὸ ἀγένητον καὶ θεῖον ὁρᾶν πεπαιδεύνται,... καὶ... εἰ δεῖ τὸ ἀληθὲς εἰπεῖν, τὸ κρεῖττον μὲν ἀγαθοῦ, κάλλιον δὲ καλοῦ, καὶ μακαρίου μὲν μακαριώτερον, εὐδαιμονίας δὲ αὐτῆς εὐδαιμονέστερον, καὶ εἰ δή τι τῶν εἰρημένων τελειότερον. — Cf. Euseb. VII, 13, 8, in *Fragment.* Edit. ster. VI, 196 : κρείσσων... ἢ πᾶσα λογικὴ φύσις.
(5) *Quaest. in Ex.* ii, 68 (S., VII, 361, M., 515).

même du temps. Mais Dieu est plus ancien que le monde : c'est lui qui l'a fait (1). — Dieu, en effet, n'est ni comme l'homme, ni comme le soleil, ou le ciel, ou le monde sensible, mais comme Dieu, si l'on peut dire cela aussi (*sed sicut Deus si liceat id quoque proferre*). Aucune comparaison... n'est permise, quand il s'agit de cet Etre très heureux et très fortuné, qui surpasse même le bonheur, la fortune, et tout ce que l'on peut encore imaginer de mieux et de plus grand (*imo superat vel ipsam beatitudinem ac felicitatem et quidquid his melius potiusque cogitari possit*) (2). »

La raison profonde de cette supériorité est l'*absence de qualités* en Dieu. « Ne croyons pas que Dieu a eu besoin d'une bouche ou d'un gosier pour souffler : Dieu est en effet sans qualités et il n'a pas la forme humaine (ἄποιος γὰρ ὁ Θεός, ... οὐκ ἀνθρωπόμορφος) (3). — Il faut penser en effet que Dieu est sans qualités (ἄποιος), incorruptible et immuable (4). — Les spirituels qui peuvent fréquenter le monde intelligible et incorporel ne comparent jamais l'Etre avec l'idée des choses sensibles (οὐδεμιᾷ τῶν γεγονότων ἰδέᾳ παραβάλλουσι τὸ ὄν), mais l'élevant au-dessus de toute qualité (ἐκβιβάσαντες αὐτὸ πάσης ποιότητος) — une chose en effet compose partiellement son bonheur et sa félicité souveraine, c'est de posséder une essence simple et sans marque distinctive (τὸ ψιλὴν ἄνευ χαρακτῆρος τὴν ὕπαρξιν.

---
(1) *Leg. alleg.*, II, 2 (C., I, 90 18, M., 66). Cf. *De praem. et poen.*, 6.
(2) *Quaest. et sol. in Gen.*, II, 54 (S., VI, 384, M., 134).
(3) *Leg. alleg.*, I, 13 (C., I, 70 10, M., 50).
(4) *Leg. alleg.*, I, 15 (C., I, 73 27, M., 53).

καταλαμβάνεσθαι) — ils ne lui attribuent que l'être (1). » Une phrase curieuse confirme tous ces textes et montre bien la différence qui existe entre Philon et ses prédécesseurs grecs. Pour ceux-ci une chose était d'autant plus *parfaite* qu'elle avait plus de qualités, c'est-à-dire qu'elle était plus déterminée ; Philon pense exactement le contraire. « Dieu n'est ni comme l'homme, ni comme le ciel, ni comme le monde : tout cela est *qualifié, spécifié* et relève de la *sensation* (ποιὰ γὰρ εἴδη ταῦτά γε καὶ εἰς αἴσθησιν ἐρχόμενα) (2). »

Si Dieu est sans qualités, il est *inconnaissable* et *ineffable*. Philon le reconnaît : « Ayant examiné entre autres choses si l'Etre a un nom, j'ai reconnu clairement qu'aucun nom ne lui convient ; si donc quelqu'un en parle, il en parlera métaphoriquement (3). » Le texte important de la *Légation*, dont nous avons traduit plus haut le début sur l'Infinité de Dieu, poursuit ainsi : « On n'avance à rien en essayant de saisir par la raison un Dieu insaisissable et tout à fait ineffable : il recule, en effet, et s'échappe. Tout vocable est profondément impuissant à montrer, je ne dis pas l'Etre — le Ciel entier parlât-il le langage le plus harmonieux, le plus juste et le plus pénétrant, n'y parviendrait pas — mais seulement les Puissances qui montent la garde autour de l'Etre (4). » Enfin, Dieu par-

---

(1) *Quod Deus immut.*, 11 (C., II, 68¹¹. M., 281).
(2) *Quod Deus immut.*, 13 (C., II, 70¹⁶. M., 282).
(3) *De somn.*, I, 39 (C., III, 254⁵. M., 655) : σκεψάμενος, εἰ ἔστι τι τοῦ ὄντος ὄνομα, σαφῶς ἔγνων ὅτι κύριον μὲν οὐδέν, ὃ δ' ἂν εἴπῃ τις, καταχρώμενος ἐρεῖ.
(4) *Leg. ad Caium*, 1 (S., VI, 87. M., 546) : οὐ γὰρ φθάνει προςαναβαίνειν ὁ λόγος ἐπὶ τὸν ἄκτιστον καὶ ἀναφῆ πάντῃ θεόν, ἀλλ' ὑπονοστεῖ καὶ ὑπορρεῖ, κ.τ.λ.

lant à Moïse dit de lui-même : « Dis-leur d'abord : Je suis celui qui est, afin que, connaissant la différence de ce qui est et de ce qui n'est pas, ils apprennent qu'aucun nom ne me convient absolument, moi à qui le seul être convient (ὡς οὐδὲν ὄνομα τὸ παράπαν ἐπ' ἐμοῦ κυριολογεῖται, ᾧ μόνῳ πρόςεστι τὸ εἶναι) (1). » Quelques textes visent plus particulièrement l'*incognoscibilité*. « Son existence est ce que nous connaissons de lui ; en dehors de quoi nous n'en connaissons rien (ὕπαρξις γάρ ἐσθ' ἣν καταλαμβάνομεν αὐτοῦ, τῶν δέ γε χωρὶς ὑπάρξεως οὐδέν) (2). — *Israël*, c'est-à-dire en grec *qui voit Dieu*, non ce qu'il est, car cela est impossible — mais qu'il est (οὐχ οἷός ἐστιν ὁ Θεός — τοῦτο γὰρ ἀμήχανον... — ἀλλ' ὅτι ἔστιν) (3). — Rien n'est meilleur que de chercher le vrai Dieu, même si le trouver dépasse les forces humaines (καὶ ἂν ἡ εὕρεσις αὐτοῦ διαφύγῃ τὴν ἀνθρωπίνην δύναμιν) (4). » Tout le passage est, en effet, consacré à dire que s'il est impossible de savoir ce qu'est Dieu, du moins il n'y a pas de plus grand plaisir que de chercher à le savoir.

Dieu n'est-il donc rien ? Aucunement. Philon exclut, en effet, de Dieu toute ποιότης ; mais, comme M. Ed. Zeller le remarque justement, le philosophe ne vise que les qualités *finies* (5). L'impossibilité de comprendre et de nommer Dieu a donc pour raison, non le défaut, mais la plénitude et mieux encore la surabondance de son être. Indétermination veut dire ici perfection telle qu'elle dépasse toute

---

(1) *Vit. Mosis*, I, 14 (C., IV, 137¹¹, M., 92).
(2) *Quod Deus immut.*, 13 (C., II, 70¹⁷, M., 282).
(3) *De praem. et poen.*, 7 (S., V, 236, M., 415). *De monarch.*, I, 4.
(4) *De monarch.*, I, 5 (S., IV, 316, M., 217).
(5) *Die phil. d. Griech.*, III², 403, 1.

limite, en un mot, *perfection infinie*. Aussi Philon parle-t-il à chaque instant de son Dieu et l'on peut ainsi opposer une à une propositions négatives et propositions affirmatives. — Dieu, par exemple, n'est pas l'Ame du monde ; cependant, il en est l'Intelligence « ὁ τῶν ὅλων νοῦς (1). » Le philosophe emploie même ordinairement cette expression, au lieu du mot Θεός, pour désigner Dieu. Souvent aussi il réunit les deux (2). Dieu n'est nulle part ; cependant il est partout. « Tout est rempli, tout est traversé par lui ; il n'a rien laissé vide et privé de lui (3). — Il n'est pas enveloppé, mais il enveloppe (περιέχοντα, οὐ περιεχόμενον) (4). » Il est supérieur au Bien et à la Beauté ; cependant il est la Perfection même et l'archétype de la Beauté. « Dieu seul festoie sans mensonge. Seul il est plein d'ivresse ; seul il se réjouit ; seul il est heureux ; à lui seul la paix sans guerre intestine. Il ne connaît ni le chagrin, ni la crainte. Il est à l'abri du mal, de la misère, de la peine. Il est florissant ; son bonheur est pur et complet. La perfection absolue lui est naturelle, ou plutôt il est lui-même le sommet, la fin et la limite du bonheur. Il ne partage avec personne autre pour devenir meilleur ; mais il donne à tous de ce qui lui est propre et il est ainsi la Source de la beauté. Rien, en effet, de ce qui est beau dans le monde ne serait tel, s'il n'avait pour archétype la Beauté véritable (5). » Philon

(1) *De opif. mund.*, 2 (C., I, 2ᵇ. M., 2).
(2) *De migr. Abrah.*, 35.
(3) *Leg. alleg.*, III, 2 (C., I, 114ᵃ. M., 88) : Πάντα γὰρ πεπλήρωκεν ὁ θεὸς καὶ διὰ πάντων διελήλυθεν καὶ κενὸν οὐδὲν οὐδὲ ἔρημον ἀπολέλοιπεν ἑαυτοῦ.
(4) *De migr. Abrah.*, 35 (C., II, 306ᵇ. M., 466).
(5) *De Cherub.*, 25 (C., I, 191ᵇ. M., 154). Μόνος ὁ θεὸς ἀψευδῶς ἑορτάζει · καὶ γὰρ μόνος γήθει καὶ μόνος χαίρει καὶ μόνος εὐφραίνεται καὶ μόνῳ τὴν ἀμιγῆ πολέμου συμβέβηκεν εἰρήνην ἄγειν ἄλυπός ἐστι καὶ ἄφοβος, καὶ ἀκοινώνητος

reconnaît encore que Dieu est la *cause* du monde et de tout ce qui arrive. « Il est la seule cause efficiente) (ἑνὸς ὄντος αἰτίου τοῦ δρῶντος) (1). — Il est la cause active qui a organisé la cause passive ou matière (τὸ μὲν εἶναι δραστήριον αἴτιον, τὸ δὲ παθητόν...) (2). » Il ne cesse pas d'agir (παύεται γὰρ ποιῶν ὁ Θεός (3). Il est le Démiurge (δημιουργεῖται (4), δημιουργός) (5), le fondateur (κτίστης) (6), le père des choses (πατὴρ τῶν ὅλων) (7). Si l'on accepte les causes d'Aristote, Dieu est à la fois la cause efficiente (τὸ ὑφ' οὗ), la cause instrumentale (τὸ δι' οὗ) et la cause finale (τὸ δι' ὅ) (8). Sa parole crée; sa parole et son acte ne font qu'un (ὁ γὰρ Θεὸς λέγων ἅμα ἐποίει — ὁ λόγος ἔργον ἦν αὐτοῦ) (9). — Philon ira même plus loin; il affirmera que Dieu a fait le bien et pouvait aussi faire le mal. Mais nous reviendrons sur ce point.

Le Dieu de Philon est *personnel* en même temps que sans qualités (10). Sans doute quelques textes présentent l'action divine comme impersonnelle. « Dieu, écrit Philon, ne cesse jamais de produire, mais comme le propre du feu

κακῶν, ἀνένδοτος, ἀνώδυνος, ἀκμής, εὐδαιμονίας ἀκράτου μεστός · τελειοτάτη ἡ τούτου φύσις, μᾶλλον δὲ αὐτὸς ἄρα καὶ τέλος καὶ ὅρος εὐδαιμονίας ὁ θεός μετέχων μὲν οὐδενὸς ἑτέρου πρὸς βελτίωσιν, τὸ δὲ ἴδιον μεταδιδωκὼς ἅπασι τοῖς ἐν μέρει τῆς τοῦ καλοῦ πηγῆς, ἑαυτοῦ · τὰ γὰρ ἐν κόσμῳ καλὰ εὔποτ' ἂν ἐγεγένητο τοιαῦτα, μὴ πρὸς ἀρχέτυπον τὸ πρὸς ἀλήθειαν καλόν.

(1) *Leg. alleg.*, III, 3 (C., I, 114 22, M., 88).
(2) *De opif. mund.*, 2 (C., I, 2 18, M., 2).
(3) *Leg. alleg.*, I, 3 (C., I, 62 10, M., 44).
(4) *Ibid.* (C., I, 62 22, M., 44).
(5) *Leg. alleg.*, II, 1 (C., I, 90 10, M., 67).
(6) *De somn.*, I, 13 (C., III, 221 11, M., 632).
(7) *De Abrah.*, 24 (C., IV, 28 3, M., 18).
(8) *De Cherub.*, 125 (C., I, 199 22, M., 161).
(9) *De ss. Abel et Caïn.*, 12 (C., I, 228 12, M., 175).
(10) Cf. Ed. CAIRD, *The evol. of Theol.* etc. p. 211.

est de brûler et le propre de la neige de refroidir, ainsi Dieu produit-il et d'autant plus que tous les autres êtres tiennent de lui leur activité (1). » Ailleurs Dieu est une *lumière* dont les choses sont les *rayons*. « Celui qui est... étant lui-même l'archétype de la lumière, projette des milliers de rayons dont aucun n'est sensible mais qui sont tous intelligibles (2). » Ces comparaisons tirées du feu et de la lumière étaient fréquentes dans les croyances orientales. Rappelons le buisson ardent, les éclairs du Sinaï, la nuée du Saint des saints chez les Hébreux, etc. Plotin aussi les reprendra à son prédécesseur. Leur caractère émanatiste s'accordait bien, en effet, avec l'Infinité divine : le monde paraît sortir d'un Dieu, qui n'a besoin de rien, insensiblement et comme à l'insu de celui-ci. — Cependant l'émanatisme n'est pas la conception à laquelle Philon se tient de préférence. Cette conception est plutôt la causalité efficiente du *Timée*. Des textes multiples l'établissent. Philon, par exemple, regarde l'existence de Dieu comme évidente *a priori*. « Dieu est parce qu'il est. » Mais le philosophe n'en établit pas moins aussitôt cette existence par des considérations sur l'ordre du monde. Dieu devient alors l'Agent, le Démiurge, le Fondateur, l'Architecte, le Père, etc. « Il est tout à fait nécessaire, comme Moïse l'a reconnu, qu'il y ait dans les êtres une cause active et une cause passive. Or, la cause active est

---

(1) *Leg. alleg.* I, 5 (C., I, 62¹⁶. M., 44) : παύεται γὰρ οὐδέποτε ποιῶν ὁ θεός, ἀλλ' ὥσπερ ἴδιον τὸ καίειν πυρὸς καὶ χιόνος τὸ ψύχειν, οὕτως καὶ θεοῦ τὸ ποιεῖν, καὶ πολύ γε μᾶλλον, ὅσῳ καὶ τοῖς ἄλλοις ἅπασιν ἀρχὴ τοῦ δρᾶν ἐστιν.
(2) *De Cherub.* 97 (C., I, 193²⁹. M., 156) : αὐτὸς δ' ἂν ἀρχέτυπος αὐγὴ μυρίας ἀκτῖνας ἐκβάλλει, ὧν οὐδεμία ἐστὶν αἰσθητή, νοηταὶ δ' ἅπασαι. — Cf. *De somn.* I, 19...

l'Intelligence universelle (τὸ μὲν δραστήριον ὁ τῶν ὅλων νοῦς) (1). — Qui voyant des statues ou des tablettes ne songe aussitôt au sculpteur ou à l'écrivain ? Qui voyant des vêtements, des vaisseaux, des maisons, ne pense au tailleur, au pilote, à l'architecte ? Celui qui pénètre dans une ville bien gouvernée où les lois sont fortes, belles et bonnes, imaginera-t-il autre chose si ce n'est que cette ville possède à sa tête des magistrats excellents ? De même, par conséquent, celui qui arrive dans cette cité véritablement grande, le monde, et qui aperçoit sur les montagnes et dans les vallées la foule des animaux et des plantes... ne prendra-t-il pas plus nécessairement encore l'idée du père (de ce monde), de son fabricateur, et, qui plus est, de son chef (2) ? » Le rôle de Dieu est aussi démiurgique. « Il a *appelé* à l'être ce qui n'était pas ; il a tiré l'ordre du désordre ; les qualités de ce qui était sans qualité (3). » Le début du passage est plus remarquable encore. Philon y affirme expressément, comme nous l'avons déjà remarqué, que Dieu non seulement pouvait *faire* et a fait le bien, mais qu'il pouvait aussi *faire* le mal. Seulement comme il était *bon*, il n'a *voulu* que le bien. Or, pareille proposition rappelle sans doute la puissance *infinie* que les Juifs reconnaissaient à Jahvé ; mais la personnalité de celui-ci s'y retrouve également à chaque ligne. « Le chef de l'Etat, le maître de la maison, le médecin qui soigne

---

(1) *De opif. mund.*, 2 (C., I, 2¹⁹, M., 2).
(2) *De monarch.*, I, 4 (S., IV, 315, M., 217) : τὸν οὖν ἀφικνούμενον εἰς τὴν ἀληθῶς μεγαλόπολιν, τόνδε τὸν κόσμον,... μᾶλλον δὲ ἀναγκαίως ἔννοιαν λήψεσθαι δεῖ τοῦ πατρὸς καὶ ποιητοῦ καὶ προσέτι ἡγεμόνος ;
(3) *De just.*, 7 (S., V, 166, M., 367) : τὰ γὰρ μὴ ὄντα ἐκάλεσεν εἰς τὸ εἶναι, τάξιν ἐξ ἀταξίας, καὶ ἐξ ἀποίων ποιότητας... ἐργασάμενος....

les malades, le général préposé à l'armée, tous peuvent deux choses : ou le bien ou le mal (οἱ πάντες δύνανται ἄμφω, τό τε εὖ καὶ τὸ χεῖρον). Mais ils doivent vouloir ce qui est mieux. Or, le mieux est d'aider et de ne pas nuire dans la mesure où ils le peuvent. Il en est de même pour Dieu : il a, en effet, la puissance de faire l'une et l'autre chose, mais il ne veut que le bien (ἐπεὶ καὶ ἐκείνῳ δύναμις μέν ἐστι δρᾶν ἑκάτερα, βούλεται δὲ μόνα τὰ ἀγαθά) (1). » Philon écrit enfin expressément : « Si quelqu'un voulait savoir la raison pour laquelle l'univers a été organisé et harmonisé, on ne le tromperait pas, à mon avis, en lui répétant ce qu'un Ancien a dit, savoir que le père et l'auteur (du monde) était bon, etc. (2). » Or, l'Ancien que Philon cite n'est autre que le Platon du *Timée*. « Disons donc la raison pour laquelle la génération et l'univers ont été arrangés par celui qui les a arrangés. Celui-ci était bon, etc. (3). »

Telle est l'Infinité divine chez Philon. Sans doute le nom ne s'y rencontre pas ; ce que nous avons trouvé de plus fort en ce genre est l'expression *sans qualités* (ἄποιος). Mais la chose s'y trouve. Le Juif, à l'instar de ses coreligionnaires, met Dieu au-dessus de tout et celui-ci est indéterminé parce que sa perfection déborde toute détermination. — A côté de la représentation infinitiste nous en avons une qui est personnelle. Dieu est Démiurge. Philon tenait cette seconde représentation soit de la spéculation

---

(1) *Ibid.*
(2) *De opif. mund.*, 21 (C., I, 6¹³. M., 5) : γάρ τις ἐθελήσειε τὴν αἰτίαν ἧς ἕνεκα τόδε τὸ πᾶν... ἀγαθὸν εἶναι τὸν πατέρα καὶ ποιητήν, κ.τ.λ.
(3) *Tim.*, 29 D. : λέγωμεν δὴ δι' ἥν τινα αἰτίαν γένεσιν καὶ τὸ πᾶν τόδε ὁ ξυνιστὰς ξυνέστησεν. Ἀγαθὸς ἦν, κ.τ.λ.

grecque, de Platon en particulier, soit de ses croyances religieuses qui conservaient à Jahvé la personnalité la plus vigoureuse qui fût jamais. — Les deux représentations, infinitiste et personnelle, étaient contradictoires. Mais Philon qui est un exégète plutôt qu'un philosophe les juxtapose sans chercher à les concilier. Plotin qui est vraiment un philosophe l'essaiera et fera réaliser ainsi à la théorie de l'Infinité divine un progrès considérable. Nous reviendrons d'ailleurs à la fin de cette première partie sur la place que Philon occupe dans l'histoire de l'Infinité divine.

CHAPITRE DEUXIÈME

LES PUISSANCES INTERMÉDIAIRES DANS LA TRADITION JUIVE
PHILON LE JUIF
LES PUISSANCES INTERMÉDIAIRES ET LE VERBE
LA MATIÈRE

Si Dieu est infini, des Principes ou Puissances Intermédiaires sont nécessaires pour expliquer la production et la conservation d'un monde fini. — Ces Principes se rencontraient déjà dans la philosophie grecque. D'abord le terme de *puissance* entendue au sens actif n'y était pas inconnu. Platon écrit au passage de la *République* que nous avons discuté : « Le Bien surpasse l'Essence par l'ancienneté et la puissance (δυνάμει) (1). » Ensuite les Idées, les Formes, les Raisons étaient véritablement des Principes intermédiaires entre Dieu et les choses. Bien plus. Tandis que Platon était surtout monté des choses à Dieu, cet ordre tend à se renverser chez ses successeurs. Aristote procède encore de la matière à la forme. Mais le *désir* (ὄρεξις) (2) par lequel l'une tend vers l'autre est un principe essentiel du péripatétisme. Or ce désir est la connaissance par la

(1) Cf. *suprà*.
(2) *Phys.* I, 9, 192ᵃ 14.

matière et conséquemment la *présence* dans la matière du principe divin, bon et désiré. La qualité et la matière s'équilibrent dans l'ensemble du système chez les Stoïciens, bien que ces philosophes dans le détail procèdent plutôt de l'*habitude* à l'*âme* en passant par la *nature* (1). Enfin de Platon aux Stoïciens le passage est continu entre le statique et le dynamique, la logique et la vie. L'Idée, si l'on n'y regarde pas de trop près, se présente comme un Intelligible plutôt que comme une Intelligence. La Forme est déjà une énergie. La tension est tout le stoïcisme et la qualité est une puissance au sens, non plus péripatéticien, mais philonien du mot. — En fait Philon ne distinguera pas entre les Puissances ou les Idées, les Formes et les Raisons. Mais l'Infinité divine que Philon apporte alors modifia tout profondément. Les traités de notre philosophe nous présentent une pénétration du monde par Dieu au regard de laquelle le dynamisme grec semble presque de l'inertie. Tout en outre est vivant chez Philon ; l'*habitude* des Stoïciens est encore morte. Les mêmes philosophes procèdent indifféremment du monde à Dieu et de Dieu au monde ; Philon va exclusivement de Dieu à un monde que Dieu surpasse infiniment. La puissance dont Platon parlait était en effet active et divine, mais elle était finie ; la puissance de Jahvé chez Philon est infinie. Si enfin les Grecs n'avaient pas ignoré le sens actif du terme *puissance*, ce terme avait néanmoins reçu d'Aristote un sens passif, philosophique et définitif. — Les Puissances Intermédiaires doivent donc être étudiées, non chez les Grecs de

---

(1) Sext. *Math.* IX, 81.

la seconde époque, mais dans la Bible et chez Philon. Celui-ci, en outre, met l'existence de ces Puissances, leur mode d'apparition, leur nature et leur nombre en rapport avec son Dieu demi infini, demi personnel. La même remarque vaut pour la doctrine du Verbe. Enfin la puissance d'un Dieu infini ne devrait avoir d'autre limite qu'un terme dont le nom pourrait être encore celui de *matière,* mais dont la nature serait purement idéale. Or la matière qui tient chez Philon une place considérable y possède encore une réalité positive et distincte de Dieu. Ce deuxième chapitre comprendra donc trois paragraphes : 1º *les Puissances intermédiaires dans la Tradition juive;* 2º *les Puissances intermédiaires et le Verbe chez Philon;* 3º *la Matière chez Philon* — dans leur rapport avec l'Infinité divine.

I

Déjà l'attribut par excellence de Jahvé était la Toute-Puissance. « Israël apparut à Abram et lui dit : Je suis le Dieu tout-puissant. — Y a-t-il rien qui soit étonnant de la part de l'Eternel ? — Sa main serait-elle trop courte (1) ? » Cette puissance remplit et déborde l'univers :

> Où irais-je loin de ton esprit,
> Et où fuirais-je loin de ta face ?
> Si je monte aux cieux, tu y es ;
> Si je me couche au séjour des morts, t'y voilà (2).

(1) *Gen.* XVII, 1 ; XVIII, 1 ; *Nombr.* XI, 23.
(2) *Ps.* CXXXIX, 7.

L'univers enfin n'est que le « trône » et le « marchepied » de Dieu (1). — Mais la Bible nous fait assister dès ses premiers livres au travail par lequel l'esprit juif éloignant de Dieu toute détermination érigea ses attributs en *puissances intermédiaires*. Deuxième verset de la *Genèse* : « L'*esprit* de Dieu se mouvait au-dessus des eaux. » Même livre, XVI, 7 : « L'*ange* de l'Eternel trouva Agar près d'une source d'eau. » Dans *Exode*, III, 2 : « L'*ange* de l'Eternel apparut à Moïse. » Même livre, texte cité au début de notre premier chapitre : « Dieu dit à Moïse : Tu te tiendras sur le rocher. Quand ma *gloire* passera, je te mettrai dans un creux du rocher et je te couvrirai de ma main. Et lorsque je retournerai ma main, tu me verras par derrière, mais ma *face* ne pourra pas être vue (2). » Dieu ici distingue lui-même sa face ou essence et sa gloire. Dans *Juges*, chap. XIII, épisode de Manoach, un *ange de l'Eternel* (3, 9, 13, etc.), qui est aussi un *homme de Dieu* (6, 8, 11, etc.) et *Dieu* même (23), apparaît à Manoach. — Le livre de *Job* et les *Proverbes*, où des préoccupations d'ordre intellectuel se mêlent aux croyances traditionnelles, réunissent ces attributs en un type qui est la *Sagesse*. Job s'écrie :

> Mais la Sagesse, où se trouve-t-elle ?
> Où est la demeure de l'Intelligence ?
> L'abîme dit : Elle n'est point en moi ;
> Et la mer dit : Elle n'est point avec moi (3).

(1) *Es.* LXVI, 1.
(2) *Exod.* XXXIII, 21.
(3) *Job.* XXVIII, 12.

Les *Proverbes* sont encore plus remarquables parce qu'ils distinguent expressément entre Dieu et la Sagesse :

C'est par la Sagesse que l'Eternel a fondé la terre (1).

L'éloge qu'ils font de cette Sagesse est d'ailleurs célèbre :

J'ai été établie depuis l'éternité,
Dès le commencement, avant l'origine de la terre
Je fus enfantée quand il n'y avait point d'abîmes,
Point de sources chargées d'eaux, etc. (2).

Ce travail se poursuit dans l'*Ecclésiastique* et jusque chez les Septante, sans qu'on doive encore lui chercher une explication même complémentaire dans une influence hellénique (3). L'*Ecclésiastique* s'étend longuement sur la Sagesse. Elle vient de Dieu; elle a toujours été avec lui; elle est éternelle (4). C'est par elle que Dieu a créé :

Moi seule, je faisais le tour de la voûte céleste
Et je me promenais au fond des océans...
Au milieu des peuples et des nations, c'est moi qui créais (5).

Elle est la Loi qui conserve le monde physique et le monde moral (6). L'auteur la personnifie même en plusieurs endroits :

Dans la communauté du Très Haut elle ouvre sa bouche (7).

(1) *Prov.* III, 19.
(2) *Ibid.* VIII, 23.
(3) Ed. HERRIOT. *Philon le Juif*, p. 42.
(4) *Eccli.* I, 1.
(5) *Ibid.* XXIV, 8. Trad. Reuss citée par Ed. Herriot. *Philon le Juif*, p. 39.
(6) *Eccli.* XXIV, tout entier et XV, 1.
(7) *Ibid.* XXIV, 2 ; XV, 3.

A côté d'elle enfin existent d'autres Puissances, la Puissance proprement dite (1), la Bonté (2), etc. Ainsi la théorie se développait et s'enrichissait. La Sagesse personnifiée est celle même que Philon fera entrer dans la composition de son Verbe (3). Le rôle que le Siracide prête à la Sagesse dans la création est également celui que Philon prêtera au Verbe : l'une et l'autre servent explicitement d'intermédiaires entre Dieu et le monde (4). La Sagesse est la Loi du monde physique et moral; Philon écrira : « La loi éternelle de Dieu est le soutien du monde... Elle en lie toutes les parties (5). » D'autres puissances se tiennent avec la Sagesse autour du Très-Haut; Philon parlera également des puissances « qui portent la lance auprès de Dieu (6). » — Les Septante d'autre part montrent une répugnance très vive pour l'anthropomorphisme et ils l'évitent toujours en transformant les attributs matériels de leurs auteurs en puissances spirituelles. Ainsi le texte hébreu porte en *Josué* IV, 24 *la main de Dieu;* les Septante traduisent *la puissance* (δύναμις) *de Dieu;* Esaïe disait *les pans de sa robe;* les Septante écrivent *sa gloire* (7). Esaïe encore disait *Dieu qui a formé la terre;* les Septante écrivent *Dieu qui a fait voir* (καταδείξας) *la terre* (8).

La doctrine des Puissances Intermédiaires acheva de se développer sous l'influence hellénique avec Aristobule, le

(1) *Ibid.* xv, 18; xxiv, 2.
(2) *Ibid.* xviii, 28.
(3) Cf. Ed. Herriot. *ouvr. cit.,* p. 42.
(4) Cf. *infra.*
(5) *De plant. Noe,* 2 (S., II, 155).
(6) *De monarch.* I, 6.
(7) *Es.* iv, cité par Ed. Herriot. *Philon,* p. 88.
(8) *Ibid.* xlv, 18 (Id. *ibid.*).

livre de *la Sagesse* et Philon. Tous mêlent en effet les tendances que nous venons de signaler et les doctrines de la spéculation grecque. — Aristobule écrit vers le milieu du IIe siècle av. J.-C. (1). Les fragments qui nous restent de lui nous montrent d'abord un effort considérable pour interpréter la Bible allégoriquement. « Les mains, par exemple représentent les *puissances* de Dieu. » L'allégorie avait déjà aidé les Septante à éviter l'anthropomorphisme ; elle sera le procédé favori de Philon. Aristobule ensuite estime que la philosophie juive est plus ancienne que la philosophie grecque et que celle-ci s'est inspirée de celle-là. Les Péripatéticiens, dit-il, ont emprunté leurs doctrines à la Loi et aux prophètes. Philon tiendra un langage analogue. — Le livre de *la Sagesse* appartient vraisemblablement à la première moitié du Ier siècle (2). La Sagesse y est, comme dans l'*Ecclésiastique*, les *Proverbes* et le livre de *Job*, éternelle, intermédiaire entre Dieu et le monde, créatrice, organisatrice et conservatrice de celui-ci (3). Surtout l'auteur l'identifie soit avec le Verbe, soit avec d'autres puissances divines. Sagesse et Verbe sont également tout-puissants (4). L'une et l'autre ont créé (5). Tous deux consolent ou châtient les hommes (6). Enfin la Sagesse est identique à l'Intelligence, à la Sainteté, à la Bonté, etc. « Il y a en elle un esprit d'intelligence qui est saint, unique, multiplié, subtil, agile, disert,

(1) Sur ce point et ceux qui suivent, Cf. ED. HERRIOT. *Philon*, p. 66 et seqq.
(2) ED. HERRIOT. *Philon*, p. 93.
(3) *Sap.* VII, 22 et seqq.
(4) *Ibid.* VII, 23 et XVIII, 15.
(5) *Ibid.* IX, 1 et 2.
(6) *Ibid.* XVI, 4 et XVIII, 15.

sans tache,.. ami du bien,.. bienfaisant,.. qui peut tout, voit tout, répandue dans tous les esprits,.. image de la bonté divine (1). »

Non seulement donc la notion de Puissance active et intermédiaire, mais le Verbe, la Sagesse, d'autres Puissances encore étaient apportées par la tradition juive. Philon va conserver tous ces éléments. Il les juxtaposera aux éléments similaires de la spéculation grecque, Verbe, Idées, Formes, Raisons ; il élaborera les uns par les autres. Enfin et surtout il mettra l'existence de ces éléments, leur mode d'apparition, leur nature et leur nombre en rapport avec son Dieu semi-infini, semi-personnel.

II

1° *L'Infinité divine et l'existence des Puissances.* — L'Infinité divine nécessite de deux façons l'existence des Puissances intermédiaires.

En premier lieu, Dieu étant supérieur à tout ne peut se trouver *lui-même* en rien ; il n'est donc présent au monde que par son activité, ou, comme dit Philon, par ses *Puissances*. « (Dieu) n'a pas rempli un monde qui lui était inférieur, mais sa puissance s'est étendue jusqu'aux confins (de l'univers) (διὰ γὰρ δυνάμεως ἄχρι περάτων τείνας) et a lié une chose à l'autre suivant des lois harmonieuses (2). — L'univers est enchaîné par ses puissances (δεσμοὺς τὰς ἑαυτοῦ δυνάμεις) comme par des liens indestructibles (3). »

(1) *Ibid.* VII, 22 et seqq. (Bible Polygl., IV, 570.)
(2) *De post. Cain.*, 5 (S., II, 5. M., 229).
(3) *De conf. ling.*, 22 (C., I, 248. M., 420).

En second lieu, le monde est imparfait, mais Dieu est l'Etre infiniment parfait. Un contact immédiat ne pouvait donc exister entre l'un et l'autre. « C'est avec la matière que Dieu a tout fait, mais il n'en a pas été touché lui-même : il n'était pas possible, en effet, qu'une matière infinie et impuissante touchât (l'Etre) sage et heureux (οὐ γὰρ ἦν θέμις ἀπείρου καὶ πεφυρμένης ὕλης ψαύειν τὸν ἴδμονα καὶ μακάριον); les puissances incorporelles de celui-ci, dont le nom propre sont les Idées, ont servi à donner à chaque espèce la forme la plus convenable (ἀλλὰ ταῖς ἀσωμάτοις δυνάμεσιν.. κατεχρήσατο, κ. τ. λ.) (1). »

Le monde est surtout imparfait, parce qu'il est *l'empire du péché*. Or le mal moral est l'œuvre, non de Dieu même qui est parfait et bon, mais de ses Puissances. « Dieu s'est fait aider dans la création de l'homme par (les Puissances) qui lui sont soumises : de cette façon, les bonnes actions seules peuvent lui être rapportées; ce sont les puissances (qui coopèrent) aux fautes (ἵνα αἱ μὲν τοῦ ἀνθρώπου κατορθώσεις ἐπ' αὐτὸν ἀναφέρωνται μόνον, ἐπ' ἄλλους δὲ αἱ ἁμαρτίαι). Dieu qui commande tout ne devait pas tracer le chemin au vice dans l'âme de l'homme (2). » La punition des coupables est également l'œuvre des Puissances. « Il était convenable que les puissances subalternes et soumises châtiassent les délinquants (3). »

Pour atténuer enfin ce que l'intervention et l'insuccès des Puissances peuvent avoir d'étrange au regard de l'Infinité divine, Philon subtilise. Dieu est si parfait que des

(1) *De animal. sacrif. idon.*, 13 (S., IV, 365, M., 249).
(2) *De conf. ling.*, 35 (C., II, 263 ¹¹, M., 432).
(3) *De dec. ordc.*, 33 (S., IV, 306, M., 209).

Puissances semblables à lui ou trop voisines de lui eussent produit une œuvre meilleure que le monde. Les puissances dont Dieu use pour lui-même sont donc pures ; mais celles qu'il emploie pour créer sont tempérées et ignorantes. « Dieu se sert pour lui-même de puissances pures, et de puissances tempérées pour engendrer ; des puissances non mêlées n'eussent pu en effet produire une nature mortelle (1). — Le Père de l'univers a réservé une part de travail aux puissances qui lui obéissent ; encore celles-ci n'ont-elles pas reçu toute la science nécessaire pour achever leur œuvre (2). » Un autre passage est plus subtil encore. « Parmi les choses, les unes ont été faites *par* Dieu et *avec son aide*; les autres n'ont pas été faites par lui, mais *seulement avec son aide* (3). »

2° *L'Infinité divine et le mode d'apparition des Puissances.* — La façon dont les Puissances apparaissent est incertaine. Tantôt le philosophe parle d'une *extension* de l'Etre divin. « Ayant *étendu* ses puissances (τὰς δυνάμεις αὐτοῦ... τείνας) à travers la terre, l'eau, l'air et le ciel, il n'a laissé vide aucun endroit de l'univers (4). — Trois choses sont nécessaires (à propos du texte *Gen.*, II, 7 : καὶ ἐνεφύσησεν εἰς τὸ πρόσωπον αὐτοῦ πνοὴν ζωῆς) : ce qui insuffle, ce qui

---

(1) *Quod Deus immut.*, 77 (C., II, 73 ²⁰. M., 284) : ὁ γὰρ θεὸς ταῖς δυνάμεσι πρὸς μὲν ἑαυτὸν ἀκράτοις χρῆται, κεκραμέναις δὲ πρὸς γένεσιν · τὰς γὰρ ἀμιγεῖς θνητὴν ἀμήχανον φύσιν χωρῆσαι.
(2) *De conf. ling.*, 34 (C., II, 263 ⁶. M., 431) : οὐδὲ ταύταις εἴσαπαν αὐτοκράτορα δοὺς τοῦ τελεσιουργεῖν ἐπιστήμην.
(3) *Leg. alleg.*, I, 13 (C., I, 13 ⁵. M., 51) : Τῶν γὰρ γινομένων τὰ μὲν καὶ ὑπὸ θεοῦ γίνεται καὶ δι' αὐτοῦ, τὰ δὲ ὑπὸ θεοῦ μὲν, οὖ, δι' αὐτοῦ δέ · Τὰ μὲν οὖν ἄριστα καὶ ὑπὸ θεοῦ γέγονε καὶ δι' αὐτοῦ.
(4) *De conf. ling.*, 27 (C., II, 254 ²⁷. M., 425).

reçoit (le souffle), ce qui est insufflé... Et les trois sont unies, parce que Dieu *étend* sa propre puissance depuis ce qui insuffle, jusqu'à ce qui est au-dessous (τείναντος τοῦ θεοῦ τὴν ἀφ' ἑαυτοῦ δύναμιν, κ. τ. λ.) (1). » — Tantôt le philosophe parle d'une *section* de l'Etre divin. « La sagesse de Dieu, la plus élevée et la première des puissances que Dieu *coupe* de lui-même (ἔτεμεν ἀπὸ τῶν ἑαυτοῦ δυνάμεων) (2). — La puissance législative se *sectionne* naturellement en deux autres (διχῆ πέφυκε τέμνεσθαι), la puissance qui récompense et la puissance qui punit. (Plus loin : « τοῦ... προτέρου τμήματος) (3). » — Tantôt les puissances se répandent comme une *source*. « Dieu est la source primitive. Il a engendré en se répandant (litt., *il a plu*) l'univers entier. — πρεσβυτάτη (πηγή),... τὸν γὰρ σύμπαντα τοῦτον κόσμον ὤμβρησε (4). » — Ailleurs, enfin, Dieu est une *lumière*, dont les puissances sont les rayons. « Dieu est la *lumière*, et non seulement la lumière, mais l'archétype de toute autre lumière, que dis-je, plus ancien et plus haut que l'archétype (ὁ θεὸς φῶς ἐστι,... καὶ... φωτὸς ἀρχέτυπον, κ. τ. λ. (5). — (L'Etre) étant la *lumière* archétype projette devant lui mille *rayons*. — αὐτὸς δ' ὢν ἀρχέτυπος αὐγὴ μυρίας ἀκτῖνας ἐκβάλλει (6). — De même que le lever du soleil dissipe les ténèbres et inonde tout de sa lumière, ainsi Dieu qui est le soleil intelligible (ὁ νοητὸς ἥλιος), se lève sur l'âme et

---

(1) *Leg. alleg.*, I, 13 (C., I, 70^13. M., 51). Cf. *De post. Caïn.*, 5 : εἰκ γὰρ δυνάμεως... τείνας. *Quod det. pot. insid.*, 24.
(2) *Leg. alleg.*, II, 21. (C., I, 107^28. M., 82).
(3) *De ss. Abel et Caïn*, 39 (C., I, 253^3. M., 189).
(4) *De fug. et invent.*, 36 (C., III, 152^12. M., *De Profugis*, 575). Πηγή est ajouté par Cohn.
(5) *De somn.*, I, 13 (C., III, 221^4. M., 632).
(6) *De Cherub.*, 97 (C., I, 193^21. M., 156).

l'illumine (ἐπιλάμψη ψυχήν) (1). » — Le philosophe enfin prononce même le terme d'*émanation*. « Le fleuve le plus grand d'où les quatre rivières (ἀπόρροιαι) naissent, symbolise la puissance première que nous avons nommée la Bonté et les quatre puissances qui en découlent et qui sont égales (αἱ δὲ τέτταρες ἀπόρροιαι αἱ ἰσάριθμοι ἀρεταί) (2). » — Philon ne s'arrête donc définitivement à aucune représentation touchant la manière dont les Puissances Intermédiaires apparaissent. Cette incertitude tient précisément à la conception que le philosophe se faisait de Dieu. Ce Dieu est parfois personnel : les puissances apparaissent alors par une *section* volontaire ou même par une *extension* plus ou moins libre. Dieu est aussi et surtout infini. Les puissances sont alors le résultat d'une *effusion*, d'une *illumination*, d'un *écoulement*. Ce dernier mode d'apparition est émanatiste et convenait mieux en effet, comme nous l'avons déjà remarqué, à l'Infinité divine.

3º *L'Infinité divine et la nature des Puissances*. — La *nature* des puissances est ambiguë comme leur mode d'apparition.

Tantôt elles nous sont présentées comme de véritables *personnes*, anges, démons, serviteurs, etc. : Dieu lui-même est alors conçu comme personnel. Tantôt les puissances paraissent n'être plus que les *attributs* de Dieu et le philosophe va même jusqu'à les déclarer *infinies comme celui-ci*.

Les puissances seraient d'abord *personnelles*. Moïse

(1) *De humanit.*, 22 (S., V., 219. M., 403).
(2) *Leg. alleg.*, I, 19 (C., I, 77 ¹³. M., 56).

dit à Dieu : « Je crois que tu te révèles par tes puissances vigilantes (litt., *qui portent la lance*) (δορυφορούσας δυνάμεις) (1). » Un texte du *De Abrahamo* est aussi très curieux. Philon y décrit une sorte de triade extérieurement analogue à la Trinité chrétienne. « Le Père de l'univers tient le milieu... Auprès de lui, de chaque côté, sont les puissances les plus anciennes et les plus voisines de l'Etre (πατὴρ μὲν τῶν ὅλων ὁ μέσος... αἱ δὲ παρ' ἑκάτερα αἱ πρεσβύταται καὶ ἐγγυτάτω τοῦ ὄντος δυνάμεις). De ces puissances l'une est la puissance Créatrice (ποιητική); l'autre est la Royale (βασιλική)... Ce Dieu vigilant et placé au milieu de ses deux Puissances se présente ainsi à la pensée tantôt comme un et tantôt comme triple (τοτὲ μὲν ἑνὸς τοτὲ δὲ τριῶν φαντασίαν) (2). » Ailleurs les puissances sont les « servantes du Roi universel » (ὕπαρχοι δὲ τοῦ πανηγεμόνος) (3). Ailleurs enfin les Puissances deviennent les âmes qui animent la nature dans ses différents étages : c'est elles que les Grecs appelaient des *démons* et que l'Ecriture appelle *anges*. « Ces raisons sont des âmes immortelles. — ψυχαὶ δέ εἰσιν ἀθάνατοι οἱ λόγοι οὗτοι (4). — D'autres (âmes) sont très pures et excellentes... Ce sont elles que certains philosophes nomment ordinairement démons, et la Parole sacrée anges (ταύτας δαίμονας μὲν οἱ ἄλλοι φιλόσοφοι, ὁ δὲ ἱερὸς λόγος ἀγγέλους εἴωθε καλεῖν). Or ce nom est juste. Ce sont elles en effet qui annoncent (διαγγέλλουσι) les ordres du Père à ceux qu'il a engendrés et lui font savoir leurs besoins (5). »

(1) *De monarch.*, I, 6 (S., IV, 317. M., 218).
(2) *De Abrah.*, 24 (C., IV, 28ᵃ, M., 18).
(3) *De somn.*, I, 22 (C., III, 235ᵃ, M., 642).
(4) *Ibid.*, I, 21 (C., III, 232ᵃ, M., 640).
(5) *De somn.*, I, 22 (C., III, 235ᵃ, M., 642). Cf. I, 19 et *De conf. ling.*, 8.

Parfois au contraire les Puissances ne sont plus que les *attributs* de Dieu. « Déjà, remarque M. Ed. Zeller, le nom de *puissances* nous laisse aisément penser à quelque chose d'immanent et d'inhérent à l'être divin (1). » Mais de plus le philosophe s'exprime comme s'il en était véritablement ainsi. Les Puissances deviennent alors des vertus (ἀρεταί) (2), des dons (χάριτες) (3), une hégémonie et une bienfaisance divine (ἡγεμονίας τε καὶ εὐεργεσίας) (4). Ailleurs les puissances jaillissent du Verbe et s'engendrent l'une l'autre. « Ex Ente vero Verbo... scaturiunt ambae virtutes. Una est creativa... Altera regia. Ex his ergo duabus virtutibus germinant aliae. Quoniam germinat apud creativam *propitia*, cujus nomen est proprium *benefica*; apud vero regiam *legislativa*, etc. (5). » Ailleurs encore les puissances sont identifiées avec les Idées platoniciennes et le monde intelligible que ces Idées constituent a pour auteur et pour siège l'Intelligence divine. « Le monde des Idées n'a pas d'autre lieu que la raison de ce Dieu qui l'a organisé. Quel autre lieu en effet les puissances pourraient-elles avoir qui fût susceptible de les recevoir et de les produire, non pas même toutes, mais une seule (6)? »

Bien plus. Le philosophe va jusqu'à supposer ces puissances *ineffables et infinies comme Dieu* même. « Le

---
(1) *Die phil. d. Griech.*, III², 411.
(2) *De Prof.*, 9 (S., III, 125. M., 353).
(3) *Leg. alleg.*, II, 20 (C., I, 106¹³, M., 81).
(4) *De somn.*, I, 26 (C., III, 239¹⁶, M., 645).
(5) *In Exod.* sermo II, 68 (S., VIII, 361. M., 515). Même représentation dans *De Cherub.*, 9 (C., I, 177⁷. M., 144) : τὴν τῶν ἀρετῶν δυνάμεων σύνοδόν τε καὶ κρᾶσιν, κ.τ.λ.
(6) *De opif. mund.*, 5 (C., I, 6⁹, M., 4) : Ὁ ἐκ τῶν ἰδεῶν κόσμος ἄλλον ἂν ἔχοι τόπον, ἢ τὸν θεῖον λόγον τὸν ταῦτα διακοσμήσαντα· ἐπεὶ τίς ἂν εἴη τῶν δυνάμεων αὐτοῦ τόπος ἕτερος... δέξασθαι τε κτλ. ... ἵσαι.

Dieu unique a autour de lui des puissances ineffables (ἀμυθήτους) qui toutes organisent et conservent l'univers (1). — Ce sont ces puissances éternelles (ἀγενήτους), qui placées autour de lui (sc., Dieu) répandent une lumière éclatante (2). — Comme Dieu est incirconscriptible, de même ses puissances. — ἀπερίγραφος γὰρ ὁ θεὸς ἀπερίγραφοι δὲ καὶ αἱ δυνάμεις αὐτοῦ (3). » Cette illimitation est même la raison pour laquelle le philosophe expliquera l'imperfection du monde par la résistance de la matière. La contradiction est d'ailleurs évidente : si Dieu et les puissances sont infinis, comment quelque chose peut-il leur résister et par conséquent exister en dehors d'eux ? Philon écrit pourtant : « Dieu n'a pas proportionné ses bienfaits à la grandeur de ses puissances (πρὸς τὸ μέγεθος... τῶν αὐτοῦ χαρίτων) — celles-ci, en effet, sont incirconscriptibles et illimitées (ἀπερίγραφοι γὰρ αὐταί γε καὶ ἀτελεύτητοι) — mais à la capacité de ce qui les recevait (4). » Si enfin, comme nous l'avons vu dans un texte cité plus haut, les puissances ne peuvent avoir d'autre lieu que la pensée divine, n'est-ce pas précisément parce qu'elles sont infinies ? « Quel autre lieu les puissances pourraient-elles avoir (que la Pensée divine), qui fût susceptible de les contenir et de les produire, je ne dis même pas toutes, mais seulement une seule, isolée, et quelle qu'elle soit (ὃς γένοιτ' ἂν ἱκανός..... μίαν ἄκρατον ἡντινοῦν, κ. τ. λ.) (5) ? »

(1) *De conf. ling.*, 34 (C., II, 262ᵇ. M., 431).
(2) *Quod Deus immut.*, 17 (C., II, 74ᵇ. M., 284).
(3) *De ss. Abel. et Caïn.*, 15 (C., I, 226ᵇ. M., 173).
(4) *De opif. mund.*, 6 (C., I, 7ᵇ. M., 5).
(5) *Ibid.* Cf. *supra* les textes où Philon distingue des puissances parfaites et des puissances imparfaites. C'est toujours la même contradiction exigée par la coexistence d'un Dieu infini et d'un monde fini.

4° *L'Infinité divine et le nombre des Puissances.* — Une dernière recherche sur le *nombre* des puissances intermédiaires trahit bien l'embarras où la notion nouvelle de l'Infinité divine jette le philosophe. L'Infini, en effet, n'a pas à se répéter, ou s'il sort de lui-même, il doit se répéter indéfiniment ; en d'autres termes, les Puissances devraient être au nombre d'une seulement, savoir la Puissance infinie elle-même, ou en nombre infini. Or Philon ne s'arrête exclusivement ni à l'une ni à l'autre thèse.

D'un côté, les puissances ne sont parfois, comme nous l'avons vu, que les attributs infinis de Dieu. Si vivantes, dès lors, et si actives qu'elles paraissent, une seule Puissance existe véritablement : Dieu lui-même.

Parfois, d'autre part, le philosophe sépare Dieu et les puissances. Le nombre de celles-ci reste alors tout à fait incertain. — Un passage du *De Profugis* que la *Légation à Caïus* et les *Questions sur l'Exode* répètent, en compte *six*. Dans les *Questions*, en particulier, le philosophe étudie littéralement le texte, Ex., xxv, 22 : « Du haut du propitiatoire, entre les deux chérubins placés sur l'arche du témoignage, je te donnerai tous mes ordres », et il conclut : « C'étaient là des symboles. Il y avait l'arche et la loi renfermée dans l'arche; au-dessus de celle-ci le propitiatoire; sur le propitiatoire les Chérubins; au-dessus encore et au milieu la Voix ou le Verbe; au-dessus enfin Celui qui parlait... Or examinons attentivement les choses. Le premier est cet (Etre) qui est au-dessus d'un Principe un et unique. Vient ensuite le Verbe de l'Etre (Entis Verbum). Du Verbe découlent... la puissance créatrice (creativa) et la puissance royale (regia)... La première engendre la puissance pitoyable (propitia) ou bienfaisante (benefica); la seconde engendre la puissance législative (legislativa) ou punissante (percussiva). L'arche était le symbole du *monde intelligible* (intelligibilis mundi) (1). » — Une représentation très fréquente est celle du *De Cherubim*. Le Dieu vraiment un a deux puissances suprêmes et premières, la Bonté et la Puissance (ἀγαθότητα καὶ ἐξουσίαν). La Bonté a créé l'univers; la Puissance le gouverne. Une troisième les unit en demeurant placée au milieu d'elles : c'est le Verbe (λόγον). Par le Verbe, en effet, Dieu commande et il est bon (2). » — Mais, à dire vrai, les Puissances intermédiaires sont aussi nombreuses que les Etres vivants et hiérarchisées comme eux. Toute âme, celle qui anime les astres, celle qui meut l'animal, celle qui vivifie la plante, est une partie de l'activité divine. La plupart des textes que nous avons cités donnent lieu à cette interprétation. Rappelons seulement le plus long et le plus explicite. « L'air est la demeure d'âmes incorporelles. Il a paru bon, en effet, au fabricateur de l'univers d'en remplir d'êtres vitants (Ζώων ἀναπλῆσαι) toutes les parties. C'est pourquoi sur la terre existent les animaux terrestres; dans la mer et dans les fleuves, les aquatiques; dans le ciel, les astres... De ces âmes, les unes descendent dans les corps mortels;... les autres remontent au temps fixé par la nature;... quelques-unes reviennent encore;... d'autres, ce sont les plus pures et les meilleures, pensent d'une manière plus haute et plus

---

(1) *In Exod.*, II, 68 (S., VII, 361. M., 515). Le *De Profugis*, 18, compte également *six* puissances, autant que de *villes de refuges*.
(2) *De Cherub.*, 8 (C., I, 176.19, M., 143). Cf. en outre Ed. Zeller. *Die phil. d. Griech.*, III², 417, 2, qui renvoie à 13 autres passages.

divine. Les philosophes les ont appelées ordinairement des démons ; la Parole sacrée les appelle des anges (1). » L'âme humaine, en particulier, n'est dans sa partie raisonnable qu'une *extension* ou un rayon de l'Etre divin. « Tout homme par sa raison habite dans la raison divine (κατὰ μὲν τὴν διάνοιαν ᾠκείωται λόγῳ θείῳ) ; il n'est en effet que l'image, un lambeau, un reflet de cette nature bienheureuse (τῆς μακαρίας φύσεως ἐκμαγεῖον ἢ ἀπόσπασμα ἢ ἀπαύγασμα γεγονώς) (2). »

5º *L'Infinité divine et le Verbe.* — La pensée juive tendait à réunir toutes les Puissances dans une seule qui était le Verbe. La théorie de Philon sur ce *Verbe* est dans le même rapport avec l'Infinité divine que sa théorie des Puissances.

Le Verbe d'abord serait-il seulement la plus haute des Puissances et de même nature qu'elles ? On pourrait le croire. « L'Etre véritable possède deux puissances suprêmes, la Bonté et la Puissance... Une troisième les unit et demeure placée *au milieu d'elles* : c'est le Verbe (τρίτον δὲ συναγωγὸν ἀμφοῖν μέσον εἶναι λόγον) (3). » — D'autres fois le Verbe paraît supérieur aux puissances et devient quelque chose d'intermédiaire entre celles-ci et Dieu. Le premier est l'Etre, qui est même au-dessus du principe un et unique. Le Verbe de l'Etre vient ensuite, semence, essence véritable des êtres. (Deinde Entis Verbum, seminativa

---

(1) *De somn.*, I, 22 (C., III, 234⁸. M., 641). Cf. *De gigantib.*, 8 (C., II, 43¹⁴) : Les astres sont de purs esprits, etc.
(2) *De opif. mund.*, 146 (C., I, 51⁶. M., 35). Cf. *Quod det. pot. insid.*, 99 (C., I, 278²) : ἐκτείνεται (sc., ὁ θεός).
(3) *De Cherub.*, 27 (C., I, 176¹⁵. M., 143).

entium vere essentia). Du Verbe de l'Etre découlent comme d'une fontaine deux puissances, etc. (1). » — Il paraît bien d'ailleurs que le philosophe penche vers ce deuxième parti. Le Verbe est déjà chez Philon ce qu'il était peut-être dans la *Sagesse* et ce qu'il sera chez Plotin, un être intermédiaire entre Dieu et le monde, inférieur à l'un et supérieur à l'autre (2).

Le Verbe est-il *personnel ou non ?* Philon ne répond pas non plus de façon précise. Tantôt le Verbe est « le fils premier-né de Dieu — πρωτόγονον υἱόν (3) », « le second Dieu — τὸν δεύτερον θεόν (4) », « l'archange — ἀρχαγγέλῳ (5) », « l'ange le plus ancien — ἀγγέλων πρεσβύτατον (6) », « l'envoyé du Roi et l'intercesseur des mortels — ὁ... ἱκέτης μὲν... τοῦ θνητοῦ... πρεσβευτὴς δὲ τοῦ ἡγεμόνος (7) », « le pontife et l'avocat » (ἀρχιερεύς, παράκλητος), qui apporte à Dieu les prières des hommes et rapporte à ceux-ci les grâces de Dieu (8). Tantôt le Verbe n'est plus que la Sagesse avec laquelle Dieu a créé le reste. « L'Eden est la sagesse de Dieu, et celle-ci est le Verbe (ἡ δέ ἐστιν ὁ θεοῦ λόγος) (9) » ou l'instrument dont le Démiurge s'est servi et l'ombre de celui-ci. « Le Verbe de Dieu est son ombre, l'instrument, si l'on ose dire, que celui-ci a utilisé pour organiser le monde — σκιὰ θεοῦ δὲ ὁ λόγος αὐτοῦ ἐστιν, ᾧ

---

(1) *Quaest. in Ex.*, II, 68 (S., VII, 361 M., 515). Cf. *De Prof.*, 18.
(2) Cf. surtout p. 190, 2 le texte *Quis rer. div.*, 42.
(3) *De agric.*, 12 (C., II, 106¹. M., 308.)
(4) Fragmen., ap. Euseb. *Prep. evang.* VII, 13. (S., VI, 197. M., 625).
(5) *Quis rer. div. her.*, 42 (C., III. 47¹. M., 501).
(6) *De conf. ling.*, 28 (C., I, 257³. M., 427).
(7) *Quis rer. div. her.*, 42 (C., III, 473. M., 301).
(8) *De Gig.*, 52 (C., II, 52⁵. M., 269). *Vita Mos.*, III, 14.
(9) *Leg. alleg.*, I, 19 (C., I, 78². M., 56).

καθάπερ ὀργάνῳ, κ. τ. λ. (1). » Un texte du *Quis rerum divinarum heres* trahit bien l'embarras du philosophe. « Le Verbe, écrit Philon en cet endroit, n'est ni éternel comme Dieu, ni engendré comme nous, mais il tient le milieu entre les extrêmes et participe des deux (οὔτε ἀγένητος ὡς ὁ Θεὸς ὢν οὔτε γεννητὸς ὡς ὑμεῖς, ἀλλὰ μέσος τῶν ἄκρων, κ. τ. λ.) (2). »

Par suite encore le *rôle* du Verbe n'est pas mieux défini que sa personnalité et sa nature. Tantôt il est, comme on vient de le voir, « l'instrument » dont Dieu s'est servi pour créer, et presque démiurge lui-même. « Le Roi, Dieu, agit suivant la justice et la loi, en plaçant devant lui son Verbe juste, son fils premier-né (προστησάμενος τὸν ὀρθὸν αὐτοῦ λόγον, πρωτόγονον υἱόν) (3). » Tantôt le Verbe est dans le monde : l'un alors enveloppe l'autre comme un vêtement ou le retient comme un lien. « La Loi éternelle est le soutien (ἔρεισμα) le plus puissant et le plus ferme que le Dieu éternel a donné aux choses. Tendue, en effet, du centre aux extrémités et des extrémités au centre, elle en unit et en joint toutes les parties (δολιχεύει τὸν τῆς φύσεως δρόμον ἀήττητον, συνάγων, κ. τ. λ.) (4). »

Résumons-nous et concluons. Le rapport entre l'Infinité divine et les Puissances intermédiaires est évident ; mais il est peu rigoureux comme la théorie même de l'Infinité. Celle-ci nécessite d'abord l'apparition des Puissances. Dieu était trop parfait pour entrer en contact immédiat avec le monde. Le monde à son tour est trop imparfait, physi-

---

(1) *Leg. alleg.*, III, 96 (C., I, 134[18]. M., 106).
(2) *Quis rer. div. her.*, 42 (C., III, 47[7]. M., 502).
(3) *De agric.*, 12 (C., II, 106[1]. M., 308).
(4) *De plant. Noe.*, 2 (C., 135[8]. M., 331).

quement et moralement, pour être l'œuvre immédiate d'un Dieu aussi parfait. Des Puissances sont intervenues, mais leur collaboration ne pouvait avoir le succès d'un travail original. Pour expliquer enfin cette insuffisance et cette intervention, Philon subtilise étrangement. Dieu s'est servi personnellement, pour créer, de Puissances pures et de Puissances imparfaites ; certaines choses ont été faites par lui et avec lui, d'autres avec lui seulement. — Les Puissances sont plutôt apparues par une nécessité naturelle qu'elles n'ont été créées par un acte libre. Quelquefois Dieu les a détachées de lui ; mais la plupart du temps l'Etre divin a illuminé, s'est diffusé, et les Puissances se sont écoulées de lui. Cette production inconsciente et continue sauvegardait en effet l'Infinité divine mieux qu'une opération personnelle. — La nature des Puissances est équivoque. Tantôt elles sont les attributs de Dieu et infinies comme lui. Tantôt ce sont de véritables petits personnages et des sortes de demi-dieux. Le philosophe, en effet, s'était représenté Dieu tantôt comme infini, tantôt comme personnel. Les Puissances, dans le premier cas, ne pouvaient être que ses attributs ; dans le second cas, au contraire, les serviteurs du Roi avaient naturellement place à côté du Roi lui-même. Mais l'indécision du philosophe tient à une cause plus profonde encore, c'est-à-dire à la question même que l'Infinité divine venait de poser. Il fallait passer de l'Infini au monde. Dieu dès lors était infini quand on ne l'envisageait qu'en lui-même ; mais il fallait bien le faire personnel, soit d'abord pour en parler, ainsi que nous l'avons remarqué plus haut, soit ensuite et surtout pour expliquer l'existence du monde. Dieu placé en quelque sorte entre la notion très pure qu'on avait prise de lui et l'idée imparfaite que le monde en faisait concevoir, participait comme tout intermédiaire aux deux termes qu'il réunissait. Une première fois, il est vrai, on éludait la difficulté en recourant aux Puissances intermédiaires : Dieu conservait alors loin du monde toute sa pureté. Mais la difficulté renaissait tout entière à propos des Puissances. Celles-ci, en effet, eussent dû logiquement n'être que les attributs infinis de Dieu dont elles sortaient, ou seulement les auxiliaires du Très-Haut. Mais comme il s'agissait toujours de ménager un passage de l'Infini au monde et comme on ne pouvait reculer indéfiniment la difficulté, on se trouvait finalement dans l'obligation de faire les Puissances infinies comme Dieu ou limitées comme le monde (1). — Leur nombre demeure incertain pour des raisons analogues. Quelquefois la Puissance infinie paraît exister seule et les Puissances intermédiaires ne sont que ses attributs infinis. L'Infini, en effet, ne pouvait rien contenir que d'infini et n'avait pas à sortir de lui-même ; mais s'il en sortait, il devait se répéter infiniment en vertu de sa puissance infinie. Philon compte donc trois, ou six Puissances, ou même autant de Puissances qu'il y a d'Etres vivants, actuels et possibles,

(1) M. Ed. Zeller. *Die Phil. d. Gr.* III², 413, 1 critique très justement à ce propos Keferstein. *Philo's Lehre v. d. gottl. Mittelwesen.* Lips. 1846. D'après celui-ci Philon distinguerait les puissances personnelles ou anges et les puissances impersonnelles ou puissances proprement dites. Mais cette hypothèse tombe devant les textes cités, où Philon appelle λόγοι les ἄγγελοι et inversement. Keferstein d'ailleurs confesse lui-même que le philosophe ne se tient pas toujours fermement à la distinction susdite. Zeller remarque enfin que des puissances *intermédiaires* ne pouvaient être *exclusivement* personnelles ou impersonnelles.

c'est-à-dire, quoique le philosophe ne l'avoue pas, un nombre infini. — Les mêmes considérations valent, *mutatis mutandis*, pour l'existence du Verbe, sa nature et son rôle.

III

La puissance d'un Dieu infini ne devrait avoir d'autre limite qu'un terme dont le nom pourrait être encore celui de *matière*, mais dont la nature serait purement idéale. Seulement le Dieu de Philon est tantôt infini, tantôt personnel. La théorie de la matière aussi bien que la théorie des Puissances et du Verbe reflète cette incertitude. Tantôt Philon semble dériver d'un Dieu infini une matière aussi amincie que possible ; tantôt et le plus souvent il laisse en regard d'un Dieu personnel et Démiurge une substance inférieure et résistante.

1º Un texte que nous avons déjà relevé semble dériver de Dieu la matière. Rappelons ce texte : « (Dieu) étant la lumière archétype projette des milliers de rayons dont aucun n'est sensible : tous, au contraire, sont intelligibles (ὧν οὐδεμία ἐστὶν αἰσθητή, νοηταὶ δ' ἅπασαι) (1). » Toute réalité viendrait donc de Dieu et serait intelligible. Le sensible, à plus forte raison la matière, ne serait qu'apparence, ombre et néant. En outre la représentation du *Timée* sur

---

(1) *De Cherub.*, 28 (C., I, 193²⁴. M.). Cf. *De somn.*, I, 19.

la matière est poussée plus avant dans le sens de l'Infinité chez Philon que chez Platon. « La cause passive est par elle-même sans âme et sans mouvement ; ce qui la meut, l'informe, l'anime est l'Intelligence (1). — (La matière) était d'elle-même sans ordre, *sans qualités,* sans vie, hétérogène, pleine de discorde et de dissonance (2). » Ailleurs la matière est non seulement sans qualités, elle est aussi sans forme, misère, ténèbres et même *non-être.* « Dieu appela à l'être ce qui n'était pas (τὰ μὴ ὄντα). Il a tiré l'ordre du désordre, les qualités de ce qui était sans qualités (ἐξ ἀποίων ποιότητα), le semblable du dissemblable, l'homogène de l'hétérogène, le général et l'harmonieux de ce qui était divers et discordant, l'égalité de l'inégalité, la lumière des ténèbres (ἐκ δὲ σκότους φῶς ἐργασάμενος) (3). — Dieu... sépare la substance des choses, amorphe et sans qualité (ἄμορφον καὶ ἄποιον) (4). — Dieu est vie, la matière est cadavre — ʽΗ μὲν γὰρ ὕλη νεκρόν, ὁ δὲ θεὸς πλέον τι ἢ ζωή) (5). — Il en est qui déifiant la substance qui est sans qualité (ἄποιον), sans idée (ἀνείδεον) et tout à fait sans forme (ἀσχημάτιστον), mais ignorant la cause motrice, etc. (6). » La matière est donc *infinie.* « Dieu a tout engendré, sans être lui-même touché par rien. Il n'était pas possible, en effet, qu'une matière infinie et sans consistance touchât l'Etre sage et heureux (οὐ γὰρ ἦν θέμις ἀπείρου καὶ πεφυρμένης

---

(1) *De opif. mund.*, 2 (C., I, 3¹. M., 2) : τὸ δὲ παθητὸν ἄψυχον ἀκίνητον ἐξ ἑαυτοῦ, κινηθὲν δὲ καὶ σχηματισθὲν καὶ ψυχωθὲν ὑπὸ τοῦ νοῦ κ.τ.).
(2) *De opif. mund.*, 5 (C., I, 6¹⁸. M., 5) : Ἦν μὲν γὰρ ἐξ αὑτῆς ἄτακτος ἄποιος ἄψυχος... ἑτεροιότητος ἀναρμοστίας ἀσυμφωνίας μεστή.
(3) *De justit.*, 7 (S., V, 166. M., 367).
(4) *Quis rer. div. her.*, 27 (C., I, 32¹⁷. M., 492).
(5) *De Profug.*, 36 (S., III, 100. M., 576).
(6) *Ibid.*, 2.

ὕλης ψαύειν τὸν ἴδμονα καὶ μακάριον) (1). » Le terme πεφυρμένης explique déjà ce qu'est cette infinité. Une ligne du *De opificio mundi* précise encore la pensée du philosophe. « La matière, écrit Philon, n'avait par elle-même aucune beauté, mais elle pouvait devenir toutes choses (δυναμένη δὲ πάντα γενέσθαι) (2). » Philon insiste donc sur l'infinité de la matière plus qu'aucun philosophe ne l'avait fait avant lui. Le terme ἄποιος est surtout remarquable. Nous l'avons déjà vu appliqué à Dieu. Un Infini nouveau et négatif *tendait ainsi à se former au regard et en conséquence de l'Infini positif* et divin. Plotin le formera entièrement.

2° Cependant la doctrine de Philon sur la matière est plutôt réaliste et dualiste. Dieu est le Démiurge comme chez Platon ou la Cause active comme chez les Stoïciens ; la matière est alors l'élément désordonné que le Démiurge organise ou la Cause passive. La résistance de cette Cause et de cet élément explique l'imperfection physique et morale du monde. « Il est tout à fait nécessaire qu'il y ait dans les êtres une cause active et une cause passive (τὸ μὲν εἶναι δραστήριον αἴτιον, τὸ δὲ παθητόν) (3). » Le passage, qu'on lit un peu plus loin dans le même traité et dont nous avons déjà cité un fragment, est plus explicite encore. « Le *père* et le *fabricateur* (de l'univers) était bon ; c'est pourquoi il n'a pas refusé de faire part de sa nature excellente à la substance qui d'elle-même n'avait aucune beauté...; et celle-ci a subi une façon et un changement

---

(1) *De vict. offer.*, 13 (S., IV, 386. M., 262).
(2) *De opif. mund.*, 1 (C., I, 6¹⁷. M., 5).
(3) *Ibid.*, 2. (C., I, 2¹⁸. M., 2).

dans un sens contraire et meilleur, dans le sens de l'ordre, de la qualité, de la vie; etc. (1). » Ailleurs encore : « La substance qui était sans ordre et confuse, l'organisateur de l'univers l'a ordonnée, etc. — εἰς διάκρισιν ἄγων ὁ κοσμοπλάστης) (2). » Cette substance, enfin, est si réelle qu'elle résiste au Démiurge et cause l'imperfection naturelle et morale des choses. Dieu a enrichi la matière, « mais la grandeur de ses bienfaits n'a pas été en raison des trésors qu'il possède — ceux-ci sont en effet incompréhensibles et infinis — mais proportionnelle à la capacité des choses qui les recevait. Autre est la bienfaisance naturelle de Dieu, autre l'aptitude des choses au bien. Les puissances de l'un dépassent toute mesure ; les autres sont faibles ; elles refuseraient pareille abondance, s'il n'y avait mesure, accord, harmonie entre chaque chose et le don qu'elle reçoit (3). — Dieu était, mais il était le bon Seigneur. Les biens seuls pouvaient venir de lui ; le mal n'en pouvait sortir (μόνων ἀγαθῶν αἴτιος, κακοῦ δὲ οὐδενός) (4). » Aussi ce sont les serviteurs de Dieu qui, tels des généraux à la guerre, châtient les méchants et procurent aux bons, sans compter, les bienfaits de la paix (5). La matière est enfin

(1) *De opif. mund.*, 5 (C., I, 6¹⁸. M., 5) ; ἀγαθὸν εἶναι τὸν πατέρα καὶ ποιητήν· οὗ χάριν τῆς ἀρίστης αὐτοῦ φύσεως οὐκ ἐφθόνησεν οὐσίᾳ μηδὲν ἐξ αὐτῆς ἐχούσῃ καλὸν τροπὴν δὲ καὶ μεταβολὴν ἐδέχετο τὴν εἰς τἀναντία καὶ τὰ βέλτιστα τάξιν ποιότητα ἐμψυχίαν, κ.τ.λ.
(2) *De plant. Noe.* (I C., 133¹³; M., 329).
(3) *De opif. mund.*, 6 (C., I, 7⁴, M., 5). Ἀλλ' οὐ πρὸς τὸ μέγεθος εὐεργετεῖ τῶν ἑαυτοῦ χαρίτων — ἀπερίγραφοι γὰρ αὐταί γε καὶ ἀτελεύτητοι —, πρὸς δὲ τὰς τῶν εὐεργετουμένων δυνάμεις · οὐ γὰρ ὡς πέφυκεν ὁ θεὸς εὖ ποιεῖν, οὕτως καὶ τὸ γενόμενον εὖ πάσχειν, ἐπεὶ τοῦ μὲν αἱ δυνάμεις ὑπερβάλλουσι, τὸ δὲ ἀσθενέστερον ὂν ἢ ὥστε δέξασθαι τὸ μέγεθος αὐτῶν ἀπεῖπεν ἄν, εἰ μὴ διεμετρήσατο σταθμησάμενος εὐαρμόστως ἑκάστῳ τὸ ἐπιβάλλον.
(4) *De decem orac.*, 33 (S., IV, 306. M., 209).
(5) *Ibid.*

plus particulièrement la cause du *mal moral*. « Les méchants ont pour cause la colère de Dieu ; les bons, sa miséricorde (οἱ μὲν φαῦλοι θυμῷ γεγόνασι θεοῦ, κ. τ. λ.) (1). » Dieu serait-il donc l'auteur du mal, contrairement à ce que le philosophe affirmait tout à l'heure ? Nullement. Mais la *colère* doit être entendue d'une manière métaphorique quand il s'agit de Dieu. « Pour exprimer l'émotion qui s'empare de l'homme, *colère* est le mot qui convient ; mais il est métaphorique quand il est question de l'Etre (τροπικώτερον δὲ ἐπὶ τοῦ ὄντος) (2). » Que signifie-t-il donc ? Il signifie la *nécessité* même qui est demeurée dans le monde « εἰς τὴν ἀναγκαιοτάτην τοῦ πράγματος δήλωσιν (3). » Ailleurs le philosophe écrit plus fortement encore : « Tout mortel, quelque zèle qu'il déploie, pèche naturellement et dans la mesure où il est entré dans le devenir (4). — La faute a pour origine la qualité d'homme : même le parfait, s'il est engendré, ne peut éviter de pécher (5). » Or la *génération* est la participation à la matière ; la *nécessité* est la matière même. C'est même à cause de cela que Philon appelle celle-ci *la substance mauvaise* (τῆς χείρονος οὐσίας) (6).

On pourrait donc résumer ainsi la théorie de Philon

(1) *Quod Deus imm.*, 15 (C., II, 72 ¹⁰. M., 283).
(2) *Ibid.*
(3) *Ibid.*
(4) *Vita Mos.*, III, 17 (S., IV, 233. M., 157) : παντὶ γεννητῷ, κἂν σπουδαῖος ᾖ, παρ' ὅσον ἦλθεν εἰς γένεσιν, συμφυὲς τὸ ἁμαρτάνειν ἐστίν.
(5) *De anim. sacrif. idon.*, 14 (περὶ ἁμαρτίας διὰ τὸ ἄνθρωπος εἶναι· καὶ ἂν γὰρ ὁ τέλειος ᾖ γεννητὸς οὐκ ἐκφεύγει τὸ ἁμαρτάνειν. Cf. *Quod Deus imm.*, 17. — Ces textes ne contredisent pas absolument, c'est-à-dire dans la mesure où liberté et matière sont conciliables, les textes *Quod Deus imm.*, 48 et *Leg. alleg.*, I, 35, où Philon dit expressément que l'homme est libre et que Dieu le châtie à bon droit pour ses fautes.
(6) *De just.*, 7 (S., V, 166. M., 367).

sur la Matière dans son rapport avec l'Infinité divine. Quand le philosophe envisage surtout cette Infinité, la Matière perd sa réalité et la doctrine devient ou tend à devenir moniste. Quand le philosophe envisage plutôt, non seulement la personnalité divine, mais l'imperfection du monde, la matière, substance inférieure et résistante, lui fournit un moyen facile d'expliquer cette imperfection. La doctrine devient alors dualiste.

CHAPITRE TROISIÈME

L'EXTASE DANS LA TRADITION JUIVE ET CHEZ PHILON

Si Dieu est infini, l'âme ne le peut connaître qu'en sortant d'elle-même et en lui devenant identique, c'est-à-dire en devenant *infinie*. On pourrait déjà retrouver une sorte d'extase dans la *divination* grecque à laquelle la religion et les Stoïciens, Chrysippe en particulier, avaient fait une si grande place (1). La divination était de deux sortes. L'une était un art; l'autre n'était pas un art. L'art existait quand on prévoyait les effets en considérant les causes. La divination était sans art quand une certaine tension de l'âme, son affranchissement de la matière et son libre mouvement révélaient l'avenir (2). L'âme alors rêvait et s'agitait. Du dehors quelque chose la tirait et la pompait. Ce quelque chose était l'Ame divine d'où l'âme humaine est détachée. Jamais enfin la raison et l'intelligence n'avaient plus de puissance que lorsqu'elles se

(1) Diog. VII, 149 et Cic. *Divin.* I, 6.
(2) Cic. *Divin.* I, 18 : concitatione quadam animi aut soluto liberoque motu futura præsentiunt.

séparaient ainsi du corps (1). — Ces idées d'*agitation* (furoris), d'*attraction du dehors* (extrinsecus tractos), de *vie intense* par communion avec l'Ame universelle (maxime vigere) sont remarquables. Philon les reprendra. Mais on doit redire ce que nous avons dit à propos des Puissances intermédiaires. L'Infinité divine que Philon apporte modifie tout. La divination stoïcienne laissait à l'âme sa *physionomie propre*; l'âme en outre *connaissait* encore, quoique d'une manière supérieure, plutôt qu'elle ne voyait. Chez Philon, au contraire, l'âme voit, elle ne raisonne plus d'aucune façon, et si elle continue vraiment d'être, elle est néanmoins identifiée avec l'Etre. — L'extase doit donc encore être étudiée, non plus chez les Grecs de la seconde époque, mais dans la Bible, particulièrement dans les Livres prophétiques, et chez Philon qui reprend la doctrine de ces Livres, la combine avec la doctrine similaire des Stoïciens et développe l'une et l'autre. Ce chapitre comprendra ainsi deux paragraphes : 1º *L'extase dans la Tradition juive*; 2º *L'extase chez Philon*.

I

Le prophétisme occupe l'histoire d'Israël tout entière. Déjà dans l'*Exode* Aaron doit « parler » par Moïse (2).

(1) *Ibid.* I, 32 : exposui... somnii et furoris oracula, quæ carere dixeram arte. Quorum amborum generum una ratio est... animos hominum quadam ex parte extrinsecus esse tractos et haustos. Ex quo intelligitur esse extra divinum animum humanus unde ducatur...; quæ autem pars animi rationis atque intelligentiæ sit particeps, eam tum maxime vigere quam plurimum absit a corpore.
(2) *Exod.* IV, 18.

Les prophètes dont le nom est en tête des Livres prophétiques remplissent un intervalle de cinq siècles, du neuvième au cinquième (1). L'institution enfin continua de vivre. Le prophétisme tient une place considérable jusque dans la première Eglise (2). — Les prophètes appartenaient à toutes les classes de la société. Isaïe était neveu du roi Amasias ; Jérémie de race sacerdotale ; Amos, pasteur et agriculteur. Leur vie était austère. Un sac leur servait communément d'habit ; Elie portait des peaux de bête. Plusieurs étaient mariés. Quelques-uns avaient des disciples ; Elisée dirigea même une école de prophètes (3). — Le prophète est essentiellement l'homme *inspiré* de Dieu (4). Tantôt cette inspiration est une véritable parole. « La *parole* de l'Eternel fut adressée (à Jérémie) (5). » Cette parole elle-même est quelquefois une voix intérieure (6) ; quelquefois elle est décrite comme un langage articulé (7). Tantôt Dieu se révèle par une vision. L'Eternel dit à Aaron : « Lorsqu'il y aura parmi vous un prophète, c'est dans une *vision* que moi l'Eternel je me révélerai à lui (8) » ; le prophète est souvent appelé le Voyant (9). Tantôt Dieu communiquait avec le prophète à l'aide d'un songe. Le texte que nous venons de citer poursuit : « C'est

---

(1) Cf. ED. REUSS. *Les Prophètes*. Introduction.
(2) Cf. 1 *Cor.* XIV tout entier.
(3) F. VIGOUROUX. *Manuel biblique*, II, p. 476. Paris, 1894.
(4) ED. REUSS. *Les Prophètes*, I, 20. « La racine dont est dérivé le mot hébreu *nabi* (le prophète) exprime la notion d'un parler solennel et inspiré. »
(5) *Jérém.* I, 2.
(6) *Nombr.* XII, 8.
(7) *Exod.* III, 4.
(8) *Nombr.* XII, 6.
(9) 1 *Reg.* IX, 9 ; *Amos*, VII, 12.

dans un *songe* que je lui parlerai (1). » Le songe avait lieu pendant le sommeil ; la parole et la vision dans l'état de veille. — L'état du prophète durant le songe était normal. Au contraire la vision et la révélation parlée se produisaient dans des circonstances particulières. Quelquefois le prophète symbolisait à l'avance sa prophétie par des signes extérieurs. Sédécias se présente avec des cornes de fer devant Josaphat et lui annonce la prochaine défaite des Syriens (2). Ezéchiel trace sur une brique le plan de Jérusalem (3). Souvent aussi la prophétie était accompagnée de musique (4) ; en tout cas le *parallélisme* qu'on retrouve dans une grande partie des livres prophétiques range ceux-ci dans le genre lyrique et musical. Enfin le prophète entrait dans une agitation semblable à la folie. Saül saisi par l'esprit de Dieu « se jette nu par terre tout le jour et toute la nuit (5). » Les compagnons de Jéhu lui disent à propos d'Elisée : « Pourquoi ce fou est-il venu vers toi (6) ? » Une autre fois « le mauvais esprit de Dieu saisit Saül qui eut des transports au milieu de la maison (7). » Les transports étaient ici un châtiment ; quand le bon esprit de Dieu les provoquait, le prophète ne perdait pas l'usage de ses facultés. Celles-ci, au contraire, acquéraient une puissance plus grande. Les termes de *vision*, de *vue*, etc., l'indiquent. « L'année de la mort du roi Ozias, dit Esaïe, je vis le Seigneur assis sur

(1) Cf. en outre *Joël*, II, 28 ; *Dan.* I, 17.
(2) I *Reg.* XXII, 11.
(3) *Ezéchiel*, IV, 1.
(4) II *Reg.* III, 15.
(5) I *Sam.* XIX, 24.
(6) II *Reg.* IX, 11.
(7) I *Sam.* XVIII, 10.

un trône, etc. (1). « Je levai les yeux, lisons-nous dans Zacharie, et je regardai, et voici (2). » Daniel dit plus explicitement encore : Une parole fut révélée à Daniel... Il fut attentif à cette parole et *il eut l'intelligence* de la vision (3). » L'*Esprit de Dieu* tombait en effet sur le prophète; sa *main* le saisissait; Dieu même l'inspirait et lui parlait (4). Cet effort finissait par épuiser les forces du prophète et l'évanouissement suivait la prophétie. Nous lisons au livre de Daniel : « J'entendis la voix d'un homme au milieu de l'Ulaï... Il vint... près du lieu où j'étais; et à son approche, je fus effrayé et je tombai sur ma face. Il me dit : Sois attentif, etc.... Comme il me parlait je restai frappé d'étourdissement la face contre terre (5). — Moi Daniel, je vis seul la vision et les hommes qui étaient avec moi ne la virent point; mais ils furent saisis d'une grande frayeur, et ils prirent la fuite pour se cacher. Je restai seul et je vis cette grande vision ; les forces me manquèrent; mon visage changea de couleur et fut décomposé ; je perdis toute vigueur. J'entendis le son de ses paroles ; et... je tombai frappé d'étourdissement la face contre terre. Et voici, une main me toucha et secoua mes genoux et mes mains. Puis il me dit : Daniel, homme bien-aimé, etc... Lorsqu'il m'eut ainsi parlé, je me tins debout en tremblant (6). » — L'état prophétique était nécessairement *transitoire* comme le songe, la vision et l'évanouissement

---

(1) *Es.* vi, 1.
(2) *Zach.* ii, 1.
(3) *Dan.* x, 1.
(4) Cf. la plupart des textes précédents et suivants.
(5) *Dan.* viii, 16.
(6) *Dan.* x, 7.

mêmes. L'homme enfin ne pouvait y atteindre par ses seules forces. Sans doute les mérites personnels y prédisposaient ; la plupart des prophètes furent de saints personnages. Mais l'on vit des pécheurs comme Balaam prophétiser (1). Dieu, somme toute, restait l'unique dispensateur des *dons* prophétiques. — On ne doit pas chercher dans les lignes précédentes une théorie proprement dite de l'extase. Il y manque au moins une analyse suffisante de l'état intérieur des prophètes durant la prophétie, et l'on n'y voit pas du tout jusqu'à quel point ni comment l'âme était alors unie à Dieu. Ni cette analyse, à dire vrai, ni cette théorie ne pouvaient se rencontrer dans la Bible qui est un livre religieux, non un traité de philosophie. Bien plus. La personnalité de Jahvé devait incliner les écrivains bibliques à voir les choses par le dehors plutôt qu'à les considérer dans leur intérieur. Néanmoins les traits que nous venons de relever, aussi bien et mieux que la divination grecque et stoïcienne, nous aideront à comprendre les idées de Philon sur l'extase. La place que l'enthousiasme prophétique occupe dans l'histoire d'Israël nous expliquera l'importance que Philon accorde à l'extase même. Les circonstances au milieu desquelles celle-ci se produit chez le philosophe, sont empruntées à la Bible encore plus qu'à la divination grecque. Surtout l'extase était beaucoup moins ici que dans la Bible et chez Philon un phénomène d'ordre divin. Sans doute Apollon inspirait la Pythie ; mais l'action des exhalaisons était certainement plus importante que celle

(1) *Nombr.* xxiv, 15.

du dieu, et les exhalaisons *venaient de la terre*. Le prophète, au contraire, n'était plus que l'homme et presque l'instrument de Jahvé. Philon précisément complétera dans ce sens la spéculation grecque et la Bible. Le point sur lequel il insistera sera l'action de Dieu sur l'âme et la fusion de celle-ci avec celui-là. La notion grandissante de l'Infinité divine en était évidemment la raison.

II

1º *La Purification et la contemplation dans leur rapport avec l'Infinité divine.* — La purification et la contemplation préparent l'extase. Nous n'avons pas à les étudier directement; mais certains textes accusent avec force l'esprit nouveau que l'Infinité divine a introduit dans la spéculation. — Philon, d'abord, méprise la vie sociale et préfère la solitude. « C'est profit, écrit-il, que de ne plus se mêler aux affaires de l'Etat (1) », et les studieux loisirs d'antan lui inspirent des regrets touchants (2). — Ensuite, la dialectique est vigoureusement subordonnée à la morale. « Qu'avez-vous fait ? demande Philon aux sophistes. Quel progrès avez-vous réalisé ?... Votre vie, l'avez-vous redressée peu ou beaucoup ? (τί τοῦ βίου μικρὸν ἢ μέγα μέρος ἐπηνορθώσασθε;)... N'avez-vous pas, au contraire, amassé de véritables accusations contre vous, puisque, ayant été dans vos discours d'excellents interprètes de la philosophie, vous aviez des pensées et des pratiques très

(1) *Quaest. in Gen.*, IV, 47 (S., VII, 47. M.).
(2) *De special. leg.* 1.

laides ? (τὰ δ'αἴσχιστα καὶ φρονοῦντες) (1). » — Non seulement la dialectique est subordonnée à la morale ; Philon la croit impuissante. Un long passage du *De ebrietate* résume les arguments des Sceptiques — contradictions des philosophes, erreurs des sens, etc., — et termine ainsi : « Puisque les contraires... se balancent ordinairement, le plus sûr est de suspendre son jugement (ἀσφαλέστατον τὸ ἐπέχειν εἶναι) (2). » — Les Sceptiques l'avaient déjà dit, il est vrai, et la *suspension* du jugement devait même, à leurs yeux, préparer la tranquillité de l'âme (3). Pourtant le doute d'un Pyrrhon et d'un Carnéade laissait plus encore l'impression d'un jeu dialectique que d'une méthode morale ; le doute de Philon n'est que moral. Surtout le doute des Sceptiques était définitif ; celui de Philon n'est qu'un doute provisoire. Son caractère même de doute n'est donc tel qu'en apparence. Philon crie à l'impuissance de la dialectique, non seulement parce que les joies de la vertu lui suffisent, mais parce que la raison et la croyance le mettent en possession d'une *vérité* plus haute et de toute la *métaphysique*. — Sans doute encore les Stoïciens avaient subordonné la dialectique à la morale et le caractère absolu que la vertu prit avec eux avait plus ébranlé que consolidé la vie sociale. Non seulement la justice était fondée sur la nature et non sur la loi (4), mais si la vertu était le souverain et l'unique bien, pourquoi le sage aurait-il pris part encore à la vie de la cité (5) ? Et Zénon, Chrysippe, Cléanthe avaient joint

---

(1) *Quod det. pot. insid.*, 21 (C., I, 275⁹. M. 205).
(2) *De ebriet.* 49 (C., II, 209¹⁰, M., 388).
(3) Sext. *Pyrrh.* I, 29.
(4) Stob. *Ecl.* II, 184.
(5) Plut. *De Alex. fort.* I, 6.

d'exemple à la parole. Mais l'esprit grec avait bientôt repris le dessus et la nature avait mesuré les principes. Le sage devait encore se mêler à la vie sociale, non sans doute parce que celle-ci était bonne en soi, mais pour *gouverner* et *instruire* les autres hommes (1). La dialectique, enfin, était subordonnée à la morale. L'une pourtant était encore la terre et la tige, si l'autre était le fruit (2). Surtout cette morale demeurait essentiellement dialectique dans son allure. Les Stoïciens furent les plus raisonneurs des Grecs. Au contraire, la vertu d'un Philon est une *vie* que tout alimente, mais qui transforme tout, le rend semblable à elle et continue de puiser sa propre existence en elle *seule* ou plutôt dans le Dieu infini et inépuisable auquel elle cherche à s'identifier par l'extase.

2° *L'Extase et l'Infinité divine.* — L'Infinité divine impose l'extase, en détermine les moyens, la produit, la marque à son empreinte, la remplit, en explique la brièveté et la rareté.

L'Infinité divine est d'abord la raison d'être de l'extase. Philon commente le texte de l'*Exode* : « L'Eternel dit à Moïse : Tu ne pourras pas voir ma face, car l'homme ne peut me voir et vivre (3) », et il poursuit : « Ni les pieds ni aucun vaisseau ne peut nous porter au pays du divin (Ἄβατος καὶ ἀπροσπέλαστος ὄντως ἐστὶν ὁ θεῖος χῶρος). La pensée la plus pure et la plus haute ne peut arriver à le toucher seulement de la pointe (ὡς θίξει μόνον ἐπιψαῦσαι). Il est impossible à la nature humaine d'apercevoir le visage de

(1) Stob. *Ecl.* II, 184.
(2) Diog. VII, 40.
(3) *Exod.* xxxiii, 20.

Celui qui est... La raison en est la faiblesse de l'homme (τὸ δὲ αἴτιον ἡ ἀδυναμία τοῦ γενητοῦ). Parlons sans ambages : il faut d'abord devenir Dieu, ce qui est impossible, si l'on veut comprendre Dieu (θεὸν γενέσθαι δεῖ πρότερον — ὅπερ οὐδὲ οἷόν τε ... ἵνα θεὸν ἰσχύσῃ τις καταλαβεῖν). Toutefois, en mourant à la vie mortelle, en cherchant au contraire la vie immortelle, on verra peut-être ce que personne n'a vu. Toutes les philosophies qui ont fleuri en Grèce et chez les Barbares se sont occupées de la nature et n'ont pu voir clairement son principe... Celui qui voudra voir le principe des choses, se retirera d'abord en lui-même (στῆναι τὸ πρῶτον κατὰ ψυχήν),.. il fuira les recherches naturelles, les subtilités et les discussions... Même alors ses regards les plus perçants ne pourront voir l'Etre incréé. Celui-ci l'aveuglera avant de se laisser apercevoir... Ainsi le feu éclaire ceux qui se tiennent à une distance convenable, mais brûle ceux qui s'approchent de lui (1)... »

Dieu est infini. L'âme qui veut s'unir à lui, doit sortir d'elle-même et devenir infinie comme lui. Le corps, les sens, la raison même sont en effet autant de limites où l'âme est venue s'enfermer en s'éloignant de Dieu. « Si donc, ô âme, quelque désir entre en toi d'hériter des biens divins, ne quitte pas seulement la *terre* (le philosophe commente la vie et l'émigration d'Abraham), c'est-à-dire le corps, ta *parenté*, c'est-à-dire les sens, et la *maison de ton père*, c'est-à-dire la raison, mais fuis-toi toi-même et sors de toi-même (ἔκστηθι σεαυτῆς). A l'instar des possédés et des Corybantes, danse et sois divinement transportée

---

(1) Fragm. (S., VI, 236. M., II, 654). Cf. *De conf. ling.*, 25. δωρεαὶ πᾶσαι (sc., αἱ ἔννοιαι καὶ ἀντιλήψεις).

par l'enthousiasme prophétique. Alors, en effet, la pensée est enthousiasmée et n'est plus en elle-même (οὐκέτ' οὔσης ἐν ἑαυτῇ διανοίας). L'amour céleste la secoue, l'agite, l'attire en haut. La vérité la pousse; elle dédaigne ce qui est à ses pieds; elle s'engage sur la route royale qui la conduira à l'héritage des biens divins (1). — Ce sommeil prophétique qui est l'extase (ἔκστασις) n'est pas la folie. Mais les sens se reposent et la raison bat en retraite. Alors, en effet, les uns fuient les objets sensibles, et celle-ci ne fait plus mouvoir les nerfs; elle n'anime plus les premiers; elle se repose. Les sens, à leur tour, privés de leurs excitants habituels demeurent sans mouvement et ne font plus rien (2). — Quand l'âme se tait et n'agit plus, quand elle s'est simplifiée et que l'esprit divin la pénètre (ὅταν... διὰ πάντων ἡ ψυχὴ καὶ λόγων καὶ ἔργων ἐξαπλωθῇ καὶ ἐκθειασθῇ), la voix des sens se tait, ainsi que tous les bruits tumultueux et discordants (3). — L'homme zélé se fuyant lui-même (ἑαυτὸν ἀποδιδράσκων) s'applique à connaître l'Un (4). »

(1) *Quis rer. div. her.*, 14 (C., III, 16¹⁴. M., 482) : πόθος οὖν εἴ τίς εἰσέρχεταί σε, ψυχή, τῶν θείων ἀγαθῶν κληρονομῆσαι, μὴ μόνον « γῆν », τὸ σῶμα, καὶ « συγγένειαν », αἴσθησιν, καὶ « οἶκον πατρός » τὸν λόγον καὶ ταλίπηζε, ἀλλὰ καὶ σαυτὴν ἀπόδραθι καὶ ἔκστηθι σεαυτῆς, ὥσπερ οἱ κατεχόμενοι καὶ κορυβαντιῶντες βακχευθεῖσα καὶ θεοφορηθεῖσα κατά τινα προφητικὸν ἐπιθειασμόν· ἐνθουσιώσης γὰρ καὶ οὐκέτ' οὔσης ἐν ἑαυτῇ διανοίας, ἀλλ' ἔρωτι οὐρανίῳ σεσοβημένης κακμεμηνυίας καί... ἄνω πρὸς αὐτὸ εἱλκυσμένης, προϊούσης ἀληθείας καὶ τὰ ἐν ποσὶν ἀναστελλούσης, ἵνα κατὰ λεωφόρον βαίνει τῆς ὁδοῦ, τὸ γενέσθαι τῶν θείων κληρονόμων.

(2) Fragm. (S., VI, 257. M., II, 667) : ὁ ὕπνος κατὰ τὸν προφήτην ἔκστασίς ἐστιν, οὐχὶ κατὰ μανίαν, ἀλλὰ κατὰ τὴν τῶν αἰσθήσεων ὕφεσιν καὶ τὴν ἀναχώρησιν τοῦ λογισμοῦ. Τότε γὰρ αἱ μὲν αἰσθήσεις ἐξίστανται τῶν αἰσθητῶν, ὁ δὲ οὐκέτι νευροσπαστῶν οὐδὲ παρέχων κίνησιν αὐταῖς ἠρεμεῖ, αἱ δὲ τὰς ἐνεργείας ἀποτετμημέναι τῷ διεζεῦχθαι τῶν αἰσθήσεων ἀκίνητοι καὶ ἀργαὶ ὑπεκλελυνται.

(3) *Leg. alleg.*, III, 14 (C., I, 122³⁰. M., 95).
(4) *Ibid.*, 15 (C., I, 123²³. M., 97).

Dieu étant infini, l'extase est plus son œuvre que celle de l'homme. L'homme va sans doute au-devant de Dieu ; mais celui-ci *attire* l'homme, l'inonde et le pénètre. L'extase, en un mot, est une *grâce*. « Ecstasis nihil est aliud, quam abcessus mentis extra se exeuntis. Prophetica vero gens amat id pati ; quum enim divinat et divinis imbuitur intellectus, non ultra in se existit, quoniam divinum spiritum intus recipiens cohabitare facit ; immo potius, ut ipse dixit, « cadit super eum (spiritus) », quoniam non lente supervenit, sed repente irruit (1). » — Le prophète n'énonce rien qui lui soit propre ; tout lui est étranger et soufflé par un autre (προφήτης γὰρ ἴδιον μὲν οὐδὲν ἀποφθέγγεται, ἀλλότρια δὲ πάντα ὑπηχοῦντος ἑτέρου)... Le sage est aux mains de Dieu comme un instrument (ὄργανον θεοῦ) que celui-ci emploie, frappe et fait retentir invisiblement (2). « Une ivresse sacrée le remplit (sc., l'extatique) comme l'enthousiasme remplit les Corybantes. Autres sont ses délices, meilleurs ses désirs. Ceux-ci le portent au sommet des choses et il lui semble que le grand Roi vient vers lui (ἐπ' αὐτὸν ἰέναι δοκεῖ τὸν μέγαν βασιλέα). Il désire voir et la lumière divine déverse sur lui ses rayons purs et étincelants (3). — Si l'on dit que l'esprit est en extase (ἐξίσταται), entendons qu'il est tourné, non vers lui-même, mais vers celui qui lui envoie, lui apporte, suscite en lui ce changement, vers Dieu (4). »

(1) *In Gen.*, III, 9 (S., VII, 12. M., 181).
(2) *Quis rer. div. her.*, 52 (C., III, 59¹². M., 510).
(3) *De opif. mund.*, 23 (C., I, 24⁶. M., 16) : γλιχομένου δ' ἰδεῖν, ἀθρόου φωτὸς ἀκράτοι καὶ ἀμιγεῖς αὐγαὶ... ἐκχέονται.
(4) *Leg. alleg.*, II, 9 (C., I, 96³⁰. M., 72) : τρέπεται, οὐ παρ' ἑαυτόν, ἀλλὰ παρὰ τὸν ἐπιβάλλοντα καὶ ἐπιφέροντα καὶ ἐπιπέμποντα τὴν τροπὴν θεόν.

L'âme en extase devient le temple de Dieu, l'image de son Verbe, son Verbe, et Dieu même. « Applique-toi, ô âme, à devenir la maison de Dieu (θεοῦ οἶκος), son temple saint (ἱερὸν ἅγιον), forte de faible, etc. (1). — Si nous ne sommes pas tels encore que nous puissions être appelés les enfants de Dieu (μήπω ἱκανοὶ θεοῦ παῖδες νομίζεσθαι), soyons-le de son image éternelle, le Verbe très saint (2). — Quand l'esprit est monté au-dessus de lui-même et s'est porté vers Dieu, il se fait d'autant plus semblable à celui-ci (τηνικαῦτα ὁμολογίαν τὴν πρὸς τὸν ὄντα ποιεῖται) (3). »

L'extase n'est pas un anéantissement. L'âme, en cessant d'être *telle* et *telle*, prend simplement une réalité infinie comme celle de Dieu. Le bonheur intense dont elle jouit le prouve. Ceci résulte d'abord de presque tous les textes que nous venons de citer. Nous y lisons, en effet, que l'âme « désire » « est ivre » et « retentit » ; « l'enthousiasme la secoue et l'agite. » Ailleurs, le philosophe écrit : « L'unique repos pour l'âme (μία ἀνάπαυσις ψυχῆς), le meilleur, est le désir (πόθον) sacré de l'Être. Que celui-ci devienne la règle de ses pensées, de ses paroles et de ses actes. Le terme du bonheur (πέρας εὐδαιμονίας) est de s'attacher fermement et définitivement à Dieu seul (ἐν μόνῳ θεῷ στῆναι) (4). — La nourriture, la tranquillité véritable est le repos en Dieu (ἡ ἐν θεῷ ἀνάπαυσις) : c'est le plus grand bien et la paix inaltérable (5). — L'homme pacifié goûte une paix sans mélange de guerre, éternelle, véritable et pure (6). »

(1) *De somn.*, I, 23 (C., III, 237³. M., 644).
(2) *De conf. ling.*, 28 (C., II, 257¹. M., 427).
(3) *Leg. alleg.*, I, 26 (C., I, 82²⁵. M., 60).
(4) Fragm. (S., VI, 260. M., 669).
(5) *De Prof.*, 31 (S., III, 154. M., 572).
(6) *De ebriet.*, 18 (C., II, 184¹⁰. M., 368).

L'extase est un état passager et rare. Seuls quelques mortels privilégiés y parviennent. Les autres l'ignoreront toujours. Si donc le philosophe en parle, c'est qu'il l'a expérimenté. « Il arrive parfois qu'étant d'abord vide, je me trouvais subitement rempli de pensées tombées visiblement d'en haut (ἄνωθεν) comme des semences : influence divine, si j'ose dire, qui m'agitait et me faisait tout connaître, lieu, personnes et moi-même, et ce que je dis et ce que j'écris (ὡς ὑπὸ κατοχῆς θείου κορυβαντιᾷν καὶ πάντας ἀγνοεῖν, τὸν τόπον, τοὺς παρόντας, ἐμαυτόν, τὰ λεγόμενα, τὰ γραφόμενα) (1). — Souvent, une voix plus autorisée parlait à mon âme (ἤκουσα... λόγου παρὰ ψυχῆς ἐμῆς) habituée à recevoir de Dieu la plupart de ses inspirations et sur des sujets qu'elle ignore totalement (περὶ ὧν οὐκ οἶδε μαντεύεσθαι) (2). » En général, d'ailleurs, l'extase suppose l'initiation et ne peut être que passagère. « Nous enseignons les mystères divins (τελετὰς... θείας) à ceux qui en sont dignes, aux initiés (μύστας) (3). — Initiés qui avez les oreilles pures (ὦ μύσται κεκαθαρμένοι τὰ ὦτα), recevez ces mystères sacrés et véritables (ὡς ἱερὰ ὄντως μυστήρια) dans vos âmes et ne les révélez pas aux profanes (ἀμυήτων)... Moi-même j'ai été initié (μυηθείς) par Moïse, l'ami de Dieu, aux grands mystères (τὰ μεγάλα μυστήρια), et (j'ai fréquenté) aussi le prophète Jérémie, dont j'ai vu et su qu'il était non seulement un initié, mais un parfait hiérophante (ἱεροφάντης ἱκανός) (4). — L'esprit divin (τὸ θεῖον πνεῦμα) ne séjourne pas (οὐ καταμένει) et c'est pour peu de temps que (l'âme) est convertie (5). »

(1) *De migr. Abrah.*, 7 (C., II, 275⁹. M., 641).
(2) *De Cherub.*, 9 (C., I, 176¹⁶. M., 143).
(3) *Ibid.*, 12 (C., I, 180¹⁵. M., 146).
(4) *Ibid.*, 14 (C., I, 181¹⁹. M., 147).
(5) *De Gigant.*, 12 (C., II, 52¹⁸. M., 270).

En résumé, l'extase est l'Infinité de l'âme par absorption en Dieu. Celui-ci étant en effet le Principe infini de l'âme, l'âme ne peut trouver le repos qu'en s'identifiant avec Lui, c'est-à-dire en devenant elle-même infinie. Or le monde sensible est, nous l'avons vu, l'expansion dernière de l'Etre divin ; celui-ci s'est éloigné de lui-même et en quelque sorte perdu, lorsqu'il est venu jusque là. L'âme donc qui le voudra retrouver se retirera des choses sensibles en se purifiant. La contemplation ou étude de la philosophie, en lui faisant considérer le fond des choses, l'approchera davantage encore de l'Etre divin. Mais l'âme est finie ; son Principe est infini. L'une devra pour saisir l'autre franchir les limites qu'elle s'est données et sortir ainsi d'elle-même. Seulement on comprend que cette sortie ou extase ne puisse s'effectuer d'abord qu'au sein d'une agitation extraordinaire. Bien plus. L'extase dépasse les forces de l'âme ; elle est un don divin. L'âme, en effet, devient alors identique à Dieu et Dieu même. Serait-ce donc qu'elle cesse d'être ? Non pas. Jamais au contraire sa réalité n'est plus grande, ainsi que l'atteste le bonheur dont elle jouit. Bonheur, enfin, nécessairement passager, que quelques âmes initiées et privilégiées peuvent seules goûter et décrire.

On voit maintenant quelle place Philon tient dans l'histoire de l'Infinité divine. — Le Juif reprend cette notion aux sages de sa nation ; il essaie de l'exprimer *philosophiquement* et il l'introduit dans la spéculation grecque. Elle passera directement de lui chez Numénius le Néopythagoricien et *directement* aussi de lui en même temps que de Numénius chez Plotin (1). — Plotin et Numénius reprendront également à Philon la doctrine des Principes ou *Puissances intermédiaires*. Philon même tenait cette doctrine des rabbins juifs. Mais elle sort avec lui, ainsi que la notion de l'Infinité, du domaine religieux pour pénétrer dans le domaine de la philosophie. L'innovation était heureuse. Dieu, d'abord, produisant le monde par une sorte de surabondance et n'étant plus en contact immédiat avec le monde, demeurait *autre* que celui-ci comme il convenait à un Dieu infini. Mais l'*immanence* était une conséquence nécessaire de l'Infinité : Dieu par ses Puissances est présent partout. L'activité divine, enfin, ne peut avoir de limite : en fait, les *êtres vivants*, qui manifestent les puissances, sont en nombre *infini*. Ainsi le monde est déjà en quelque sorte chez Philon, comme plus tard chez Plotin, l'*Expansion Infinie* de l'Infini. — L'*extase* est une autre Infinité, mais par concentration. Dieu étant le Principe infini de l'âme, celle-ci ne peut logiquement trouver le repos qu'en brisant ses propres limites et en s'absorbant en Dieu. On doit remarquer le point de perfection où Philon amène la première théorie de l'extase. Description, origine divine, réalité, brièveté, rareté, aucun trait n'est oublié. Numénius et Plotin, qui reprendront à Philon sa théorie, n'y ajouteront rien d'essentiel. Cependant Philon ne prononce jamais le nom d'Infinité à propos de Dieu. Surtout celui-ci demeure personnel en même temps que *sans qualités*. La Bible

---

(1) Nous avons essayé de le montrer en rapprochant et en commentant les textes même de Philon et de Plotin dans un autre travail *Les réminiscences de Philon le Juif chez Plotin*. Paris, 1906.

ici et la spéculation grecque contrariaient la tradition rabbinique. La théorie des Puissances intermédiaires reflète aussi ce double caractère de la Divinité : les puissances sont incertaines dans leur origine, leur production, leur nature et leur nombre. Philon enfin accueille le dualisme du *Timée* d'accord avec la personnalité de Dieu, mais en opposition avec son infinité. — En un mot, la notion de l'Infinité divine était encore, non à créer, mais à dénommer, à purifier et à systématiser. Ce sera l'œuvre de Plotin. Seulement nous devons étudier auparavant l'*hésitation* que l'esprit grec éprouva pendant le IIe siècle en face de l'Infinité divine et qu'on aperçoit à travers les doctrines néopythagoriciennes.

DEUXIÈME PARTIE

LES NÉOPYTHAGORICIENS

DEUXIÈME PARTIE

LES NÉOPYTHAGORICIENS

Les Néopythagoriciens représentent dans l'histoire de l'Infinité divine, entre le Ier siècle avant et le IIIe siècle après J.-C., l'*hésitation* que l'esprit grec éprouva en face de cette notion. Sans doute Philon avait juxtaposé la personnalité et l'Infinité. Celle-ci apparaissait pourtant comme plus importante que l'autre et caractérisait la doctrine. Au contraire le dualisme pythagoricien compose vraiment le fond des opinions néopythagoriciennes : Dieu est l'Unité finie à laquelle la Dyade infinie s'oppose. Si pourtant le Dieu de certains Néopythagoriciens est l'Unité, quelques-uns tiennent aussi le Principe premier pour infini. Plutarque représente assez bien les premiers. Numénius est le plus remarquable parmi les seconds. La deuxième partie de notre travail comprendra donc trois chapitres : I Le Néopythagorisme en général ; II Plutarque ; III Numénius.

CHAPITRE PREMIER

LE NÉOPYTHAGORISME EN GÉNÉRAL

Le dualisme pythagoricien compose le fond du Néopythagorisme. Dieu est l'Unité à laquelle la Dyade infinie s'oppose. Les autres parties de la doctrine offrent la même divergence avec l'Infinité. Nous étudierons donc celle-ci successivement en Dieu, dans les Principes intermédiaires, dans la Matière et dans l'activité Morale.

I

Dieu. — Dieu est conçu généralement comme Unité ou Monade suprême. « Le commencement de tout est la monade (ἀρχὴν... μονάδα) : c'est d'elle que vient la dyade indéterminée, telle une matière dont la monade serait la cause et qui serait pour celle-ci comme une substance (ὡς ἂν ὕλην τῇ μονάδι αἰτίῳ ὄντι ὑποστῆναι) (1). » Cette Unité même est pour certains l'Ame du monde, étroitement unie à Lui

---

(1) Diog. Laerce. VIII, 25 (S., p. 100).

et déterminée comme Lui. Dieu, lisons-nous chez Diogène, est le feu ; le feu, à son tour, est la chaleur qui découle du soleil et se répand dans le monde (1). Un fragment, que Justin rapporte à Pythagore, s'exprime ainsi : « Le Dieu un (εἷς) n'est pas, comme quelques-uns pensent, en dehors du monde, mais il est tout entier dans chaque partie de l'univers (ὅλος ἐν ὅλῳ) et il en surveille tous les mouvements. Il est le mélange des choses éternelles (κρᾶσις τῶν τῶν ὅλων αἰώνων) et c'est lui qui en a produit les puissances et les formes, principe de tout, auteur de la lumière dans le ciel (ἐν οὐρανῷ φωστήρ) et père de tout, esprit et âme de l'univers, mouvement de tous les cercles (κύκλων ἁπάντων κίνασις) (2). » Dieu, suivant Onatas, est « l'esprit, l'âme (ψυχά), le maître de l'univers (3). — Voici, disait Apollonius de Tyane, le culte qui convient à ce Dieu premier (πρῶτον), un (ἑνί) et séparé de tout (κεχωρισμένῳ πάντων) : n'immolons pas de victimes, n'allumons aucune lampe, ne lui consacrons rien. Il n'a besoin de rien, en effet, pas même de ce que nous estimons le plus (δεῖται γὰρ οὐδενὸς οὐδὲ παρὰ τῶν κρειττόνων ἤπερ ἡμεῖς). Servons-nous seulement vis-à-vis de lui du plus pur langage (τῷ κρείττονι λόγῳ), je veux dire de ce langage qui ne sort pas de la bouche ; au plus beau des êtres (τοῦ καλλίστου τῶν ὄντων) demandons ce qui est bien avec ce qu'il y a de mieux en nous. Il est esprit, en effet, et n'a pas besoin d'organe (νοῦς δέ ἐστιν οὗτος, ὀργάνου μὴ δεόμενος) (4). »

Ce dernier texte manifeste déjà un sentiment très haut

---

(1) Diog. VIII, 27 (S., p. 101).
(2) Justin. *Cohort.*, 19 (Otto, II, 70).
(3) Stobée. *Ecl.*, I, 94 (Meinecke, I, 25).
(4) Eusèbe. *Prep. ev.*, IV, 13 (Dind., II, 176).

de la perfection divine; un autre affirme expressément l'Infinité et l'Ineffabilité. « Il y a nécessairement trois principes, la matière, la forme, ce qui les meut et qui est premier par la puissance (πρᾶτον τᾷ δυνάμι). Or ce dernier ne doit pas être seulement Intelligence, mais supérieur à l'Intelligence (νόω τι κρίσσον). Ce qui est supérieur à l'intelligence est ce que nous nommons Dieu (νόω δὲ κρίσσον ἐντὶ ὅπερ ὀνομάζομεν θιόν). Il est donc évident que les deux premiers principes ont une nature définissable et intelligible, mais que la nature du troisième est inintelligible et ineffable (ἄλογον καὶ ἄρρητον) (1). »

II

Principes intermédiaires, Idées, Nombres, Démons, etc. — Ces principes ont souvent une réalité substantielle, objective, extérieure à Dieu même. « Je t'invoque, écrivait un poète néopythagoricien, ô nombre divin, père des dieux et père des hommes.

κέκλυθι κύδιμ' ἀριθμέ, πάτερ μακάρων, πάτερ ἀνδρῶν (2).

Le Nombre apparaît, en effet, comme le *maître* des Formes et des Idées, l'*outil* de la création et le *fond* des choses. Pythagore chez Syrianus le représente comme « l'extase et l'acte des raisons séminales contenues dans l'Unité (ἔκτασιν καὶ ἐνέργειαν τῶν ἐν μονάδι σπερματικῶν λόγων) »;

(1) Ps. Archyt. ap. Stobél. *Ecl.*, I, 716 (Mein., I, 195[14]).
(2) Simplic. *Phys.* 104[b] o (Comment. in Arist., 453[14]).

il est, poursuit-il, « né de lui-même (αὐτογόνως), immobile, édifié sur lui-même (ἐν ἑαυτῷ ἱδρυμένον); c'est de lui et par lui que tout a été fait et que tout conserve un ordre indissoluble; il est le paradigme, l'auteur (ποιητήν), le père (πατέρα) des dieux, des démons et des hommes (1). » Les Néopythagoriciens confessaient aussi l'existence de *démons* intermédiaires entre Dieu et les hommes. « L'air tout entier est rempli d'âmes; ces âmes sont appelées *démons* (δαίμονας) (2). » Or ces démons sont, tout compte fait, des Idées ou des Nombres. Tantôt, en effet, nous les voyons identifiés avec des âmes. « L'âme, écrit Nicomaque, est aussi un démon (ὁμοίως δὲ καὶ δαίμων) (3). » Mais nous savons par ailleurs que les âmes étaient des nombres. Tantôt les démons sont les *anges* de la religion juive. « Les Babyloniens... nomment les sphères célestes *multitudes* (ἀγέλας);... les saintes Ecritures les appellent de même *anges* (ἀγέλους), ou par introduction du *gamma* et corruption (ἀγγέλους). C'est pourquoi les astres et les démons qui gouvernent chacune de ces *multitudes* (ἀγγέλων) peuvent être appelés semblablement *anges* et *archanges* (δαίμονας ὁμοίως ἀγγέλους καὶ ἀρχαγγέλους) (4). » Or Philon, nous l'avons vu, assimile lui-même les anges, non seulement aux démons, mais aux *Ames*, aux *Idées*, aux *Nombres*, et, en général, aux *Principes intermédiaires*. Ces mêmes Prin-

---

(1) Syrian. *In Met.* 912[b] 14 (Commentar., VI[1], 142 [20]).
(2) Diog. VIII, 32 (S., 103).
(3) Ap. Stobée. *Ecl.*, I, 100. (Meinecke, I, 26 [17]).
(4) Nicomaq. *Theol. arith.* 43 (Ast. p. 42). Le texte présente un jeu de lettres et de mots, qui ne peut être traduit intégralement : ἀγέλας, *multitudes*; ἀγέλους, *multitudes-anges*; ἀγγέλους, *anges*; ἀγγέλων, *multitudes*; ἀγγέλους καὶ ἀρχαγγ.., *anges et archanges*.

cipes paraissent donc avoir chez les Néopythagoriciens une réalité substantielle et objective.

D'autres textes établissent une représentation contraire. L'Ame du monde, les Idées, les Nombres perdent leur réalité objective et ne sont plus que les pensées, les attributs, les puissances du Dieu infini. Nicomaque, par exemple, place l'arithmétique en tête des sciences mathématiques, « parce qu'elle existe avant toutes choses dans la pensée du Dieu architecte (ἐν τῇ τοῦ τεχνίτου θεοῦ διανοίᾳ προϋποστῆναι τῶν ἄλλων), comme une raison cosmique ou un paradigme (1). » Pythagore dans Syrianus définit les Nombres de deux façons, suivant qu'on les considère en eux-mêmes, à l'écart de leur principe particulier (ἀπὸ τῆς οἰκείας ἀρχῆς) ou qu'on les envisage « dans leur existence au sein de l'Intelligence divine (τὸ πρὸ πάντων ὑποστὰν ἐν θείῳ νῷ) (2). »

III

La matière. — La matière paraît quelquefois sous le nom de *Dyade* dérivée de la Monade, c'est-à-dire de Dieu même. La conception est alors moniste et infinitiste. « Le principe de tout est la Monade : d'elle sort la Dyade indéterminée ; telle une matière dont la Monade serait la cause et dont celle-ci serait la substance (3). »

---

(1) Nicomaq. *Introd. arithm.*, I, 4 (Edit. Hoche, 9¹⁰).
(2) Syrian. Schol. in Arith., 912ᵇ 4.
(3) Diog. VIII, 25 (S., 100) : ἀρχὴν μὲν ἁπάντων μονάδα· ἐκ δὲ τῆς μονάδος ἀόριστον δυάδα, ὡς ἂν ὕλην τῇ μονάδι αἰτίῳ ὄντι ὑποστῆναι.

Cependant la représentation dualiste est bien plus ordinaire aux Néopythagoriciens. Dieu est tantôt, comme chez Aristote, la Cause motrice qui a réuni la Forme et la Matière, ou, comme chez Platon, le Démiurge qui a fait pénétrer l'Idée dans le sensible. « La matière ne pouvait participer d'elle-même à la Forme et celle-ci ne pouvait se partager; une troisième cause était nécessaire, qui mit la Matière en mouvement vers la Forme... Cette cause, il convient de l'appeler Dieu (ὀνομάζεσθαι δ' αὐτὰν ποθάκει θεόν). Nous voyons donc qu'il y a déjà trois principes, Dieu, la substance des choses (sc., la matière, ταν ἰστώ τῶν πραγμάτων) et la forme (1). » Tantôt Dieu et la Matière sont opposés, ainsi que chez les Stoïciens, comme la cause active et la cause passive. « La cause de la génération est active et motrice (τὸ ποιεῖν καὶ τὸ κινεῖν); ce qui devient est passif et mû (τό τε πάσχειν καὶ τὸ κινεῖσθαι) (2). — Dans la nature, la cause active est Dieu (ποιέων μὲν ὁ Θεός); la cause passive est la matière (πάσχον δὲ ἁ ὕλα) : les deux réunies constituent les éléments (3). » Nous pouvons donc conclure avec M. Ed. Zeller : « Les Néopythagoriciens ont pu dériver la Dyade de l'Unité et chercher dans celle-ci le fond de tout être. Mais qu'ils aient tenté aussi de faire sortir la matière de l'esprit, et que, *d'une manière analogue à ce que Plotin concevra plus tard*, ils se soient représentés l'activité créatrice de Dieu comme se développant avec continuité depuis son plus haut degré jusqu'au plus bas, la chose est aussi indémontrable qu'invraisemblable (4). »

(1) Ap. Stobée. *Ecl.*, I, 716. (Meineck., I, 194 [20]).
(2) Ocellus. *De Univ.*, II, 1 (Müllach., p. 159).
(3) Ap. Simplic. *Categ.*, 84 β.
(4) III [2], 143. Dans la note qui complète ce passage, M. Ed. Zeller

IV

Dieu et l'activité morale. — L'étude de l'ascétisme néopythagoricien nous mène encore moins loin dans le sens de l'Infini. L'âme qui veut s'unir à un Dieu infini, devait selon Philon sortir d'elle-même et s'absorber en lui. Or nous ne lisons rien de pareil chez aucun Néopytha-

---

critique à juste titre Vacherot (*Hist. de l'Ecole d'Alex.*, I, 309) sur Modératus. « Quant à la matière, écrit Vacherot, Modératus essayait de la rattacher au principe divin. Dieu, selon lui, aurait séparé la quantité, en s'en retirant et en la privant des formes et des idées, dont il est le type suprême. Cette quantité, différente de la quantité idéale et primitive qui subsiste en Dieu, était la matière proprement dite. » Vacherot appuie cette interprétation sur Simplic. *Phys.* 50, β, 11 : « καὶ ταῦτα δὲ ὁ Πορφύριος ἐν τῷ δευτέρῳ περὶ ὕλης τὰ τοῦ Μοδεράτου παραθέμενος γέγραφεν ὅτι βουληθεὶς ὁ ἑνιαῖος λόγος... τὴν γένεσιν ἀφ' ἑαυτοῦ τῶν ὄντων συστήσασθαι, κατὰ στέρησιν αὑτοῦ ἐχώρησε τὴν ποσότητα, πάντων αὐτὴν στερήσας τῶν αὑτοῦ λόγων καὶ εἰδῶν. » (Le passage est cité tout au long par M. Ed. Zeller, *loc. cit.*) — Or M. Ed. Zeller établit très bien les points suivants : 1° la première partie du passage, que nous n'avons pas citée, expose l'opinion, non de Modératus, mais de Platon; 2° la seconde partie, que nous avons citée, expose l'opinion non de Modératus, mais de Porphyre. Simplicius écrit, en effet, παραθέμενος au passé, et non παρατιθέμενος au présent. Il faut donc lire naturellement : « Porphyre écrit aussi au second livre *De la matière*, *après avoir* exposé l'opinion de Modératus. » Les paroles ὅτι βουληθεὶς — καὶ εἰδῶν sont donc, non de Modératus, mais de Porphyre. — Que celui-ci, d'ailleurs, et Simplicius aient cité et citent Modératus à l'appui de leur propre doctrine, la chose est évidente d'après le texte même. Mais ni l'un ni l'autre ne nous donnent les paroles *intégrales* de Modératus, qui seules évidemment nous feraient connaître l'opinion *exacte* du Néopythagoricien sur la matière. Quant à la conformité que Porphyre et Simplicius d'après Porphyre croient reconnaître entre cette opinion et la leur, elle n'est pas pour nous arrêter un seul instant : les Néoplatoniciens, comme d'ailleurs les Néopythagoriciens, ont toujours cherché et vu dans les textes, non ce qui s'y trouve réellement, mais ce qu'ils ont *voulu* y trouver, c'est-à-dire leurs propres doctrines.

goricien. Apollonius de Tyane se borne à demander pour Dieu un culte très pur (1) ; Alexandre Polyhistor et Nigidius Figulus à vanter et à pratiquer l'art divinatoire (2). Mais la divination laisse l'âme distincte du Dieu qui l'inspire et l'agite.

(1) Cf. *supra*.
(2) Cf. Ed. Zeller. III³, 161.

CHAPITRE DEUXIÈME

PLUTARQUE

~~~~

Plutarque est foncièrement grec par la naissance et le caractère. Mais la lecture et les voyages l'ont mis en contact avec l'Orient. Le Dieu de Plutarque sera donc fini, mais conçu de façon très haute. Les autres doctrines sont dans le même rapport d'opposition ou dans un rapport plus opposé encore avec l'Infinité. Nous allons l'établir en étudiant successivement la vie, le caractère et les idées maîtresses de Plutarque, ses opinions sur Dieu, les Principes intermédiaires — Ame du monde, Ame mauvaise, Matière — et l'activité Morale.

I

Vie, caractère, idées maitresses. — Plutarque naît à Chéronée vers 48 après J.-C. (1). Il appartenait à une

---

(1) Ed. Zeller, III 2, 177, 2.

ancienne famille « de pure race hellénique (1) » et qui possédait là d'importantes propriétés « Vieille famille et vieux domaine, écrit M. Croiset, foyer tout peuplé de traditions, maison de forte et intelligente bourgeoisie, de mœurs simples et antiques, pleine de religion et de patriotisme. » L'enfance de Plutarque s'y écoula auprès de son grand-père Lamprias, « vieillard spirituel et conteur », de son père Nicarque « homme droit et sensé », et à côté de ses frères Lamprias et Timon. Puis Plutarque voyagea. Mais il rentra de bonne heure à Chéronée, que la gloire ne lui fit pas abandonner. « Il lui parut, comme il l'a dit lui-même, qu'étant né dans une petite ville, il la rendrait plus petite encore s'il la quittait. » Plutarque vieillit ainsi paisiblement au milieu de sa famille, de ses livres et des nombreux amis qui venaient l'y voir. « Il se rendait quelquefois à Athènes, souvent à Delphes où l'appelaient ses fonctions sacerdotales, de temps en temps aussi aux eaux chaudes des Thermopyles ou d'Aedepsos en Eubée. » — Cette vie reflétait le caractère du philosophe. Personne plus que Plutarque n'aimait la société. « Tout le temps qu'il ne passait pas à lire ou à écrire, il le donnait, autant que possible, à la conversation. Ses *Propos de table* sont des notes de causerie quotidienne, qu'il a prises toute sa vie. » L'amour de la paix le tient, il est vrai, à l'écart de la vie publique. Pourtant « il accepta de l'estime de ses concitoyens... les modestes fonctions d'agoranome et d'archonte éponyme. » — La morale de Plutarque vise au

---

(1) A. et M. CROISET. *Manuel d'hist. de la litt. grecq.* ch. XXVIII, p. 730 et seqq., d'où les détails et les citations qui suivent sont tirés.

développement de la sociabilité. « Ses *Préceptes sur le mariage*, ses écrits sur *l'Affection fraternelle*, sur le *Grand Nombre des amis*... forment ensemble une sorte de cours pratique de morale domestique et sociale, dans lequel domine la même *modération* active. » — Le philosophe enfin est grec par ses attaches profondes. Son maître fut le platonicien Ammonios (1). Il relit, il étudie, il commente Platon (2); il y retrouve ses propres opinions et celles d'autrui (3); l'éloge de Platon se rencontre à chaque instant sous sa plume. « Quand on attribue à Apollon la naissance de Platon, personne, à mon sens, ne peut y trouver rien qui soit indigne du dieu (4) »; il multiplie, au contraire, les attaques contre les Epicuriens et les Stoïciens, dont les doctrines morales ou les théories physiques lui paraissent en opposition directe avec l'idéalisme platonicien (5).

Cependant Plutarque partage aussi les préférences de son temps pour les choses et les idées judéo-orientales. — D'abord il voyage. Alexandrie en particulier reçoit sa visite (6). De plus, Ammonios était égyptien (7), et paraît en outre avoir cultivé la philosophie néopythagoricienne. Son disciple reconnaît en tous cas que le maître « unissait avec prédilection la philosophie et les mathématiques (8) » et place volontiers dans sa bouche l'exposé de ses propres

(1) *De E.*, 2.
(2) Cf. *Quaest. platon.*, *De anim. procreat.*
(3) *De an. procr.*, 23 et *Tim.*, 37 A.
(4) *Quaest. conviv.*, VIII, 1, 2 (Bernad. IV 11. Wyttenbach, 717 D).
(5) *Adv. Colot.*; *Non poss. suav. viv.*; *Rep. stoïc.*; *Notit. comn.*
(6) *Quaest. conviv.*, V, 5, 1.
(7) Eunap. *Vit. Sophist.*
(8) *De E.*, 17 (B., III 11. W., 391 E).

opinions néopythagoriciennes (1). Plutarque connaît aussi, cite, et interprète les Égyptiens (2), les Perses (3), les Chaldéens (4), les Juifs et les Syriens (5) ; il compose un traité entier sur le mythe égyptien d'Isis et d'Osiris. — Sa méthode et quelques-unes de ses idées maîtresses sont aussi celles de son temps. Sa méthode est un large éclectisme vis-à-vis de tous les philosophes qui l'ont précédé, de Platon, comme nous l'avons dit, d'Aristote, qu'il passe sous silence, mais dont les termes et les doctrines reviennent constamment sous sa plume, des Stoïciens qu'il combat, mais dont la « tension » de la volonté et le cosmopolitisme inspirent sa morale, de Pythagore surtout et de son école, auxquels il se réfère à chaque instant (6). — Plutarque, en outre, subordonne comme Philon la dialectique et la physique à la morale. « Quand le jugement est devenu sain, on s'attache à ce qui peut régler les mœurs (τοῖς ἦθος ἐμποιοῦσι) (7). » Comme Philon encore, Plutarque croit la spéculation impuissante. Le traité *Sur le Froid primitif* finit ainsi : « Rapprochez, Favorinus, ces explications de celles qui ont été produites par les autres philosophes, et, s'il n'y a des deux côtés ni grande infériorité ni grande supériorité, envoyez promener toutes ces opinions (χαίρειν ἐᾶν τὰς δόξας). Suspendre son jugement en matières douteuses est plus philosophique que suivre

---

(1) *Ibid.*
(2) *De Is.*, 49.
(3) *Ibid.*, 46-47.
(4) *Ibid.*, 48.
(5) *Rep. stoïc.*, 38.
(6) *De Is.*, 25, 30, 48, 75. *De an. procr.*, 12, 2 ; 14, 1 ; 17, 1.
(7) *De prof. in virt.*, 7 (B., I, 190 [88]. W., 79 A).

telle ou telle opinion (τὸ ἐπέχειν ἐν τοῖς ἀδήλοις... φιλοσοφώ-τερον...) (1). » Le doute de Plutarque paraît même s'étendre aux questions théologiques. « Comme il est plus difficile de parler musique pour ceux qui ne sont pas musiciens, et guerre pour ceux qui n'entendent rien à la stratégie, ainsi les choses qui concernent les dieux et les démons nous échappent parce que nous sommes hommes (τὸ τὰ θεῖα καὶ τὰ δαιμόνια πράγματα διασκοπεῖν, ἀνθρώπους ὄντας) (2). » Mais pour Plutarque comme pour Philon la *croyance* est la source de la vérité ; le doute n'est destiné qu'à préparer la croyance. Un passage curieux relie d'abord celle-ci à l'évidence : « Qui donc ébranle les croyances et combat l'évidence ? (τίς οὖν... μάχεται τοῖς ἐναργέσιν ;) Ce sont ceux qui suppriment l'art divinatoire et qui prétendent que la Providence des dieux n'existe pas (3). — La philosophie, écrit ailleurs Plutarque, a pour but la théologie (4). » La théologie, en effet, nous donne Dieu et la paix avec Dieu. « Quelle *félicité* est le partage des hommes chéris des Dieux, grâce aux idées qu'ils ont de la Divinité ! Dieu, pour eux, est le guide des bons, le père des choses belles. Il ne peut ni faire ni éprouver rien de mal (5), etc. »

(1) *De prim. frigid.*, 23 (B., V, 499 ¹¹. W. 955 B).
(2) *De sera num. vind.*, 4 (B., III, 421 ¹⁵. W. 549 F).
(3) *Adv. Colot.*, 27 (B., VI, 465 ⁹. W., 1123 A).
(4) *Def. orac.*, 2 (B., III, 70 ⁵. W., 410 B.).
(5) *Non posse suav. viv.*, 22. (B., VI, 407 ⁹. W., 1102 D).

II

Dieu. — Nous trouvons d'abord chez Plutarque ainsi que chez quelques Néopythagoriciens une conception très haute de Dieu. « Qu'est donc l'être véritable (ὄντως ὄν)? C'est l'être éternel, inengendré et incorruptible, à qui le temps et ses changements sont étrangers (1). — Dieu est, voilà ce qu'il faut dire ; il n'est pas soumis au temps, mais il est l'éternité qui ne connaît ni mouvement, ni temps, ni révolution, ni avant, ni après, ni passé, ni futur, ni vieillesse. Unique, il remplit d'un unique maintenant l'éternité (εἷς ὢν ἑνὶ τῷ νῦν τὸ ἀεὶ πεπλήρωκε) (2). » Dieu est saint : « *Phébus*, c'est-à-dire pur et saint (καθαρὸν καὶ ἁγνόν); tel est le nom que les anciens lui ont donné ; aujourd'hui encore chez les Thessaliens, les prêtres qui, dans les jours néfastes, vivent isolés, sont dits *phébonomiser* (φοιβονομεῖσθαι) (3). » Dieu se suffit et n'a « besoin de rien » (ἀπροσδεής). Il est le bien parfait (ἀγαθὸς... ὢν τελέως); il a toutes les vertus (οὐδεμιᾶς ἀρετῆς ἐνδεής ἐστιν) (4). C'est de lui que tout bien dérive : « Les gens de bien et amis de Dieu... proclament qu'il est leur guide et le père de tout ce qui est beau (πάντων μὲν ἡγεμὼν ἀγαθῶν, πάντων δὲ πατὴρ καλῶν). Il ne peut ni faire ni éprouver le mal. Il est bon en effet (ἀγαθὸς γάρ ἐστιν); or l'Etre bon ne subit

---

(1) *De E.*, 19 (B., III, 22⁹. W., 393 E).
(2) *Ibid.*, 20 (B., III, 23¹¹. W., 393 A).
(3) *De E.*, 20 (B., III, 23²¹. W., 393 C).
(4) *Def. orac.*, 24 (B., III, 103²¹. W., 423 D).

ni envie, ni crainte, ni colère, ni haine. Comme la chaleur ne peut refroidir, mais seulement échauffer, de même ce qui est bon ne peut nuire (οὔτε γὰρ θερμοῦ τὸ ψύχειν, ἀλλὰ τὸ θερμαίνειν, ὥσπερ οὐδ' ἀγαθοῦ τὸ βλάπτειν) (1). » Dieu est la Providence qui a tout fait pour le mieux : « Il existe une Providence suprême et première (ἔστιν οὖν πρόνοια, ἡ μὲν ἀνωτάτω καὶ πρώτη), c'est l'Intelligence ou la Volonté divine, bienfaitrice universelle (εὐεργέτις ἁπάντων), par qui chacune des choses divines a été d'abord disposée avec une perfection et une beautés merveilleuses (ἄριστά τε καὶ κάλλιστα κεκόσμηται) (2). » Les statues et les mythes ne peuvent donner l'idée exacte de ce Dieu : « Les superstitieux... sur la foi de ceux qui fabriquent les statues en bronze, en pierre et en cire, pensent que les dieux ont des corps semblables aux nôtres, et c'est comme tels qu'ils les façonnent, les ornent et les adorent (3). » La superstition est une impiété aussi grande que l'athéisme. « Je m'étonne, écrit Plutarque, qu'on traite l'athéisme d'impiété et qu'on n'en dise pas autant de la superstition (4). — Tout ce que l'on dit et chante dans les fables (μύθοις) et dans les hymnes (ὕμνοις), les rapts commis par les Dieux, leur vie errante, leurs retraites, leurs fuites, leurs servitudes, tout doit être attribué, non aux Dieux, mais aux Démons (οὐ θεῶν εἰσιν... παθήματα) (5). » Les Stoïciens, il est vrai, interprétaient ces mythes. Les dieux pour eux n'étaient rien que les éléments naturels. Mais cette assimi-

---

(1) *Non posse suav. viv.*, etc., 22 (B., VI, 407¹. W., 1102 D).
(2) *De fato*, 9 (B., III, 478¹⁰. W., 572 F).
(3) *De superst.*, 6 (B., I, 410¹⁸. W., 167 D).
(4) *De superst.*, 10 (B., I, 416¹⁵. W., 170 E).
(5) *De def. orac.*, 15 (B., III, 89¹¹. W., 417 E).

lation et cette interprétation rabaissent encore la Divinité. « Chrysippe et Cléanthe ayant rempli en quelque sorte d'une foule de divinités le ciel, la terre, l'air, la mer, n'ont regardé comme incorruptible et éternel que le seul Jupiter : en lui tous les autres se résorbent. De cette façon, Jupiter a pour rôle de détruire, ce qui n'est pas plus convenable (μὴ ἐπιεικέστερον) que d'être détruit (1). » En résumé, Dieu est un, simple et éternel, intelligent, bon et pur.

Cette haute notion ne conduit pourtant pas une seule fois jusqu'à l'Infinité. — Nous lisons il est vrai dans le traité *Sur Isis et Osiris* que « le premier Dieu voit et n'est pas vu (ὥστε βλέπειν μὴ βλεπόμενον, ὃ τῷ πρώτῳ θεῷ συμβέβηκεν) (2). » Mais ceci veut dire que les choses sensibles ne peuvent donner l'image exacte de la Divinité, et non que Dieu est ineffable en soi. — Plutarque écrit aussi que « Dieu fait le bien comme la chaleur réchauffe. » La comparaison paraît en elle-même émanatiste et infinitiste. Philon et Plotin qui professent l'Infinité divine et quelquefois l'émanatisme, la reprennent (3). Mais d'abord la comparaison est originairement stoïcienne (4) et c'est aux Stoïciens que Plotin, Plutarque et Philon l'empruntent. Ensuite la signification que Philon et Plotin lui donnent est différente de celle qu'elle a chez Plutarque. En disant que Dieu produit comme le feu réchauffe et comme la

---

(1) *Comm. notit.*, 31 (B., VI, 331 ³. W., 1075 A).
(2) *De Is.*, 75 (B., II, 549 ¹⁰. W., 381 B).
(3) *Leg. alleg.* I, 3 (I, 62 ¹⁶) et *Enn.* V, 1, 6 (II, 168 ¹⁶); IV, 3, 10 (II, 22 ³²).
(4) Diog. VII, 101 : ὡς γὰρ ἴδιον θερμοῦ τὸ θερμαίνειν, οὐ τὸ ψύχειν, οὕτω καὶ ἀγαθοῦ τὸ ὠφελεῖν, οὐ τὸ βλάπτειν.

neige refroidit, les uns entendent exprimer la puissance et la perfection de l'activité divine ; Plutarque, au contraire, veut dire simplement que Dieu ne peut pas plus faire le mal que le feu ne peut refroidir. La comparaison était là philosophique et profonde ; elle est ici banale. — Une multitude de textes attestent enfin le caractère personnel de la Divinité chez Plutarque. On peut déjà rappeler la plupart de ceux que nous avons déjà cités. La comparaison, à laquelle nous venons de refuser tout caractère infinitiste, est précédée des deux expressions « guide des bons » et « père des choses belles. » Ailleurs « la grandeur et la suffisance doivent marquer l'ouvrage (ἔργου) des dieux (1). » Dieu est « le premier chef (ἄρχοντα πρῶτον), le guide, l'Intelligence, la Raison de l'univers, ce que les hommes appellent maître souverain et père (κύριος ἁπάντων καὶ πατήρ) (2). » La félicité de Dieu réside dans « la science et la sagesse (ἐπιστήμῃ καὶ φρονήσει) (3). — Ce n'est pas par la durée de son existence que Dieu est heureux, mais par la vertu qui est en lui (ἀλλὰ τῆς ἀρετῆς τῷ ἄρχοντι) (4). » En un mot, Dieu possède les attributs les plus élevés, mais ces attributs sont moraux et lui composent une *personnalité* distincte.

---

(1) *De def. orac.*, 8 (B., III, 79 [13]. W., 413 F).
(2) *Ibid.*, 29 (B., III, 109 [23]. W., 425 F).
(3) *De Is.*, 1 (B., II, 470 [11]. W., 351 D).
(4) *Ad princip. inerudit.*, 3 (B., V, 15 [8]. W., 781 A).

III

Principes intermédiaires. — La représentation semble d'abord infinitiste. Le monde ne serait pas séparé de Dieu et la raison divine serait entrée elle-même dans le devenir. La mythologie égyptienne raconte que Jupiter étant né les deux jambes collées l'une à l'autre, il lui était impossible de marcher. La honte l'obligeait à vivre dans la solitude. Mais Isis fendit et sépara ces parties, et la marche lui devint facile. Plutarque ajoute alors : « Cette fable nous donne à entendre que l'Intelligence et la Raison divine (ὁ τοῦ θεοῦ νοῦς καὶ λόγος) étaient reléguées dans (un endroit) invisible et impénétrable, mais furent déterminées à produire par le mouvement (ἐν τῷ ἀοράτῳ καὶ ἀφανεῖ βεβηκώς, εἰς γένεσιν ὑπὸ κινήσεως προῆλθε) (1). » — L'Âme du monde serait aussi une *partie* de Dieu : « Le principe, la puissance (δύναμις) de celui qui a engendré demeure infuse (ἐγκέκραται) dans celui qui est engendré ; elle en constitue la nature (συνέχει τὴν φύσιν) ; celle-ci devient lambeau et portion de ce qui l'a produite (ἀπόσπασμα καὶ μόριον τοῦ τεχνώσαντος) (2). » Un peu plus loin Plutarque ajoute expressément : « L'Âme, qui participe de l'Intelligence, de la Raison et de l'Harmonie, n'est pas seulement l'ouvrage de Dieu, elle en est une partie (οὐκ ἔργον... μόνον, ἀλλὰ καὶ μέρος) ; elle n'a pas seulement été faite par lui, mais elle sort de lui et vient

---

(1) *De Is.*, 62 (B., II, 537ᵉ. W., 376 C).
(2) *Plat. quaest.*, II, 1 (B., VI, 123ᵉ, W., 1001 A).

de lui (οὐδ' ὑπ' αὐτοῦ, ἀλλ' ἀπ' αὐτοῦ καὶ ἐξ αὐτοῦ γέγονεν) (1). »
— Enfin les Idées, les Nombres, les Raisons séminales perdent quelquefois chez Plutarque comme chez certains Néopythagoriciens la réalité objective que Platon et les Stoïciens leur avaient laissée. « (La matière) désire naturellement le Bien premier et souverain ;... elle s'offre à lui pour qu'il y engendre et qu'il y sème ses *émanations* et ses images (παρέχουσα γεννᾶν ἐκείνῳ καὶ κατασπείρειν εἰς ἑαυτὴν ἀποῤῥοὰς καὶ ὁμοιότητας) (2). — De l'Etre intelligible la substance sensible et corporelle exprime et reçoit les images, les Raisons, les Idées, les ressemblances (ἀπ' αὐτοῦ, sc. τοῦ ἀγαθοῦ, τὸ αἰσθητὸν καὶ σωματικὸν εἰκόνας ἐκμάττεται, καὶ λόγους, καὶ εἴδη καὶ ὁμοιότητας ἀναλαμβάνει) : telles dans une cire les empreintes (3)... » — Dieu absorberait donc plus ou moins le monde et la conception de Plutarque serait infinitiste.

L'on sait pourtant qu'il n'en est rien. — Les Raisons d'abord, les Idées, etc., sont par ailleurs des *démons* distincts de Dieu et entre eux. « Il est mieux d'attribuer ce qui se raconte sur Typhon, Isis et Osiris... aux démons puissants (δαιμόνων μεγάλων), que Platon, Pythagore, etc., déclarent avoir été plus puissants (ἐῤῥωμενεστέρους) que les hommes... Ils participent de l'âme et du corps... De même que chez les hommes, il y a chez les démons différentes vertus et différents vices (ἀρετῆς διαφοραὶ καὶ κακίας) (4). — Dans l'air qui nous entoure, il y a des

(1) *Ibid.*, II, 2 (B., VI, 124⁹. W., 1001 C).
(2) *De Is.*, 53 (B., II, 527²⁴. W., 372 F).
(3) *Ibid.*, 54 (B., II, 528¹⁰. W., 373 A).
(4) *De Is.*, 25 ; passim.

natures puissantes et fortes, moroses et sombres (δυστρόπους
δὲ καὶ σκυθρωπάς); elles ne font pas de mal aux hommes
lorsqu'on leur offre certains sacrifices. Mais il existe aussi,
suivant Hésiode, des démons utiles et bons (χρηστοὺς... καὶ
ἀγαθούς). Ils protègent les hommes.... Intermédiaires entre
ceux-ci et les Dieux, ils portent aux Dieux les vœux et
les supplications des humains, et rapportent à ces derniers
les oracles, les dons et les biens (1). » — L'Ame du monde
ensuite est créée chez Plutarque comme dans le *Timée* (2).
— Le dualisme si net et si particulier auquel Plutarque
s'arrête tranche enfin la question. Dieu, en effet, est l'Etre
parfait et le mal ne peut en procéder. Cependant le mal
existe et Plutarque moins que personne ne songe à le nier.
Le philosophe s'en tire alors en *opposant* à l'Etre parfait :
1º une Ame mauvaise, 2º une Matière positive. Nous devons
insister sur les deux points.

Le traité *Sur Isis et Osiris* contient un premier
aperçu sur la doctrine de l'Ame mauvaise. « Ce n'est
pas dans des corps inanimés que les principes de l'univers
doivent être placés, comme Démocrite et Epicure (l'ont
voulu); il ne faut pas non plus supposer un démiurge
d'une matière sans qualités (οὔτ' ἀποίου δημιουργὸν ὕλης),
une raison unique et une seule providence (ἕνα λόγον
καὶ μίαν πρόνοιαν), ainsi que les Stoïciens le supposent, qui
envelopperait et dominerait toutes choses. Il est impossible
en effet que rien soit mauvais, si Dieu est l'auteur de tout,
et que quelque chose soit bon, si Dieu n'est l'auteur de

---

(1) *De Is.*, 26. Cf. *De gen. Socr.*, 22, où « le nom véritable de l'âme
est *démon.* »

(2) Cf. tout le traité *De animae procreatione in Timaeo.*

rien (ἀδύνατον γὰρ ἢ φλαῦρον ὁτιοῦν, ὅπου πάντων, ἢ χρηστὸν, ὅπου μηδενὸς ὁ θεὸς αἴτιος)... Aussi l'univers ne flotte-t-il pas au hasard, dans le vide, sans raison, sans intelligence, sans gouvernail; ce n'est pas non plus un maître unique qui le dirige;... la plus grande partie en est faite de bien et de mal (πολλὰ καὶ μεμιγμένα κακοῖς καὶ ἀγαθοῖς)... Ce n'est pas un sommelier unique qui puisant les choses comme des boissons dans deux récipients, les combinerait et nous les verserait à la manière d'un marchand. Non. Il existe deux principes contraires (ἀπὸ δυεῖν ἐναντίων ἀρχῶν), deux puissances opposées (δυεῖν ἀντιπάλων δυνάμεων), dont l'une va à droite et en ligne directe, tandis que l'autre tire en sens contraire et en ligne brisée. De là ce mélange, qui caractérise la vie et l'univers (1)... » — On pourrait croire il est vrai que ce principe mauvais est simplement la matière. Le dualisme de Plutarque pour être aussi réel ne serait ni plus accentué ni plus original que celui de Platon. Mais il n'en est rien. L'Ame mauvaise est un principe positif comme le Mal même et distinct de la matière. Platon, remarque d'abord Plutarque, a posé aussi pour cause du mal, non la matière « dépourvue de toute qualité et de

---

(1) *De Is.*, 45 (B., II, 517 [16]. W., 369 A). Cf. *De def. orac.*, 35 (B., III, 117 [1]. W., 428 F), où Plutarque rapproche l'Ame mauvaise et la Dyade et où l'on croirait d'ailleurs que cette Ame est la matière, quoiqu'il n'en soit rien (Cf. la suite de notre travail). « *Des deux principes supérieurs*, c'est-à-dire l'Unité et la Dyade indéterminée, celle-ci est l'élément de tout désordre et de toute confusion : l'infinité est son nom (τοῦ ἑνὸς καὶ τῆς ἀορίστου δυάδος, ἡ μὲν ἀμορφίας πάσης στοιχεῖον οὖσα καὶ ἀταξίας, ἀπειρία κέκληται). Mais l'unité qui termine et borne l'infinité... lui donne une forme et la rend ensuite apte à recevoir et à garder les dénominations des choses sensibles (ἡ δὲ τοῦ ἑνὸς φύσις ὁρίζουσα καὶ καταλαμβάνουσα τῆς ἀπειρίας..., ἔμμορφον παρέχεται, καὶ τὴν ὑπομένην περὶ τὰ αἰσθητὰ δεῖξει καταγόρευσιν... ὑπομένον καὶ δεχόμενον). »

toute puissance (1) », mais « le principe moteur de la matière (τὴν κινητικὴν τῆς ὕλης)..., sans ordre et sans raison, mais *non sans âme* (οὐκ ἄψυχον)... âme contraire et réfractaire à l'Ame bonne (ψυχὴν ἐναντίαν καὶ ἀντίπαλον τῇ ἀγαθουργῷ) (2). » De plus, « il est impossible qu'un principe sans qualité, inactif et indéterminé soit la cause du mal (3). — Des (deux principes) qui existent, ni le principe bon, ni celui qui est sans qualité n'a fourni l'essence du mal (τῶν γ' ὄντων οὔτε τὸ ἀγαθὸν οὔτε τὸ ἄποιον εἰκός ἐστιν οὐσίαν κακοῦ... παρασχεῖν), mais un principe intermédiaire entre la matière et Dieu (τὴν μεταξὺ τῆς ὕλης καὶ τοῦ θεοῦ τρίτην ἀρχήν) (4). — Le mage Zoroastre appelle l'un (sc., le principe bon) Oromase, et l'autre (sc., le principe mauvais) Ahriman (5). — Le maître de tout bien est Osiris ;... Typhon est la partie de l'Ame passionnée, titanesque, déraisonnable (6). — Les Pythagoriciens appellent le principe du bien l'Unité. Le principe du mal est la Dyade (τὴν δυάδα) (7). — Platon... pose... au moins deux Ames dont l'une fait le bien : l'autre est opposée à celle-ci et à ses bons effets (8). » — En troisième lieu, cette Ame mauvaise est celle qui deviendra l'Ame bonne ou Ame du monde, quand Dieu lui aura communiqué quelque chose de sa bonté. « Quand le *Timée* parle d'une nature mêlée à la nature indivisible et qui se partage dans les corps,...

---

(1) *De an. procr.*, 6 (B., VI, 161 [13]. W., 1014 F).
(2) *Ibid.*, 7 (B., VI, 163 [12]. W., 1015 E).
(3) *Ibid.*, 6 (B., VI, 161 [16]. W., 1015 A).
(4) *Ibid.*, 6 (B., VI, 162 [1]. W., 1015 B).
(5) *De Is.*, 46 (B., II, 519 [12]. W., 369 E).
(6) *Ibid.*, 49 (B., II, 523 [12]. W., 371 A).
(7) *Ibid.*, 48 (B., II, 522 [8]. W., 370 E).
(8) *Ibid.*, 48 (B., II, 522 [10]. W., 370 F).

il s'agit de ce principe désordonné et indéterminé, mais tirant de soi son mouvement et mouvant à son tour (ἀλλὰ τὴν ἄτακτον καὶ ἀόριστον, αὐτοκίνητον δὲ καὶ κινητικὴν ἀρχήν). Platon l'appelle souvent *nécessité* (ἀνάγκην); mais *les Lois* le nomment ouvertement *âme déréglée et malfaisante* (ψυχὴν ἄτακτον... καὶ κακοποιόν). Telle en effet était l'Ame naturellement (καθ' ἑαυτήν). Mais l'intelligence, la raison, l'harmonie et la réflexion lui furent données en partage, afin qu'elle devînt l'Ame du monde (νοῦ δὲ... μετέσχεν, ἵνα κόσμου ψυχὴ γένηται) (1). » — Jamais, enfin, le Principe bon ne triomphera entièrement du Principe mauvais. Celui-ci est éternel au même titre que l'autre : « (La Matière) se porte toujours vers le Principe meilleur; elle le désire et elle le poursuit... Mais que l'élément mauvais (sc., l'Ame mauvaise) disparaisse entièrement est chose impossible (ἀπολέσθαι δὲ τὴν φαύλην παντάπασιν ἀδύνατον). Une foule de points l'attache au Corps, une foule à l'Ame de l'univers. Le Principe bon est en lutte constante (ἀεί) avec lui (2). » — On voit comment Plutarque interprète Platon et le tire dans le sens dualiste et finitiste. Sa théorie de la Matière le montre mieux encore.

L'auteur du *Timée* n'avait pas ôté toute réalité à la Matière. Cependant « la mère des choses » tendait à devenir aussi indéterminée que possible. Plutarque rompt entièrement avec cette manière de voir. Dieu est si bon et le monde si mauvais que cette malice a pour cause non seulement l'Ame mauvaise mais aussi la résistance effective de la Matière. « Ce n'est pas du néant que le monde

(1) *De an. procr.*, 6 (B., VI, 160 °. W., 1014 D).
(2) *De Is.*, 48-49 (B., II, 523¹. W., 371 A).

est sorti (οὐ γὰρ ἐκ τοῦ μὴ ὄντος ἡ γένεσις), mais de ce qui n'était ni beau ni parfait... ; tout n'était en effet que confusion (ἀκοσμία) avant la naissance du monde. Or la confusion n'est l'absence ni de corps, ni de mouvement, ni d'âme (ἀκοσμία δὲ οὐκ ἀσώματος, οὐδ' ἀκίνητος, οὐδ' ἄψυχος) (1). Dieu n'a pas fait corps ce qui était incorporel, ni âme ce qui était inanimé. Comme le maître de musique et d'harmonie n'a pas à créer la voix et le mouvement, mais doit seulement assouplir l'une et régler l'autre ; ainsi Dieu n'a pas donné aux corps la propriété d'être tangibles et résistants, ni à l'âme celle d'imaginer et de mouvoir. Mais il a pris d'abord les deux principes, l'un quand il était obscur et ténébreux, l'autre quand il était plein de trouble et ne pensait pas. L'essentiel manquait donc à tous deux puisqu'ils étaient indéterminés. Dieu les ordonna, les embellit et les organisa... (2). — (Platon) laisse encore une troisième nature intermédiaire (entre l'Ame bonne et l'Ame mauvaise), qui n'est pas sans âme et sans raison, comme quelques-uns le croient (3). — Les éléments, suivant Platon, secouaient la Matière et celle-ci les secouait à son tour ; les semblables se rapprochaient des semblables, et ils occupaient tantôt une place tantôt l'autre, avant que le monde soit formé par leur union. La Matière (ὕλης) était donc alors dans l'état où se trouvent raisonnablement les choses dont Dieu est absent (4). » Ainsi l'on pouvait distinguer dans le *Timée* une matière première et une matière seconde et penser que Platon considérait la première seule

---

(1) *De an. proc.*, 5 (B., VI, 159¹⁷, W., 1014 B).
(2) *De an. procr.*, 5 (B., VI, 159³¹, W., 1014 B).
(3) *De Is.*, 48 (B., II, 522¹⁹, W., 370 F).
(4) *De def. orac.*, 37 (B., VI, 121³, W., 430 C).

comme éternelle. Or celle-ci était plutôt infinie. Plutarque, au contraire, entend le Timée non seulement à la lettre, mais en lui donnant le plus possible un sens dualiste et finitiste.

IV

Dieu et l'activité morale. — Les doctrines ascétiques de Plutarque donnent lieu à des conclusions plutôt opposées. Sans doute nous disons que la source du bonheur est en Dieu et dans la piété qui fait connaître Dieu. Cette connaissance même est l'objet moins du raisonnement que de la divination. La divination à son tour suppose l'intervention d'agents surnaturels comme les démons ou naturels comme les exhalaisons de certaines cavernes, etc. Rien donc jusqu'ici ne distinguerait l'ascétisme de Plutarque et l'ascétisme néopythagoricien que nous avons tenu pour si peu important dans l'histoire de l'Infinité divine. Mais à côté de ces traits, d'autres reproduisent les plus remarquables que nous avons trouvés ou trouverons chez Philon et chez Plotin à propos de l'extase. La connaissance de Dieu est le don de Dieu. C'est une illumination soudaine, une extase, un contact de l'âme avec Dieu. L'extase se produit au milieu de l'agitation et de l'enthousiasme. L'âme est alors au comble de la félicité. Mais cette félicité est nécessairement passagère. Nous allons le mettre en lumière à l'aide de quelques textes.

Plutarque estime d'abord avec tout son temps que la

source du bonheur est en Dieu et dans la piété. « Quand l'âme estime et présume que Dieu est présent, les chagrins, les craintes, les soucis se dissipent. Son plaisir va jusqu'à l'ivresse (μέχρι μέθης). Ce ne sont plus que divertissements et que ris. Dans les débats amoureux, dit le poète,

> Et la vieille et le vieux, que de sa verge d'or
> Vénus a réveillés, savent aimer encor (1);

mais dans les pompes religieuses et les sacrifices, ce n'est pas seulement le vieux et la vieille, le pauvre et l'isolé, mais

> La fille de moulin, à jambes de poteaux,
> Faisant tourner la meule...,

les esclaves de la maison, les mercenaires qui tressaillent aussi de joie et d'allégresse (ὑπὸ γήθους καὶ χαρμοσύνης) (2). — Une troisième espèce d'hommes comprend ceux qui sont amis de Dieu. Quelle félicité est leur partage grâce à l'idée pure qu'ils ont de la Divinité (3) ! » — La piété véritable se tient à égale distance de l'athéisme et de la superstition. Les doctrines de l'un sont « farouches (θηριώδεις) (4). » L'autre ne vaut pas mieux (οὐδὲν ἔλαττον.. κακόν) (5); elle est même pire, car elle jette celui qui en est atteint dans des écarts déraisonnables (6). La piété véritable consiste dans une connaissance exacte de la Divinité et dans la pureté des mœurs : « C'est aspirer à la condition divine que

---

(1) Nous empruntons la traduction de ces vers à V. BÉTOLAUD. *Œuvres morales* de Plutarque, IV, 577. Paris, 1870.
(2) *Non posse suav. viv.*, 21 (B., VI, 405 °, W., 1101 E).
(3) *Ibid.*, 22 (B., VI, 407 °, W., 1102 D).
(4) *De Is.*, 71 (B., II, 545 ¹¹, W., 379 E).
(5) *Ibid.*, 11 (B., II, 481 ¹², W., 355 D).
(6) *De superst.*, 2.

d'aspirer à la vérité (Θειότητος ὄρεξίς ἐστιν ἡ τῆς ἀληθείας), surtout à la vérité dont les Dieux sont l'objet..., initiation plus sainte que les mystères et que les sacerdoces (1). Isis, c'est-à-dire la science (ἐπιστήμη) « par la modération constante du régime, l'abstinence de beaucoup de mets et des plaisirs amoureux, amortit en eux la fougue des passions et la sensualité. Ils sont exempts de mollesse et ils persistent dans une sainte adoration. Leur but est de connaître le Dieu premier, souverain, intelligent... (2). » — La connaissance de Dieu a d'abord des conditions intérieures, le silence des passions, le recueillement, etc. « Les paroles des démons parviennent à tous ; mais seuls les entendent ceux dont l'âme est sans trouble et dans le calme (ἀθόρυβον καὶ νήνεμον), ceux que nous appelons hommes sacrés et divins (3). » Tel était précisément Socrate, avec qui le Dieu communiquait sans cesse (4). A ces conditions intérieures s'ajoutent des conditions extérieures, certaines exhalaisons et l'intervention de démons. « Des ministres existent auxquels Dieu confie ce soin. Ces serviteurs et ces scribes sont les *démons* (δαίμονας) (5). — N'enlevons pas son caractère divin et raisonnable à la divination (τὴν μαντικήν). Donnons-lui pour matière (ὕλην) l'âme humaine ; mais le souffle de l'enthousiasme et l'exhalaison en sont l'instrument et l'archet (τὸ δ' ἐνθουσιαστικὸν πνεῦμα καὶ τὴν ἀναθυμίασιν, οἷον ὄργανον ἢ πλῆκτρον). D'abord, en effet, la terre qui engendre ces exhalaisons, celui qui

(1) *De Is.*, 2 (B., II 472³. W., 351 E).
(2) *De Is.*, 2 (B., II, 472¹⁴. W., 351 F).
(3) *De gen. Socr.*, 20 (B., III, 524¹². W., 589 D).
(4) *Ibid.*
(5) *De def. orac.*, 13 (B., III, 87²¹. W., 417 A).

donne à la terre ces mélanges et cette diversité, le soleil, sont pour nous comme pour nos pères des divinités. Viennent ensuite les démons (δαίμονας), sortes d'inspecteurs, d'intendants et de gardiens (1). » D'autres traits plus infinitistes complètent cette doctrine. La connaissance de Dieu est le *don gratuit* de Dieu. « L'homme ne peut rien recevoir de plus grand, la Divinité ne peut rien lui accorder de plus précieux que la vérité. Tout le reste, Dieu le donne aux hommes parce que ceux-ci en ont besoin ; mais la raison et la prudence lui appartiennent en propre et il veut bien les partager avec nous (2). » La vérité est communiquée d'une manière *soudaine* et *immédiate*. « L'âme ne délibère pas, mais Dieu lui parle directement...., La faculté divinatoire est un courant, un souffle essentiellement divin et céleste (τὸ δὲ μαντικὸν ῥεῦμα καὶ πνεῦμα θειότατόν ἐστι καὶ ὁσιώτατον). Elle se communique directement par l'air ou par quelque élément humide, et elle met l'âme dans un état insolite et étrange (ἀήθη καὶ ἄτοπον). Ce qu'elle est d'ailleurs essentiellement, il est difficile de le dire clairement (ἧς τὴν ἰδιότητα χαλεπὸν εἰπεῖν σαφῶς) (3). » Plutarque précise cependant quelquefois. La divination est un changement de tout l'être, une *extase* et un *contact* de l'âme *avec Dieu*. « La faculté de divination est comme une table rase (ὥσπερ γραμματεῖον ἄγραφον) ; elle est sans raison et indéterminée d'elle-même (ἄλογον καὶ ἀόριστον ἐξ αὑτοῦ). Ses affections et ses pressentiments se rattachent à l'imagination. C'est sans raisonnement (ἀσυλλογίστως) qu'elle

---

(1) *De def. orac.*, 48 (B., III, 138 ; W., 436 F).
(2) *De Is.*, 1 (B., II, 471 ; W., 351 C).
(3) *De def. orac.*, 40 (B., II, 126 ; W., 432 D).

saisit l'avenir, surtout quand elle se détache du présent. Une *extase* se produit (ἐξίσταται) qui demande un tempérament, des dispositions spéciales, un changement (de l'être). C'est ce que nous appelons enthousiasme (ὃν ἐνθουσιασμὸν καλοῦμεν) (1). — On imagine aisément que le principe supérieur conduise un esprit et une âme excellente en la touchant du dehors (ὑπὸ νοῦ τοῦ κρείσσονος νοῦν καὶ ψυχῆς θειοτέρας ἂν ἀγαγέσθαι θύραθεν ἐφαπτομένης); il la touche alors naturellement à l'endroit par où une raison agit sur une autre raison, comme une lumière se réfléchit (ᾗ πέφυκεν ἐπαφὴν ὁ λόγος, κ. τ. λ.) (2). » — La divination s'accomplit aussi au milieu d'un *mouvement violent*. « Le Dieu agite l'âme. Celle-ci ne peut donc demeurer immobile et assise (μηδὲ ἀκίνητον καὶ καθιστῶσαν). A l'instar d'une mer agitée, ses mouvements et ses passions la frappent (ψοφοῦσαν), l'enveloppent, la troublent (ἐπιταράττουσιν). Tels les corps qui tournent en tombant. Leur rotation n'est pas uniforme. La violence qu'ils subissent détermine un mouvement circulaire, tandis que leur pesanteur naturelle les porte en bas. De ces deux forces combinées résulte un tournoiement confus et irrégulier. Ainsi l'enthousiasme (ἐνθουσιασμός) paraît être le mélange de deux mouvements (μίξις.. κινήσεων δυοῖν), dont l'âme subit l'un, et dont l'autre lui est naturel... (3). » Cette agitation n'est pas douloureuse; au contraire l'âme est pleine d'allégresse pendant la divination. « Timarque (qui était descendu dans l'antre de Trophonius) reparut le matin tout joyeux (μάλα φαιδρός).

(1) *Ibid.*
(2) *De gen. Socrat.*, 20. (B., III, 523 ¹¹. W., 589 B).
(3) *De pyth. orac.*, 21 (B., III, 54³¹. W., 404 E).

Voici ce qu'il nous raconta : Quand je fus descendu dans l'antre,.. il me sembla que je recevais un coup sur la tête et que les jointures de mon crâne se séparant laissaient passer mon âme. Celle-ci joyeuse (ἀσμένη) s'élançait et se confondait avec un air transparent et pur. Il lui semblait respirer pour la première fois après une longue et pénible oppression. Elle s'étendait, elle devenait plus ample, comme la voile d'un navire qui se déploie. Au-dessus de ma tête... se fit entendre une voix *charmante* (ἡδεῖαν) (1). » L'extase enfin est un *état passager*. « La perception (ἡ νόησις) de l'Etre intelligible, lumineux et saint brille comme un éclair (ὥσπερ ἀστραπή); elle ne touche l'âme et celle-ci ne peut la voir qu'une fois (τῇ ψυχῇ ἅπαξ ποτὲ θιγεῖν καὶ προσιδεῖν παρέσχε)....., On franchit à l'aide de la raison toutes les opinions confuses, on s'élance jusqu'à l'Etre premier, simple, et immatériel ; on touche directement (ἁπλῶς) à la vérité pure qui circule autour de lui; on est en quelque sorte initié ; l'on atteint le terme de la philosophie (2). »

Concluons. — Plutarque est foncièrement grec par la naissance et le caractère, mais la lecture et les voyages l'ont mis en contact avec son temps. — Le Dieu de Plutarque est conçu d'une manière très haute ; il est un, simple, éternel, intelligent, pur et bon. Mais ce Dieu n'est pas infini ; il est au contraire personnel, ainsi que ses derniers attributs le prouvent. — Parfois aussi Dieu paraît entrer dans le devenir : l'Ame du monde, les Idées et les Nombres, l'âme humaine, les choses en général ne seraient plus qu'une partie de Dieu.

(1) *De gen. Socr.*, 22 (B., III, 26 ; W., 590 B).
(2) *De Is.*, 77 (B., II, 553 ; W., 382 D).

Mais en réalité les choses sont distinctes de Dieu, l'Ame a sa vie particulière, les Idées et les Nombres sont les Démons, surtout le devenir représenté par la Matière et l'Ame mauvaise constituent avec Dieu un dualisme irréductible. — Les traits principaux de l'ascétisme rappellent il est vrai Philon et annoncent Numénius ou Plotin ; mais cet ascétisme ne suffit pas à marquer la doctrine de Plutarque au coin de l'Infinité. Plutarque dans l'histoire de cette notion représente surtout l'opposition mourante de l'esprit grec.

CHAPITRE TROISIÈME

NUMÉNIUS

Numénius puise de préférence aux sources juive et orientale ; mais la tradition le range encore au nombre des Néopythagoriciens. Si donc son Dieu est *infini* et annonce, il n'est pas encore le Dieu de Plotin. Le reste de la doctrine est dans le même rapport d'union ou dans un rapport plus étroit encore avec l'Infinité. Nous allons l'établir en étudiant successivement les idées maîtresses de Numénius et ses opinions sur Dieu, les Principes intermédiaires et l'Extase.

I

IDÉES MAITRESSES. — Numénius estime d'abord que la vérité est dans le passé. Un long fragment critique les philosophes postérieurs à Platon, et, détail significatif, les Epicuriens gardent encore quelque faveur auprès de notre philosophe, parce qu' « ils n'ont pas altéré la doctrine de leur fondateur (1). » Platon à son tour répète Pythagore dont il se contente de modifier les expressions. L'un, au demeurant, est même inférieur à l'autre (2). Platon « tient le milieu » entre Pythagore et Socrate ; encore Socrate doit-il être regardé comme l'élève de Pythagore (3) et Pythagore n'a fait lui-même que répandre chez les Grecs la sagesse première des Egyptiens, des Mages, des Indiens et des Juifs. La preuve en est la concordance qui existe entre les croyances de ces peuples, leurs cérémonies, leurs institutions et la doctrine de Platon (4). C'est à Moïse, en particulier, que le philosophe grec est redevable : « Qu'est-ce que Platon, demandait Numénius, sinon Moïse parlant grec (5) ? » Lui-même Numénius connaît non seulement Moïse, mais les écrits des prophètes et l'histoire de Jésus qu'il interprète habilement (6). Philon enfin est son auteur ; il l'a étudié ; il a remarqué les ressemblances qui existent entre le Juif et Platon, et il écrit : « Ou Platon philonise, ou Philon platonise (7). » Numénius a donc subi profondément l'influence de l'Orient, de la tradition juive et de Philon.

(1) Euseb. *Prep. ev.*, XIV, 5-9.
(2) *Ibid.*, IX, 7. XIV, 5, 2.
(3) *Ibid.*, XIV, 5, 8. XIV, 5, 7.
(4) *Ibid.*, IX, 7.
(5) Suidas dans Ritt.-Prell.-Well. 624.
(6) Orig. *Contr. Cels.* IV, 51.
(7) Suidas dans Ritt.-Prell.-Vellm. 596, c.

II

Dieu. — Dieu est décrit parfois comme chez Platon et les Néopythagoriciens finitistes ; il est le « Bien, l'Intelligence (1), etc. » Il y a plus. Numénius assimile Dieu à la *Monade* et la Matière à la *Dyade*. « Numénius — écrit Chalcidius dans son commentaire sur le *Timée* — ait Pythagoram Deum quidem *singularitatis* nomine nominasse ; silvam vero duitatis (2). » Enfin certains Néopythagoriciens soutenaient que la Matière dérivait de Dieu. Numénius combat vivement cette opinion qu'il regarde comme une altération de la doctrine pythagoricienne (3). C'était précisément accepter la philosophie dualiste et finitiste de Pythagore et de Platon. Mais Numénius ne s'y tient pas. — Dieu est trop grand pour être entré en contact immédiat avec le monde. Notre philosophe distingue donc au moins deux Dieux (4), le Premier Dieu et le Démiurge, et s'efforce d'élever l'un non seulement au-dessus de l'autre, mais au-dessus de toute détermination. Le « premier Dieu (5) » est *inconnaissable*. « Nous pouvons connaître

---

(1) Cf. les textes cités ci-dessous.
(2) Chalcid. *In Tim*. c. 293 (Fragm. phil. graec., II, 214).
(3) *Ibid*.
(4) Nous disons *deux Dieux au moins*. C'est, en effet, la seule chose certaine. Nous verrons Numénius lui-même distinguer *quatre principes*, et en tout cas Proclus et M. Fouillée, d'après Proclus, parler, à propos de Numénius, de *trois dieux*. Cf. *infrà*, p. 144. M. Ed. Zeller écrit aussi *Seine drei götter*.
(5) Euseb. *Prep. ev*., XI, 18, 3 (II, 38¹⁹) : ὁ θεὸς ὁ μὲν πρῶτος.

les corps, soit par analogie, soit par leurs propriétés distinctives. Mais le Bien ne peut être connu ni par la présence d'aucun objet ni par analogie avec le sensible (τἀγαθὸν δὲ λαβεῖν μηχανή τις οὐδεμία) (1). — Pourquoi faudrait-il parler du (Dieu) le plus parfait? (Ne disons) rien de lui (2). — Comme Platon savait que le Démiurge seul était connu des hommes, tandis que le premier Dieu qu'il appelle l'Intelligence leur était tout à fait inconnu (παντάπασιν ἀγνοούμενον), il s'exprime sur ce sujet à peu près de cette façon : l'Intelligence que vous soupçonnez n'est pas la première Intelligence ; il en est une autre avant celle-ci, plus ancienne et plus divine (οὐκ ἔστι πρῶτος, ἀλλ' ἕτερος πρὸ τούτου νοῦς πρεσβύτερος καὶ θειότερος) (3). » Le premier Dieu est « antérieur (πρεσβύτερον) (4) » à l'essence. Cette idée était déjà chez Platon ; mais Numénius écrit encore comme Plotin le répétera si souvent : « l'Intelligence (sc., le premier Dieu) est antérieure à l'essence, parce qu'elle en est la cause... le principe (5) », et ailleurs : « Le premier Dieu préexiste (πρότερον ὑπάρξαντα) et *c'est ainsi qu'il peut exercer un pouvoir créateur* (6). » Cette doctrine est celle même de l'Infinité. — Numénius ajoute encore quelques déterminations négatives. Le premier Dieu est simple et immuable. « Il demeure en lui-même ; il est *simple,* parce que concentré tout entier en lui, il ne peut subir aucune division (μὴ...

(1) *Ibid.*, XI, 22, 1.
(2) *Ibid.*, XI, 18, 7.
(3) *Ibid.*, XI, 18, 22.
(4) *Ibid.*, XI, 22, 3 (II, 47 [13]).
(5) *Ibid.*, XI, 22, 3 (II, 47 [18]).
(6) *Ibid.*, XI, 18, 7 (II, 38 [31]).

διαιρετός) (1). » Il est « immobile (2) » et il n'accomplit aucune fonction démiurgique (3). — Toutefois cette immobilité et cette simplicité sont le signe d'une extrême perfection. D'abord le Dieu premier se suffit : « Si le Démiurge se retirait dans la contemplation de lui-même, tout s'éteindrait ; mais l'Intelligence continuerait de vivre et de mener une existence heureuse (4). » Il est immobile, mais quelque paradoxale que la chose paraisse, cette immobilité est un « mouvement inné (κίνησιν σύμφυτον) (5). » Ensuite le Dieu premier est la source de l'être. Il est « le père du Démiurge (6) », « l'Intelligence qui descend et se communique à tous ceux qui peuvent communier avec elle (7) », « la semence de toute âme répandant ses germes dans les êtres qui participent de lui (8). » Le mouvement inné dont nous avons parlé est « le principe de l'ordre, de la conservation et de la perpétuité de l'univers (9). » C'est en le contemplant que le Démiurge reçoit la sagesse et en le désirant qu'il reçoit l'activité (10). Le Démiurge n'est donc bon que parce qu'il participe du premier Dieu (11). Il en est de même pour tout le reste. « Chercher hors de ce Dieu la cause qui embellit les autres êtres et les rend bons, lorsque cette cause réside en lui

---

(1) *Ibid.*, XI, 18, 3 (II, 38 ⁱ⁸).
(2) *Ibid.*, XI, 18, 21.
(3) *Ibid.*, XI, 18, 6.
(4) *Ibid.*, XI, 18, 10.
(5) *Ibid.*, XI, 18, 21.
(6) *Ibid.*, XI, 18, 6.
(7) *Ibid.*, XI, 18, 9.
(8) *Ibid.*, XI, 18.
(9) *Ibid.*, XI, 18, 21.
(10) *Ibid.*, XI, 18.
(11) *Ibid.*, XI, 22, 7.

Bien absolu (αὐτοάγαθον) (2), le Premier et l'Un, l'Intelligence et la Sagesse. Enfin il ne s'épuise pas en se communiquant. « Toutes les choses qui passent à celui qui les reçoit en quittant celui qui les donne ressemblent aux esclaves, aux richesses, à l'argent ciselé ou monnayé : ce sont choses périssables et humaines. Les choses divines sont celles qui, lorsqu'on les donne, restent là d'où elles proviennent ; qui, en servant à l'un, ne font souffrir nul préjudice à l'autre... De même vous voyez un flambeau allumé à un autre flambeau recevoir une lumière que celui-ci ne perd pas (3). »

III

Principes intermédiaires. — Les opinions de Numénius sur les Principes intermédiaires sont incohérentes et subtiles. La personnalité du Démiurge et la réalité de la Matière y rappellent parfois le dualisme de Platon et des Néopythagoriciens. Pourtant la matière y est singulièrement amincie. Le Démiurge est plutôt mal défini que vraiment personnel. Numénius, en effet, n'a-t-il pas repris à Philon et posé par ailleurs l'ubiquité des choses intelligibles ? Or, cette ubiquité permettra aux Principes intermédiaires des *Ennéades* d'agir sans prendre une physionomie personnelle. Enfin les opinions de Numénius sont subtiles,

---

(1) *Ibid.*, XI, 22.
(2) *Ibid.*, XI, 22, 4 (I, 47 17).
(3) *Ibid.*, XI, 18, 15.

Numénius, en effet, comme Philon avant lui et comme Plotin après lui, se heurte à la coexistence de l'Infini et du fini et tout son dessein, tout son art, comme tout l'art et le dessein de Plotin et de Philon, est de passer *insensiblement* de l'un à l'autre. — Le « second Dieu (ὁ θεὸς ὁ δεύτερος) (1) » est le Démiurge. Il est « un en lui-même »; mais il se laisse emporter par la matière ou *dyade*. « Il l'unit, mais elle le divise (2). De même, le Démiurge est « immobile », tant qu'il contemple l'Intelligence (sc., le premier Dieu) (3) ; mais si l'Intelligence ne regardait que l'intelligible, le Démiurge regarde l'intelligible et le sensible (4). En d'autres termes, « le Démiurge abaisse les regards sur la matière, il s'en occupe... il l'orne et il contracte quelque chose d'elle et de son écoulement continuel (5). » Il « se meut » donc (6). Ainsi le Démiurge est intermédiaire entre le premier Dieu et les choses sensibles. C'est par lui que « l'Intelligence (sc., le premier Dieu) descend et se communique à tous ceux qui peuvent la recevoir (7). » C'est lui qui « gouverne tout en parcourant le ciel (8). — Comme le pilote ballotté en pleine mer et assis au gouvernail dirige le navire... Ses regards et son intelligence sont tournés vers les astres et poursuivent leur course dans le ciel, tandis que lui-même traverse les mers.

(1) *Ibid.*, XI, 18, 3 (II, 38 18).
(2) *Ibid.*, XI, 18, 3.
(3) *Ibid.*, XI, 18, 3.
(4) *Ibid.*, XI, 18, 4.
(5) *Ibid.*, XI, 18, 3.
(6) *Ibid.*, XI, 18, 8.
(7) *Ibid.*, XI, 18, 9.
(8) *Ibid.*, XI, 18, 8.

qu'elle ne le brise pas l'unit par les liens de l'harmonie et s'y assied comme au gouvernail... ; au lieu de porter ses regards vers le ciel, il les fixe sur le Dieu suprême et il puise dans cette contemplation la sagesse, dans son désir l'activité (1). » Si le premier Dieu était la « semence », il y a donc entre celui-ci et le Démiurge le même rapport qu'entre celui qui sème et celui qui cultive. « Le Démiurge cultive, distribue et transporte dans chacun de nous les semences qui proviennent du premier Dieu (2). » Tandis enfin que le premier Dieu est inconnu, « le Démiurge seul est connu des hommes (γινωσκόμενον μόνον) (3) ». — Un passage plus subtil encore pose d'autres Principes entre le Démiurge et la Matière. « Le second Dieu étant double lui-même (διττός ὤν) crée son idée et le monde (τήν τε ἰδίαν ἑαυτοῦ καὶ τὸν κόσμον)... Nous distinguerons donc quatre choses de la manière suivante : le premier Dieu est le Bien absolu ; son image est le Démiurge bon (ὁ δὲ τούτου μιμητὴς δημιουργὸς ἀγαθός) ; ensuite vient l'essence qui diffère dans le premier et le second Dieu (ἡ δ' οὐσία μία μὲν ἡ τοῦ πρώτου, ἑτέρα δὲ ἡ τοῦ δευτέρου) ; enfin l'image de l'essence du second Dieu est le monde embelli par sa participation au beau (ἧς μίμημα ὁ καλὸς κόσμος) (4). » La théorie de Numénius n'a donc pas la rigueur que Proclus et certains commentateurs modernes lui ont donnée (5). — Aux antipodes de l'être

(1) *Ibid.*, XI, 18, 24.
(2) *Ibid.*, XI, 22, 14.
(3) *Ibid.*, XI, 18, 22.
(4) *Ibid.*, XI, 22, 4.
(5) Procl. *In Tim.* 93 et A. Fouillée. *La phil. de Platon*, III, p. 176.

existe la Matière (ἡ ὕλη). Celle-ci est indéterminée (ἀόριστον); irrationnelle (ἄλογος), infinie et inconnue (ἄπειρος, ἄγνωστος (1), toujours en voie d'écoulement. « La matière est un fleuve au cours rapide et impétueux, qui a une longueur, une largeur et une profondeur incommensurables et infinies (ἀόριστος καὶ ἀήνυτος) (2). » Evidemment il n'y a pas là un monisme véritable. Numénius ne songe pas à dériver la Matière du premier Dieu par voie de continuité. C'est Plotin qui fera faire à la théorie de l'Infinité ce progrès remarquable. Pourtant la Matière prend chez Numénius, comme chez Philon déjà, et beaucoup plus que chez Platon ou Plutarque, les caractères d'un Infini véritable et négatif. Nous avons dit comment la formation d'un tel Infini devait être la conséquence de l'Infinité divine.

IV

L'Extase. — Si le premier Dieu est infini, il est inconnaissable par les moyens ordinaires. La marche, qui conduit à lui, n'est pas « aisée » : il y faut une « méthode divine (θείας... μεθόδου) (3). » — Les deux parties de l'âme luttent donc entre elles (4). La partie déraisonnable se tourne vers la matière, s'enveloppe d'un corps, et devient ainsi l'auteur de son mal (5) ; mais la partie raisonnable

(1) Euseb. Prep. ev., XV, 17, 3.
(2) Ibid., XV, 17, 2.
(3) Euseb. Prep. ev., XI, 22, 2.
(4) Jamblique ap. Stob. Ecl., I, 894.
(5) Ibid., I, 896 et 910.

tifier avec lui (2). — Dans ce but l'âme se détachera d'abord des choses sensibles. « Si quelqu'un s'abandonnait à elles et pensait rencontrer le Bien au sein des délices, il se tromperait du tout au tout (3). » L'âme au contraire s'adonnera à l'étude. « Celui dont la jeunesse aura été vouée aux mathématiques et à la contemplation des nombres, celui-là saura ce qu'est l'Etre (4). — De même en effet qu'un homme assis sur le rivage élevé de la mer atteint de ses regards perçants une barque de pêcheur, nue, solitaire et ballottée par les flots; de même celui qui s'est retiré des choses sensibles s'unit au Bien, seul à seul, dans un commerce où il n'y a plus ni homme, ni animal, ni corps grand ou petit, mais une solitude ineffable (ἄρατος), inénarrable, divine. Alors le Bien prodigue à l'âme sa compagnie, ses entretiens, ses charmes et la partie raisonnable de celle-ci, pleine de paix et de repos, solitaire et comblée de faveurs, s'appuie sur l'Essence (5). — C'est l'union (ἕνωσιν), l'identification indiscernable (ταυτότητα ἀδιάκριτον) de l'âme avec ses principes (6). » L'âme se prépare donc à l'extase; mais celle-ci

---

(1) Pour la question de savoir si la partie déraisonnable de l'âme était aussi, suivant Numénius, immortelle, cf. RITT.-PRELL.-VELLM., 627 a.
(2) JAMBLIQUE ap. STOB. *Ecl.*, I, 806 et notes suiv.
(3) EUSEB. *Prep. ev.*, XI, 22, 2 (I, 47ᵇ). Cf. ligne 8 : ἔστι κράτιστον, τῶν αἰσθητῶν ἀμελήσαντι.
(4) *Ibid.*, XI, 22, 2.
(5) EUSEB. *Prep. ev.*, XI, 22, 1 : οὕτω δή τινα ἀπελθόντα πόρρω ἀπὸ τῶν αἰσθητῶν ὁμιλῆσαι τῷ ἀγαθῷ μόνῳ μόνον, ἔνθα μήτε τις ἄνθρωπος μήτε τι ζῷον ἕτερον, μηδὲ σῶμα μέγα μηδὲ σμικρόν, ἀλλά τις ἄφατος καὶ ἀδιήγητος ἀτεχνῶς ἐρημία θεσπέσιος· ἔνθα τοῦ ἀγαθοῦ ἤθη διατριβαί τε καὶ ἀγλαΐαι, αὐτὸ δὲ ἐν εἰρήνῃ, ἐν εὐμενείᾳ τὸ ἥρεμον, τὸ ἡγεμονικὸν ἵλεων ἐποχούμενον ἐπὶ τῇ οὐσίᾳ.
(6) JAMBLIQUE ap. STOB. *Ecl.*, I, 1056 (Meinech., I, 341 ¹⁸).

demeure une faveur et une *grâce* divine. « La cause (de cette communication divine) n'a rien d'humain (οὐδὲν ἀνθρώπινον) : elle consiste en ce que la nature et l'essence qui possèdent la science sont identiques chez Dieu qui la donne (παρὰ τῷ δεδωκότι Θεῷ) et chez vous et chez moi qui la recevons (εἰληφότι ἐμοὶ καὶ σοί). La sagesse, dit Platon, est un présent fait aux hommes par les dieux, apporté d'en haut par Prométhée avec le feu étincelant (1). »

La place de Numénius dans l'histoire de l'Infinité divine est tout à fait importante. Aucune ne l'est même davantage après celle de Philon et avant Plotin au cours des trois siècles qui nous occupent. Plotin, nous allons le voir, constituera définitivement la notion et la doctrine de l'Infinité divine : Numénius, dès lors, est « le prédécesseur immédiat » non seulement du Néoplatonisme, comme M. Ed. Zeller le remarque (2), mais de cette notion et de cette doctrine même. — Sans doute la tradition a toujours rangé notre philosophe parmi les Néopythagoriciens (3). De fait certains traits rappellent la doctrine hellénique et *finitiste* que nous avons présentée comme étant le fond du Néopythagorisme. Dieu n'est très souvent que l'Intelligence. La théorie des Principes intermédiaires est la confusion même. Il y a tantôt deux, tantôt trois et même parfois quatre dieux. Le dualisme ne disparaît pas entièrement : la matière pourrait « briser » le Démiurge et le

---

(1) Euseb. *Prep. ev.*, XI, 18, 18.
(2) *Die phil. d. Griech.* III ², 235.
(3) Euseb. *Prep. ev.*, IX, 7 (I, 477 ᵇ) l'appelle couramment Numénius le Pythagoricien.

écrire justement : « Numénius n'a pas cherché à donner de ces doctrines (particulièrement, celle des trois dieux) un développement qui soit comparable à la doctrine de Plotin sur les principes derniers : toute l'originalité de notre philosophe réside donc en ce qu'il a posé le Démiurge comme un Dieu inférieur et analogue au Verbe de Philon, au regard du Dieu suprême (1). » — Pourtant Numénius servit d'abord incontestablement de trait d'union entre Philon et Plotin. Les écrits du Juif et de ses coreligionnaires lui étaient connus et il en faisait le plus grand cas ; il y puisa naturellement la doctrine infinitiste avec laquelle il développa les tendances infinitistes ou plutôt réagit contre le caractère finitiste de la philosophie grecque et néopythagoricienne. On ne saurait guère contester non plus que Plotin ait lu lui-même Philon et lui ait emprunté l'idée de l'Infinité divine (2). Mais Plotin devait aussi beaucoup à Numénius. On le pensa de bonne heure, puisqu'au témoignage de Porphyre les contemporains de Plotin accusèrent celui-ci de *plagiat* à l'égard de Numénius, et Amélius, disciple de Plotin, composa pour défendre son maître un livre intitulé : *Des différences qui existent entre les doctrines de Plotin et de Numénius* (3). — En fait nous rencontrons chez celui-ci une notion de l'Infinité divine plus avancée que chez aucun autre des philosophes grecs qui s'étaient succédé depuis Philon ; Plotin s'en

---

(1) III 4, 238.
(2) Cf. notre travail sur *Les Réminiscences de Philon le Juif chez Plotin*, Paris, 1906.
(3) Porphyr, *Vit. Plot.*, 17 (Volkm. I, 21 14).

inspira. Philon en outre avait vu dans la simplicité des choses intelligibles le principe de leur *ubiquité* et l'explication subtile d'une inexplicable coexistence entre un Dieu infini et les choses sensibles. Numénius reprit l'idée au philosophe juif et la développa heureusement : « Toutes les choses qui passent à celui qui les reçoit en quittant celui qui les donne... sont choses périssables et humaines. Les choses divines (τὰ δὲ θεῖα) sont celles qui, lorsqu'on les donne, restent là d'où elles proviennent... De même l'on voit un flambeau allumé à un autre flambeau recevoir une lumière que celui-ci ne perd pas (1). » Or l'ubiquité par simplicité est au fond même des *Ennéades*; elle y sert notamment à expliquer la génération des principes inférieurs, soit par le Principe premier, soit entre eux. Enfin les fragments de Numénius nous ont présenté une doctrine de l'extase très complète. Sans doute Numénius en trouvait déjà une aussi développée chez Philon. Plotin s'est pourtant rappelé celle de Numénius en même temps que celle de Philon. La ressemblance presque littérale de certains passages l'atteste. Numénius, par exemple, avait écrit : « Il n'y a plus alors ni homme, ni animal, ni corps grand ou petit, mais une solitude ineffable, etc. (2). » Plotin écrira : « L'âme ne s'aperçoit plus qu'elle a un corps..., qu'elle est homme ou animal vivant, etc. (3). »

Les Néopythagoriciens représentent donc bien comme

---

(1) Euseb. *Prep. ev.*, XI, 18, 15.
(2) Euseb. *Prep. ev.*, XI, 22, 1, cité p. 146, note 5.
(3) Plotin. *Enn.*, VI, 7, 34 (II, 467ᵇ) : οὔτε σώματος ἔτι αἰσθάνεται... οὐκ ἄνθρωπον, οὐ ζῷον.

nous l'avons dit *l'hésitation* que l'esprit grec éprouva en face de l'Infinité divine. Leur Dieu est plutôt l'Unité à laquelle la Dyade infinie s'oppose ; ainsi chez Plutarque. Mais ce Dieu est aussi conçu de façon très haute, ainsi encore chez Plutarque ; quelquefois même il devient infini : ainsi chez Numénius.

TROISIÈME PARTIE

PLOTIN

TROISIÈME PARTIE

PLOTIN

Plotin a été le premier et vraiment grand philosophe mystique. Certes son génie et son instruction furent et demeurèrent grecs. Les philosophes depuis Thalès jusqu'à Numénius lui sont tous familiers. Le maître qu'il nomme à peine tant il le cite est l'harmonieux Platon. Philon s'ennuyait ici-bas et Plutarque qui sut s'y plaire ne croit pas que tout soit pour le mieux dans le meilleur des mondes. Plotin n'a pas ce pessimisme et la beauté des choses lui paraît justifier la création. Pourtant notre philosophe naquit en Egypte, parcourut l'Orient, séjourna à Alexandrie, y respira dans les livres, dans les commentaires, dans l'air ambiant, les idées judéo-orientales. Son maître immédiat fut le portefaix illuminé Ammonius. Surtout son âme fut la plus pure, la plus ardente, la plus tourmentée par l'Infini qui fut jamais. Aussi le philosophe consuma-t-il sa pensée et sa vie à en parler et à en écrire avec toute la profondeur et les ménagements convenables. Plotin a été le premier théoricien de l'Infini divin. Si en outre Dieu est infini, il doit, comme nous l'avons déjà dit souvent, emplir le monde et l'âme humaine. Celle-ci enfin ne le peut connaître, trouver et posséder vraiment qu'en sortant d'elle-même et en s'absorbant en lui. A l'Infini en soi s'ajoutent ainsi logiquement et de fait un Infini par expansion ou Expansion de l'Infini et un Infini par concentration ou Extase. L'expansion de l'Infini devant occuper deux chapitres, cette troisième partie de notre travail en comprendra donc quatre : I La vie de Plotin. L'Infini en soi ; II et III L'expansion de l'Infini ; IV L'Infini par concentration ou extase.

CHAPITRE PREMIER

LA VIE DE PLOTIN. L'INFINI EN SOI

Le Dieu de Plotin est infini. Mais cette Infinité et la doctrine qui l'établit seraient moins intelligibles sans un aperçu sur la *vie* et le caractère du philosophe. On peut en outre envisager la doctrine de l'Infinité sous quatre aspects successifs et complémentaires : *raisons* de l'Infinité ; *déterminations négatives* : Dieu n'est ni la matière, ni la totalité des choses, etc. ; *ineffabilité* : Dieu est absolu, supérieur à tout, etc. ; *déterminations positives* : Dieu est parfait. Ce premier chapitre sera donc subdivisé en cinq paragraphes : l'un consacré à la vie et au caractère de Plotin, les quatre autres aux quatre aspects que nous venons de dire.

I

Vie et caractère de Plotin. — Ni cette vie ni ce caractère ne nous intéressent directement et complètement. Mais quelques traits montrent bien comment Plotin put connaître Philon et les choses de l'Orient, s'en inspirer et donner ainsi à la notion de l'Infinité divine un développement qu'elle n'avait pas encore reçu.

Plotin naît à Lycopolis en 204. C'est donc un « Grec d'Egypte (1). » Il commence d'étudier la philosophie étant âgé de vingt-huit ans (2), à Alexandrie, la patrie de Philon. Ce premier essai met Plotin en goût. Il désire connaître la philosophie des Perses et des Indiens. L'expédition de Gordien partait ; Plotin la suit. Toutefois Gordien ayant été tué en Mésopotamie, Plotin ne va pas plus loin et se réfugie à Antioche (3). Puis Rome le reçoit ; il y enseigne pendant vingt-six ans et y meurt en 270 (4).

Les détails que Porphyre nous donne sur le caractère de Plotin sont souvent légendaires. Quelques-uns paraissent authentiques et doivent être notés. — Plotin rougissait de son corps et ne disait jamais la date ni le jour de sa naissance. Son silence était le même concernant sa famille et sa patrie. On voulut faire son portrait et son buste. Il refusa. Comme Amélius insistait : « N'est-ce pas assez, dit-il, de porter cette image dans laquelle la nature nous a renfermés? Faut-il encore transmettre à la postérité l'image de cette image... ? » — L'estomac le faisait souffrir ; il ne prit aucun remède. Il ne se baignait pas non plus. Des serviteurs le frottaient seulement. La peste les ayant frappés, Plotin ne se fit pas continuer ce soin. Des ulcères survinrent ; la voix s'altéra ; la vue se troubla. Plotin se

---

(1) A et M. CROISET. *Manuel d'hist. de la Litt. grecq.*, p. 780.
(2) PORPHYR. *Vit. Plot.*, 3 (VOLKM., I, 5 [20]).
(3) *Ibid.* (I, 5 [30]).
(4) *Ibid.* (I, 6 [7]).

retira simplement de Rome en Campanie sur un petit domaine qu'un ami lui avait légué (1). — La philosophie l'intéressait plus que son corps. « Les idées seules, dit Porphyre, l'occupaient... Lorsqu'il avait fini de composer quelque chose dans sa tête et qu'il écrivait ensuite ce qu'il avait médité, il semblait copier un livre. Ni la conversation ni la discussion ne le distrayaient de ses pensées, en sorte qu'il pouvait à la fois suffire à l'entretien et poursuivre ses méditations... Lorsque son interlocuteur s'en allait..., il reprenait la suite de sa composition comme si la conversation n'eût mis aucun intervalle à son application... Il ne se reposait jamais de cette attention intérieure ; elle cessait à peine durant un sommeil troublé souvent par l'insuffisance de la nourriture (parfois, en effet, il ne prenait pas même de pain) et par cette concentration perpétuelle de son esprit (2). » — Son enseignement reflétait l'ardeur de sa pensée. « Son langage n'était pas correct ; il disait, par exemple, ἀναμνημίσκεται au lieu de ἀναμιμνήσκεται. Mais lorsqu'il parlait, l'intelligence brillait sur son visage et l'illuminait de ses rayons. Il était beau surtout dans la discussion. On voyait alors comme une légère rosée couler de son front ; la douceur brillait sur son visage ; il répondait avec bonté et cependant avec solidité (3). » — L'influence de Plotin fut considérable. Un grand nombre d'auditeurs et de disciples fréquentaient ses leçons. Parmi eux se rencontraient plusieurs sénateurs. L'un de ceux-ci, Rogatianus, « se détacha même tellement des choses de

---

(1) PORPHYR. *Vit. Plot.*, 1.
(2) *Ibid.*, 8.
(3) *Ibid.*, 13.

la vie qu'il abandonna ses biens, renvoya tous ses domestiques et renonça à ses dignités (1). » Des femmes aussi, qui aimaient la philosophie, étaient très attachées à Plotin. Plusieurs hommes et plusieurs femmes de condition sur le point de mourir lui confièrent comme à un dépositaire irréprochable des enfants de l'un et de l'autre sexe avec tous leurs biens. Sa maison était ainsi remplie de jeunes garçons et de jeunes filles. Il examinait avec soin les comptes des tuteurs et veillait à ce que ceux-ci fussent économes. Les jeunes gens, disait-il, doivent conserver leurs biens et jouir de tous leurs revenus jusqu'à ce qu'ils s'adonnent à la philosophie (2). Enfin l'empereur Galien et l'impératrice Salonine sa femme avaient une considération particulière pour Plotin. Celui-ci les pria même de faire rebâtir une ville ruinée de Campanie et de la lui donner. Il l'eût appelée Platonopolis, y fût demeuré avec ses disciples et l'eût régie suivant les lois de Platon (3). — La douceur, la modestie et la finesse semblent avoir été les traits dominants du caractère chez Plotin. « Je l'interrogeai, raconte Porphyre, pendant trois jours sur l'union du corps avec l'âme, et il passa tout ce temps à m'expliquer ce que je voulais savoir (4). — Il était doux, dit encore le même biographe, et d'un accès facile pour tous ceux qui vivaient avec lui. Aussi il demeura vingt-six ans à Rome et fut pris souvent pour arbitre : jamais cependant il ne se brouilla avec aucun personnage

(1) *Ibid.*, 7.
(2) *Ibid.*, 9.
(3) *Ibid.*, 12.
(4) *Ibid.*, 13.

politique (1). » — D'autre part, Origène se mêla un jour à son auditoire. Plotin rougit et voulut se lever. Origène le pria de continuer. Plotin répondit que l'envie de parler cessait, lorsque ceux que l'on entretenait savaient ce qu'on avait à leur dire. Il parla donc quelque temps encore, puis se leva (2). — Sa finesse était aussi très grande. On avait volé un collier à une veuve qui demeurait avec lui. On fit venir les esclaves. Plotin les dévisagea tous et, montrant l'un d'eux, dit : « C'est celui-ci qui a commis le vol. » On donna les étrivières à cet esclave, qui nia d'abord, puis avoua et rendit le collier (3).

Un dernier point reste à fixer. Quelle fut au juste l'influence d'Ammonius Saccas sur Plotin ? — Si l'on en croit Porphyre, « Plotin avait été présenté aux maîtres les plus réputés dans Alexandrie, mais il revenait toujours de leurs leçons triste et découragé et fit connaître la cause de son chagrin à l'un de ses amis. Celui-ci comprenant ce que Plotin souhaitait, le conduisit auprès d'Ammonius... Dès que Plotin eut entendu Ammonius, il dit à son ami : « Voilà l'homme que je cherchais » et depuis ce jour il resta assidûment auprès d'Ammonius (4). » Il y a plus (5). Ammonius, suivant Némésius et Hiéroclès, aurait transmis

---

(1) *Ibid.*, 9.
(2) *Ibid.*, 14.
(3) *Ibid.*, 11.
(4) *Vit. Plot.*, 3 (1, 5 11).
(5) (Cf. pour les textes Hiéroclès. *De Provid.* dans Photius. *Biblioth.* 173ª. Edit. Bekker; Berlin, 1824, et Némésius. *De nat. hom.* ch. II et III, pp. 69 et seqq., 129 et seqq. Edit. Matthael; Halle-Magdebourg, 1802. — Pour la thèse, cf. Ed. Zeller. *Amm. Sakk. u. Plotin.* Archiv. f. Gesch. d. Phil. VII, 295, que l'auteur résume en *Die phil. d. Griech.* III², 501-12; et H. Guyot. *Ammonius Saccas.* Rev. de l'Inst. cath. de Paris. 1904, n° 5.

à Plotin de remarquables doctrines. Ammonius, quand il enseignait, nous dit Hiéroclès, paraissait inspiré de Dieu. D'après lui Platon et Aristote avaient trouvé la vérité et il suffisait de les concilier pour conserver la bonne philosophie. Le témoignage de Némésius est double. Ammonius et Numénius d'une part auraient enseigné également que les choses intelligibles se donnaient sans s'épuiser ou s'altérer. L'âme était immatérielle, en dehors de tout lieu, et cependant présente partout par son opération ; quand donc nous disons qu'elle est quelque part, nous entendons dire simplement qu'elle *agit* ici ou là. Un autre fragment de Némésius nous apprend que, suivant Ammonius, l'âme était unie au corps, mais qu'elle ne formait pas avec celui-ci une substance mixte. L'une est présente à l'autre comme la lumière à l'air qui en est frappé et pénétré. L'âme contient donc le corps sans être contenue par lui. Elle peut enfin s'en séparer soit pour rentrer en elle-même par le raisonnement, soit pour s'élever par l'extase jusqu'à l'Intelligence. — Ces témoignages sont inacceptables. Les opinions que le dernier fragment de Némésius prête à Ammonius sont liées aux doctrines les plus essentielles de la métaphysique néoplatonicienne. Ammonius aurait donc déjà inventé cette métaphysique. La chose est tout à fait invraisemblable. Le premier fragment ne dit pas ce qui revient à Ammonius et ce qui revient à Numénius dans cet aperçu profond sur les choses intelligibles. Sa portée est donc faible. Le témoignage de Hiéroclès ressemble finalement à celui de Némésius et demeure sujet aux mêmes critiques. Ammonius essayait aussi de concilier Platon et Aristote ; or cette conciliation n'est pas encore faite chez Plotin. Plus généralement Ammonius n'avait rien écrit (1). Comment Némésius et Hiéroclès savaient-ils deux siècles plus tard ce qu'il avait enseigné exactement? Ensuite la comparaison des textes montre que Némésius a copié Hiéroclès. Nous savons enfin par Photius que celui-ci croyait lui-même à la souveraineté de l'éclectisme et cherchait, comme son maître Plutarque, à concilier Platon et Aristote. Il était donc tenté de prêter à Ammonius le même dessein et la même entreprise. En somme Némésius et Hiéroclès sont des Néoplatoniciens du ve siècle qui durent agir vis-à-vis d'Ammonius comme les Néopythagoriciens de l'âge précédent avaient agi vis-à-vis de Pythagore. Leurs opinions, pensèrent-ils, auraient plus de poids si elles avaient été professées par un homme ancien et un peu mystérieux. Ils les rapportèrent donc à Ammonius et à Pythagore plutôt qu'à Plotin ou à Platon. — Ammonius a donc pu être un précurseur, il n'a pas été le fondateur du Néoplatonisme. M. Ed. Zeller s'en tient là. C'est peut-être à tort. Ammonius apparaît à travers la légende comme une âme ardente et inquiète que l'étude des Livres Saints dut exalter encore ; Plotin en outre passa onze années auprès de lui. Un tel maître dut comprendre et aider un tel disciple à se comprendre lui-même. Le trait de Porphyre que nous avons rapporté est significatif à ce point de vue. Plotin ne conserva pas dans son enseignement les doctrines d'Ammonius ; mais, comme Porphyre le dit encore, il en conserva l'*esprit* (2). Cet esprit était la ten-

---

(1) PORPHYR. *Vit. Plot.*, 3 (I, 6⁹).
(2) *Vit. Plot.*, 14 (I, 19¹³).

dance infinitiste. Nous l'avons trouvée aussi bien dans la vie et dans le caractère de Plotin. Les *Ennéades* vont nous la montrer à chaque page.

II

Cette *Infinité* trouve en Dieu même sa raison et sa nature.

Dieu, d'abord, est certainement l'Etre Premier. S'il est Premier, il est nécessairement *autre* que tout ce qu'il produit et donc que tout ce qui vient après lui et servirait à le déterminer. « Il faut que ce qui est *avant toutes choses* (πρὸ πάντων) soit simple et *autre* que tout ce qui vient après lui (πάντων ἕτερον τῶν μετ' αὐτό) (1). — Le Principe n'est pas le tout, mais c'est du principe que le tout vient (οὐ γὰρ ἀρχὴ τὰ πάντα, ἀλλ' ἐξ ἀρχῆς τὰ πάντα). Le principe ne peut être, en effet, ni le tout, ni quoi que ce soit du tout, afin de le pouvoir produire (2). — Il faut que l'Etre premier remplisse et produise toutes choses (ποιεῖν πάντα), mais qu'il ne soit rien de ce qu'il produit (οὐκ εἶναι τὰ πάντα, ἃ ποιεῖ) (3). — La cause diffère de l'effet : la cause du tout n'est rien du tout (τὸ δὲ πάντων αἴτιον οὐδέν ἐστιν ἐκείνων) (4). » — Dieu, d'autre part, étant premier est *Un*. L'unité, en effet, précède la multitude qu'elle compose en se répétant « δεῖ δὲ πρὸ τοῦ πολλοῦ τὸ ἓν εἶναι, ἀφ' οὗ καὶ τὸ

---

(1) V, 4, 1 (II, 202 [23]).
(2) III, 8, 9 (I, 343 [1]).
(3) III, 9, 3 (I, 349 [5]).
(4) VI, 9, 6 (II, 517 [19]).

πολύ (1). » Si Dieu est un, il est encore et nécessairement *autre* que tout ce qui existe après lui. Tout cela, en effet, est multiple. Soit par exemple l'Intelligence (ὁ Νοῦς) qui est le principe le plus voisin de l'Etre premier. Elle enferme la dualité au moins idéale du sujet et de l'objet. Considérons-la en effet au *repos* : « Elle est Intelligence et Intelligible, en sorte qu'elle est double; si elle est double, il faut qu'il y ait quelque chose avant cette duplicité (εἰ δὲ δύο, δεῖ τὸ πρὸ τοῦ δύο λαβεῖν) (2). » « Son *activité*, d'autre part, doit s'exercer sur autre chose, ou elle-même doit être multiple, si l'on veut qu'il y ait activité en elle. Si elle ne va pas en effet vers autre chose, elle s'arrêtera. Mais là où le repos est complet, il n'y a plus de pensée. Il faut donc que l'Intelligence, quand elle pense, soit double (δεῖ τοίνυν τὸ νοοῦν, ὅταν νοῇ, ἐν δυσὶν εἶναι (3). » Conclusion : « L'Etre souverainement Simple et Premier est encore au-dessus de l'Intelligence (ἐπέκεινα νοῦ) (4). » — Il s'en suit immédiatement que cet Etre est tout à fait indéterminé ou *infini*. « Admettons donc que le Principe premier est infini (ἄπειρον)..... Qu'on le conçoive en effet comme Intelligence ou comme Dieu, il est plus encore (πλέον ἐστί); unifiez-le par la pensée, il est plus encore (πλέον ἐστίν), même si vous l'imaginez comme plus un que votre propre pensée (5). — Dieu n'est pas fini (ὁ θεὸς οὐ πεπερασμένος) (6). — L'Intelligence en regardant vers le Principe premier (ἐκεῖ)

---

(1) V, 3, 12 (II, 194¹⁵).
(2) III, 8, 9 (I, 341³⁰).
(3) V, 3, 10 (II, 191⁴¹).
(4) V, 3, 11 (II, 194⁹).
(5) VI, 9, 6 (II, 515⁴¹).
(6) IV, 3, 8 (II, 19¹⁰).

est déterminée (ὠρξετο), mais celui-ci n'a pas de terme (ἐκείνου ὅρον οὐκ ἔχοντος) (1). » — L'Infinité du Principe premier n'est pas celle d'une quantité continue ou discontinue. « Le Principe premier est infini (ἄπειρον) parce qu'il est un et que rien en lui ne peut être limité par quoi que ce soit (μηδὲ ἔχειν πρὸς ὃ ὁριεῖ τι τῶν ἑαυτοῦ). Son unité le soustrait à la mesure et au nombre (οὐ μεμέτρηται οὐδ' εἰς ἀριθμὸν ἥκει). Il n'a donc aucune figure, puisqu'il n'a ni parties ni forme (2). — A ce qui a pu tout faire quelle grandeur attribuer ? (τί ἂν μέγεθος ἔχοι;) Sera-ce en tant qu'il est infini ? (ἢ ἄπειρον ἂν εἴη ;) Mais s'il est infini, il n'a pas de grandeur. La grandeur ne vient, en effet, qu'en dernier lieu. Le créateur de la grandeur ne doit même avoir aucune grandeur (εἰ καὶ τοῦτο ποιήσει, αὐτὸν μὴ ἔχειν) (3). — Le Principe premier n'est pas non plus limité (οὐδὲ πεπερασμένος) : par quoi le serait-il ? Mais il n'est pas non plus infini comme une grandeur (ἀλλ' οὐδ' ἄπειρος ὡς μέγεθος) (4). — (Le Principe premier) est un par une infinité sans grandeur (ἀμεγέθει τῷ ἀπείρῳ) (5). » — L'Infinité de Dieu réside dans la perfection absolue de sa *Puissance*. La suite des textes que nous venons de citer et quelques autres passages l'établissent surabondamment : « Faisons donc le Principe premier infini, non par l'incommensurabilité de la grandeur ou du nombre, mais par l'incompréhensibilité de la puissance (ἄπειρον τῷ ἀπεριλήπτῳ τῆς δυνάμεως) (6). — Sa

---

(1) VI, 7, 17 (II, 447 ^{11}).
(2) V, 5, 11 (II, 218 ^{19}).
(3) VI, 7, 32 (II, 464 ^{10}).
(4) V, 5, 10 (II, 218 ^{14}).
(5) VI, 5, 12 (II, 398 ^{9}).
(6) VI, 9, 6 (II, 515 ^{11}).

grandeur à lui, c'est que rien ne possède une puissance qui égale ou puisse égaler la sienne (μηδὲν αὐτοῦ.. δυνατώτερον παρισοῦσθαι...) (1). — Où devrait s'étendre le Principe premier ? Serait-ce pour devenir quelque chose, lui, qui n'a besoin de rien (αὐτῷ οὐδενὸς δεομένῳ;) *Son infinité est sa puissance* (τὸ δ᾽ ἄπειρον ἡ δύναμις ἔχει). Il ne peut ni changer ni manquer de rien, et les êtres qui ne manquent de rien ne le doivent qu'à lui (2). »

L'infinité divine étant *qualitative* et non quantitative, peut être partagée à l'infini et néanmoins rester entière : « La puissance de la Vie (sc., l'Etre premier) n'est pas une quantité (μὴ ποσή), mais si par la pensée on la partage à l'infini, elle possède toujours la même puissance fondamentale et infinie (ἀλλ᾽ εἰς ἄπειρον διαιρῶν... ἀεὶ ἔχει δύναμιν τὴν αὐτὴν βυσσόθεν ἄπειρον). Cette Vie ne contient pas de matière ; elle ne ressemble pas à la grandeur d'une masse qui diminue et arrive à rien. Si vous considérez *l'infinité inépuisable* qui est en elle (ἀέναον ἐν αὐτῇ ἀπειρίαν), sa nature infatigable (ἀκάματον), inlassable (ἄτρυτον), indéfectible (οὐδαμῇ ἐλλείπουσαν), à tel point que cette Vie déborde (ὑπερζέουσαν ζωῇ),.. où trouverez-vous qu'elle ne soit pas présente ? Vous ne pouvez donc la dépasser (οὐ.. ὑπερβήσῃ), aller au delà, et vous arrêter, comme si réduite à rien elle n'avait plus rien à donner (3)... — Si Dieu est partout, il n'est pas divisé,... sinon il serait corps. Or ceci est impossible. On doit donc tenir pour évident que Dieu est partout à la fois identique et tout entier. Or nous déclarons infinie

---

(1) VI, 7, 32 (II, 464 ¹⁶).
(2) V, 5, 10 (II, 218 ¹⁸).
(3) VI, 5, 12 (II, 397 ³).

(ἄπειρον) une telle nature : elle n'est pas bornée en effet (οὐ γὰρ δὴ πεπερασμένην) ; mais n'est-ce pas parce que rien ne lui manque ? (οὐκ ἐπιλείψει;) (1). »

III

DÉTERMINATIONS NÉGATIVES. — Telle est dans ses lignes générales la pensée de Plotin sur l'Infinité divine. Les *Ennéades* permettent de reprendre cette pensée en détail. On voit alors le philosophe tantôt élever son Dieu au-dessus du Monde, de l'Ame, de l'Intelligence et de quoi que ce soit, affirmer qu'il est l'Absolu, le déclarer inconnaissable et ineffable, tantôt insister sur la perfection de ce Dieu.

Dieu n'est évidemment pas la *matière* (2). La matière, en effet, n'est qu'une puissance : il existe donc quelque chose avant elle (3). De plus la matière se présente comme une, étendue, impénétrable : d'où lui viennent ces qualités (4) ? La matière enfin deviendrait tout, si elle était Dieu : « tel le danseur qui se donne à lui-même toutes les attitudes » : mais c'est mettre le non-être à la place de l'être et le comble de l'absurdité (5). — Le Principe premier n'est pas non plus la *totalité des choses*. Soit, en effet. Il n'y aura alors ni choses simples, puisque c'est l'hypothèse, ni choses composées : celles-ci, en effet, supposent les

(1) VI, 5, 4 (II, 387 17).
(2) VI, 1, 26-28.
(3) VI, 1, 26 (II, 29 8).
(4) VI, 1, 26 (II, 293 22).
(5) VI, 1, 28 (II, 296 7).

premières. On demandera si le Principe premier n'est pas *un et tout*. Mais comment ? Sera-ce en étant chaque chose en particulier ? Tout alors devient semblable à tout et indiscernable. Sera-ce en étant tout à la fois ? Soit encore. Il est alors coexistant ou postérieur au tout, et il n'est plus principe. Que s'il est antérieur au tout, il est nécessairement autre que le tout (1). — Le Principe premier, enfin, n'est pas l'*Ame universelle*. Celle-ci, il est vrai, possède l'unité à un plus haut degré que les choses et elle donne l'unité aux choses. Cependant elle est multiple aussi bien qu'elle est une : ses facultés, en effet, sont diverses. « L'âme donc donne l'unité, mais elle la reçoit elle-même d'un autre principe (2). L'Ame est, en outre, imparfaite. D'un côté, elle est profondément engagée dans les choses et subit de ce chef mille vicissitudes. Or il faut bien qu'il y ait quelque chose de tout à fait impassible : sinon tout s'en irait avec le temps (3). D'un autre côté, l'Ame ne se suffit point. On pense communément que, parvenue à sa plénitude, elle a engendré l'Intelligence. C'est l'Intelligence, au contraire, qui engendre l'Ame. L'une, en effet, est forme par rapport à l'autre, meilleure qu'elle et donc antérieure à elle (4).

Le Principe premier est au-dessus de l'Intelligence (πρὸ νοῦ, ἐπέκεινα νοῦ). D'abord, comme nous l'avons déjà remarqué (5), l'Intelligence enferme la dualité au moins idéale du sujet et de l'objet. Aux textes déjà cités on peut

---

(1) III, 8, 9 (I, 343 8).
(2) VI, 9, 1 (II, 508 10).
(3) V, 9, 4 (II, 251 22).
(4) V, 9, 4 (II, 251 9).
(5) Cf. *suprà*, p. 163.

ajouter les suivants. « L'Intelligence est supérieure à l'Ame. Cependant elle n'est pas première, parce qu'elle n'est ni une ni simple. Or la simplicité est le propre de l'Un et du Principe universel (1). — Il y a Intelligence, parce qu'il y a multitude. Dès lors le Principe absolument simple, premier, universel sera au-dessus de l'Intelligence (ἐπέκεινα νοῦ) : autrement il sera multitude (αὐτὸ πλῆθος ἔσται) (2). — L'Intelligence existe parce qu'elle pense l'Etre et celui-ci étant pensé donne à l'Intelligence la Pensée et l'Existence. L'Intelligence a donc pour cause autre chose, qui est aussi la cause de l'Etre. Les deux choses ont un principe commun et différent d'elles (3). » La conclusion sera identique si l'on considère l'Intelligence non plus en elle-même mais dans son rapport avec la créature. Le Bien est notre fin souveraine; or l'Intelligence ne paraît pas être aussi universellement désirée : « Tous n'aspirent pas à l'Intelligence, mais tous aspirent au Bien. Ceux qui ne possèdent pas l'Intelligence ne cherchent pas tous à l'acquérir; ceux qui la possèdent ne s'y arrêtent pas, mais cherchent encore le Bien. L'Intelligence est désirée à la suite d'un raisonnement; le Bien l'est avant même que la raison s'exerce. Si la vie, l'existence, l'activité sont désirées, ce n'est pas en tant qu'elles participent de l'Intelligence, mais en tant qu'elles enferment le Bien, en viennent et y retournent (4). » L'Intelligence n'est donc que l' « antichambre (ἐν προθύροις) (5) » d'un Principe supérieur.

(1) VI, 9, 5 (II, 514 23).
(2) V, 3, 11 (II, 193 31).
(3) V, 1, 4 (II, 166 9).
(4) VI, 7, 20 (II, 451 24).
(5) V, 9, 2 (II, 249 26).

L'Intelligence est par ailleurs identique à l'*Etre* et à l'*Essence*. « L'Intelligence est donc véritablement les êtres (ὁ νοῦς ἄρα τὰ ὄντα ὄντως), de telle sorte que ceux-ci ne sont pas hors d'elle (οὐχ... ἄλλοθι) quand elle les pense... L'Intelligence est la loi même de l'Etre (νόμος.. τοῦ εἶναι). On a donc eu raison de dire : c'est une même chose que la Pensée et que l'Etre (τὸ γὰρ αὐτὸ νοεῖν ἐστίν τε καὶ εἶναι) (1).. — Dans (les Idées), en effet, l'Essence n'est pas autre chose que l'Intelligence (ἡ οὐσία οὐκ ἄλλο τι ἢ νοῦς) et l'Etre n'y est pas plus adventice que l'Intelligence (2). » Or le Principe premier est supérieur à l'Etre et à l'Essence : « L'Essence engendrée étant une forme (τῆς δὲ γενομένης οὐσίας εἴδους οὔσης,..) il est nécessaire que l'Un n'ait pas de forme (ἀνείδεον). Mais s'il n'a pas de forme, *il n'est pas essence* (οὐκ οὐσία). L'Essence, en effet, doit être quelque chose (d'individuel) et par suite de déterminé (τι δεῖ τὴν οὐσίαν εἶναι τοῦτο δὲ ὡρισμένον). Or on ne peut concevoir l'Un de cette façon. Autrement il ne serait plus principe, mais seulement cette chose (particulière) qu'on dirait qu'il est (3). » Voilà pour l'Essence. Le même passage continue touchant l'Etre : « Si toutes choses sont dans ce qui est engendré, que peut-on dire qui sera dans le Principe premier ? Comme il n'est aucune d'elles, il est au-dessus d'elles. Or celles-ci sont les êtres et l'Etre : il est donc au-dessus de l'Etre (ἐπέκεινα ἄρα ὄντος) (4). — Il faut peut-être interpréter ainsi ce que les anciens ont dit de façon énigmatique,

---

(1) V, 9, 5 (II, 252¹³). L'idée ne nous intéresse pas immédiatement ici. Mais on peut voir encore *Ibid.,* V, 9, 6 et VI, 2, 21 tout entiers.
(2) VI, 2, 21 (II, 324³).
(3) V, 5, 6 (II, 212¹⁵).
(4) *Ibid.* (II, 212²¹).

savoir que Dieu est au-dessus de l'Essence (ἐπέκεινα οὐσίας) : il l'est non seulement parce qu'il engendre l'Essence, mais parce qu'il n'obéit ni à l'Essence ni à lui-même. Son principe n'est pas l'Essence : c'est lui qui est le principe de l'Essence. Or il ne l'a pas faite pour lui-même, mais l'ayant faite il l'a laissée aller hors de lui : en effet, il n'a pas besoin de l'Etre, lui qui a fait l'Être (οὐδὲν τοῦ εἶναι δεόμενος) (1). » Les anciens, dont Plotin parle ici, est le Platon de la *République*. Or nous avons déjà dit quelle portée il faut donner aux paroles de Platon, du moins à notre sens. Mais nous reviendrons bientôt sur ce point.

L'Intelligence est sous un troisième et dernier aspect identique à la Beauté. Or le Principe premier est « antérieur et supérieur au Beau (ἀρχαιότερον...καὶ τἀγαθὸν εἶναι καὶ πρότερον τούτου, sc., τοῦ καλοῦ) (2). » Toutes choses d'abord tendent au Bien par une nécessité naturelle « φύσεως ἀνάγκῃ (3) » : la notion du Beau n'est donnée qu'aux âmes déjà éveillées. Le Bien est doux, calme, plein de délices; sa vue ne nous frappe jamais de stupeur, parce qu'il est toujours avec nous : le Beau, au contraire, agite l'âme, l'aiguillonne et mêle la peine au plaisir. Quand les hommes possèdent le Bien, ils ont atteint leur fin et se sentent satisfaits : tous ne croient pas que le Beau leur suffise; « ils pensent, en effet, que celui-ci existe pour lui et non pour eux (4). » Beaucoup sont contents sous la seule condition de paraître beaux et même s'ils ne le sont pas réellement : or il ne suffit pas de posséder l'apparence du Bien, on veut le

(1) VI, 8, 19 (II, 504 ^{20}).
(2) V, 5, 12 (II, 220 ^{1}).
(3) V, 5, 12 (II, 219 ^{21}).
(4) *Ibid.* (II, 220 ^{5}).

posséder réellement. Parfois enfin le Beau est opposé au Bien : l'un nous sépare de l'autre comme la femme aimée sépare (le fils) du père (1). Dieu est donc « au-dessus du Beau (ἐπέκεινα τούτου) (2). »

IV

INEFFABILITÉ. — Dieu est donc supérieur à tout » ou « l'Absolu » (τὸ αὔταρκες ἐκ πάντων ἔξω ἐστίν) (3). « Il est le Bien même (τὸ ἀγαθόν) et non seulement bon (καὶ μὴ ἀγαθόν) ; il ne peut donc rien avoir en lui, pas même la qualité d'être bon... Si donc il ne peut ni être bon ni n'être pas bon, il n'a rien (οὐδὲν ἔχει). Mais s'il n'a rien, il est seul et isolé de tout le reste (μόνον καὶ ἔρημον τῶν ἄλλων). Or si tout le reste est ou bon sans être le Bien ou n'est pas bon, le Bien ne possède rien de ce reste, et c'est par là même qu'il est le Bien (οὐδὲν ἔχων τῷ μηδὲν ἔχειν ἐστὶ τὸ ἀγαθόν). Si donc on lui attribue quoi que ce soit, l'essence, l'intelligence, la beauté, cette attribution lui ôte son caractère de Bien. Enlevons-lui donc toutes choses (πάντα... ἀφελών), n'affirmons rien de lui, ne mentons pas en disant qu'il y a quelque chose en lui et laissons-le être simplement (εἴασε τὸ ἔστιν)..., car la cause est supérieure à l'effet (4). »

(1) V, 5, 12 tout entier.
(2) I, 6, 9 (I, 96 ¹⁸).
(3) V, 3, 17 (II, 201 ¹²).
(4) V, 5, 13 (II, 221 ⁷).

Le Principe premier n'a donc ni figure ni forme (οὐδὲ σχῆμα, οὐδὲ μορφή (1), ἀνείδεον) (2). Il n'est ni en mouvement ni en repos (οὐ... κινεῖται οὐδ' ἔστηκεν), car il n'a rien en quoi se mouvoir ou se reposer (3). Il n'est pas un genre (οὐδὲ γένος) (4) : d'une part, on ne peut rien lui attribuer, ni âme, ni intelligence, ni quoi que ce soit; d'autre part, il ne peut être *divisé* en espèces, autrement on le détruirait (5). Le Principe premier n'est pas un Nombre, ni le nombre concret qui est une multiplicité, ni le nombre essentiel (οὐδ' ὁ οὐσιώδης ἀριθμός), où l'on peut distinguer encore l'Etre et la Pensée (6). Il est supérieur à la vertu (ἀρετῆς... μείζονα) : du moins sa vertu diffère-t-elle de ce que nous nommons ainsi, comme la maison intelligible diffère de la maison sensible (7). — Non seulement le Principe premier est au-dessus de l'Intelligence : il n'a ni sentiment ni connaissance de lui-même (φύσιν οὐκ οὖσαν ἐν αἰσθήσει καὶ γνώσει) (8). « Quelle connaissance, en effet, pourrait-il avoir de lui-même ? Dira-t-il *je suis* ? Mais il n'est pas. Dira-t-il *je suis le Bien* ? Il s'attribuera encore l'Etre. Dira-t-il simplement *le Bien* ? Que s'ajoutera-t-il alors ? On ne peut, en effet, penser le Bien sans (dire qu') *il est*, sans l'affirmer de quelque chose... Si donc le fait de penser le Bien est différent du Bien même, le Bien est antérieur à ce fait (ἔστιν ἤδη τὸ ἀγαθὸν πρὸ τῆς νοήσεως αὐτοῦ). Ou si le

(1) V, 5, 11 (II, 218 23).
(2) VI, 7, 33 (II, 466 18).
(3) V, 5, 10 (II, 218 11).
(4) VI, 2, 9 (II, 310 20).
(5) *Ibid.* (II, 310 20).
(6) V, 5, 4 (II, 210 30).
(7) I, 2, 1 (I, 51 9).
(8) VI, 7, 38 (II, 472 3).

Bien est antérieur à la pensée et se suffit à lui-même pour être le Bien, il n'a pas besoin de la pensée qu'il est le Bien (αὔταρκες ὂν αὐτῷ εἰς ἀγαθὸν οὐδὲν ἂν δέοιτο τῆς νοήσεως τῆς περὶ αὑτοῦ). De toutes façons le Bien ne se pense ni en tant que Bien ni sous quelque rapport que ce soit (1). — De même que le Principe premier est au-dessus de l'Intelligence, ainsi est-il au-dessus de la connaissance (ἐπέκεινα γνώσεως) (2). » D'un côté, en effet, toute pensée implique « identité et différence », c'est-à-dire multiplicité : or le Principe premier est simple (3). D'autre part, le Principe premier n'a besoin de rien : il n'a donc pas besoin de penser (δεόμενον ὥσπερ οὐδενός, οὕτως οὐδὲ τοῦ γινώσκειν) (4). « Il n'a pas le sentiment de lui-même, car il n'en a pas besoin (οὐκ αἰσθάνεται... οὐ γὰρ δεῖται) (5). » La pensée, en effet, n'est qu'un « secours (βοήθεια) » accordé à des natures encore divines, mais inférieures. L'attribuer au Principe premier serait le rabaisser (6). Que devient alors la Providence ? « Pour que la providence (πρόνοια) existe, il suffit que Dieu existe en lui-même et que de lui viennent toutes choses (παρ' οὗ τὰ πάντα). Mais ce qui se rapporte à lui, comment le connaîtrait-il, puisqu'il ne se connaît pas lui-même et qu'il demeure vénérable et immobile (σεμνὸν ἑστήξεται) ? Platon remarque au « sujet de l'Essence qu'elle pense mais qu'elle ne demeure pas vénérable et immobile. Par là, il veut dire sans doute que l'Essence pense, mais que ce qui ne pense

---

(1) VI, 7, 38 (II, 472⁴).
(2) V, 3, 12 (II, 195¹⁹).
(3) VI, 7, 39 (II, 472²⁶).
(4) V, 3, 12 (II, 195³⁰).
(5) VI, 7, 41 (II, 476⁶).
(6) VI, 7, 41 (II, 475²⁸).

pas demeure vénérable et immobile,... et il regarde ainsi comme plus, ou même comme véritablement vénérable, le Principe qui est supérieur à la pensée (τὸ ὑπερβεβηκὸς τὸ νοεῖν) (1). » — On ne peut même pas dire enfin que Dieu *veuille* et soit *libre*, ni même qu'il *agisse*. « Sa volonté et son essence sont identiques (ἡ βούλησις αὐτοῦ καὶ ἡ οὐσία ταὐτόν). Tel donc il a voulu être, tel il est. On ne peut donc pas dire plus ou que tel il est, ainsi il veut et agit, ou que comme il veut et agit, ainsi est-il (2). » La volonté entendue de façon humaine mettrait en Dieu de la multiplicité et de l'imperfection. « L'Un n'a absolument rien désiré (οὐδὲ... προυθυμήθη) : il eût été imparfait, en effet, puisqu'il n'eût pas possédé ce qu'il eût désiré. Or il n'existe rien que l'Un ne possède pas : il n'y a donc rien à quoi il aspirerait (πρὸς ὅ ἡ ἔκτασις). Si donc quelque hypostase existe, il est néanmoins demeuré parfaitement tranquille en lui-même (δεῖ... ἡσυχίαν ἄγειν ἐφ' ἑαυτοῦ πανταχοῦ)... Son acte s'écoule de lui (ῥυεῖσαν) comme la lumière s'écoule du soleil (3). Le principe de toutes choses n'a besoin de rien... Comme il n'y a pour lui aucun bien hors de lui, il n'est rien qu'il puisse vouloir (οὐδὲ βούλησις... οὐδενός) (4). » On ne peut pas dire non plus que Dieu soit libre. Etre libre, en effet, c'est être maître de soi. « Dans le principe qui est maître de soi (αὐτοῦ κύριον) (sc., l'Intelligence), l'essence et l'acte sont distincts en quelque sorte... ; mais là (sc., dans le Principe premier) où les deux ne sont qu'un,... on ne peut parler

---

(1) VI, 7, 39 (II, 473 19).
(2) VI, 8, 13 (II, 495 7).
(3) V, 3, 12 (II, 195 8).
(4) VI, 9, 6 (II, 517 1).

à bon droit de maîtrise de soi (1). » On ne peut même pas dire enfin que Dieu soit *acte*. « Ce qui donne est supérieur à ce qui est donné... Si donc il existe un principe antérieur à l'acte (ἐνεργείας πρότερον), il doit être supérieur à l'acte et à la vie (ἐπέκεινα ἐνεργείας καὶ... ζωῆς)... La Vie est l'empreinte de Celui qui l'a donnée (ἴχνος τι ἐκείνου), mais elle n'est pas sa propre vie (οὐκ ἐκείνου ζωή) (2). »

Le Principe premier est *inconnaissable* et *ineffable*. « Nous énonçons quelque chose de lui ; nous ne l'énonçons pas lui-même, nous ne le connaissons ni ne le pensons (οὐδὲ γνῶσιν οὐδὲ νόησιν ἔχομεν αὐτοῦ)... Nous disons ce qu'il n'est pas (ὅ μή ἐστιν) : ce qu'il est (ὅ δὲ ἐστιν), nous ne le disons pas. Seules les choses postérieures à lui peuvent vraiment recevoir les noms que nous lui donnons. Nous ne sommes pas d'ailleurs privés de sa présence (ἔχειν), mais nous ne le nommons pas. Comme ceux que l'enthousiasme saisit et transporte sentent qu'ils ont en eux quelque chose de plus grand qu'eux, mais ne savent ce que c'est, pourtant ils en sont agités et en parlent... : telle est notre situation vis-à-vis du Principe premier ; nous déclarons... qu'il est le fond de l'Intelligence et qu'il produit l'Essence avec tout le reste de l'univers, mais nous sentons... qu'il est lui-même meilleur que cela... que la raison, que l'intelligence, que la perception... (κρεῖττον τούτου, κ. τ. λ...) (3). » — L'Incognoscibilité du Principe premier a pour cause son Infinité. « Quand nous disons qu'il est au-dessus de l'Etre, nous ne disons pas qu'il

---

(1) VII, 8, 12 (I, 494 ²¹).
(2) VI, 7, 17 (II, 447 ⁷).
(3) V, 3, 14 (II, 197 ¹³).

est ceci ou cela. Nous n'en affirmons rien et nous ne lui donnons aucun nom (οὐδὲ ὄνομα)... Nous ne voulons nullement le comprendre : il serait risible, en effet, de chercher à comprendre cette nature *incompréhensible* (γελοῖον γὰρ ζητεῖν ἐκείνην τὴν ἄπλετον φύσιν περιλαμβάνειν)... Mais nous autres hommes, dans nos doutes semblables aux douleurs de l'enfantement, nous ne savons comment l'appeler et nous essayons de nommer l'ineffable (λέγομεν περὶ οὐ ῥητοῦ) (1). — Pour connaître le Principe premier, il faut dépasser la science (ὑπὲρ ἐπιστήμην... δραμεῖν)..; car il est ineffable et indescriptible (οὐδὲ ῥητὸν οὐδὲ γραπτόν) (2). — Il faut avoir de l'indulgence pour notre langage ; quand on parle de Dieu, la démonstration nécessite l'emploi de termes qu'une exactitude rigoureuse ne permettrait pas. Avec chacun d'eux on devra donc sous-entendre *en quelque sorte* (οἷον) (3). » — Cependant nous parlons et nous écrivons sur lui, sur sa nature et son origine. Nous disons, par exemple, qu'il est l'Un et le Bien. Mais « le nom même d'Un n'exprime que la négation de la pluralité (ἄρσιν... πρὸς τὰ πολλά). Aussi *A-pollon* était-il le nom par lequel les Pythagoriciens désignaient entre eux le Principe premier, or ce nom est la négation même de la pluralité. Mais si l'on attache un sens positif (θέσις) au terme *Un*, ce nom et l'objet qu'il désigne deviennent alors plus obscurs que si on ne nommait rien du tout (4)... » Quant au Bien, le Principe premier ne l'est que d'une manière « transcendante (ὑπεράγαθον) » « non pour lui-même, mais

(1) V, 5, 6 (II, 213 b). Cf. V, 3, 13 (II, 196 a) : ἄρρητον τῇ ἀληθείᾳ.
(2) VI, 9, 4 (II, 512 30).
(3) VI, 8, 13 (II, 496 22).
(4) V, 5, 6 (II, 213 21).

pour les autres êtres qui peuvent participer de lui (1). » Nous imaginons aussi une sorte de chaos, nous y introduisons un principe organisateur, puis nous nous demandons d'où celui-ci vient et ce qu'il est. Mais ce sont questions absurdes. « Il faut retrancher de la notion divine toute idée de lieu,... ne le concevoir ni comme édifié en lui-même (ἐν αὐτῷ... ἱδρυμένον), ni comme venu de quelque part,... mais penser que le lieu et tout le reste est postérieur à Dieu (2). » Qu'est-ce donc que Dieu ? « Il faut abandonner le problème, se taire, et cesser toute recherche. Que chercher, en effet, quand on ne peut s'avancer au delà (εἰς οὐδὲν ἔτι ἔχων προελθεῖν) (3) ? — N'imitons donc pas ces panégyristes ignorants qui rabaissent la gloire de ceux qu'ils louent en leur attribuant des qualités inférieures.... : n'attribuons à Dieu rien de ce qui est après lui et au-dessous de lui (4). » Si nous voulons parler de Dieu ou le concevoir, « écartons tout (πάντα ἄφες). » Quand ce sera fait, ne lui ajoutons rien, mais examinons plutôt « s'il n'y aurait pas encore quelque chose à écarter (τί πω... ἀφῄρηκας). » C'est ainsi qu'on peut toucher le Principe premier (5).

(1) VI, 9, 6 (II, 517³).
(2) VI, 8, 11 (II, 492¹¹).
(3) VI, 8, 11 (II, 492⁸).
(4) V, 5, 13 (II, 221²¹).
(5) VI, 8, 21 (II, 507⁵).

V

Le Dieu de Plotin ne serait-il donc, comme on l'a écrit, qu' « un néant d'existence (1) ? » Le contraire est la pensée même de Plotin. Plus encore chez le philosophe des *Ennéades* que chez Philon le Juif et que chez les Néopythagoriciens où nous avons rencontré des traces de l'Infinité divine, celle-ci a sa raison dans la perfection surabondante de Dieu. — Beaucoup des textes déjà cités le laissent pressentir. D'autres textes les confirment. En voici deux, qui sont essentiels. « (Le Principe premier) est la puissance de toutes choses (δύναμις πάντων)... non dans le sens où la matière (ἡ ὕλη) est dite en puissance parce qu'elle reçoit et pâtit, mais dans le sens opposé parce que le Principe premier produit (τῷ ποιεῖν) (2). — C'est vers lui (sc., Dieu) que les cités se tournent ainsi que la terre et le ciel entiers; c'est par lui et en lui qu'ils demeurent; c'est de lui qu'ils tiennent l'existence; les êtres véritables, l'Ame même et la Vie sont suspendus à lui et aboutissent à cette unité infinie parce qu'elle n'a pas de grandeur (3). » Ailleurs encore : « (Dieu) est une puissance inépuisable (ἀμήχανος δύναμις) (4). » Il est le plus compréhensif (ἱκανώτατον) (5),

---

(1) RAVAISSON. *Ess. sur la Métaphys. d'Aristote*, II, 463.
(2) V, 3, 15 (II, 199⁷).
(3) VI, 5, 12 (II, 398⁸).
(4) V, 3, 16 (II, 199¹³).
(5) Cf. RAVAISSON. *Essai*, etc. II, 466 : « Le Dieu des *Ennéades*... est... l'unité... *nulle en compréhension.* »

le plus absolu (αὐταρκέστατον), le plus complet (ἀνενδεέστατον) des êtres (1). — L'Etre premier est parfait et la perfection suprême (τέλειον... καὶ πάντων τελειότατον) (2). »

Bien plus. Nous avons relevé tout à l'heure les déterminations négatives à l'aide desquelles Plotin exprime sous ses aspects particuliers l'idée de l'Infinité. Or une recherche attentive permet de retrouver autant de déterminations positives et opposées qui expriment dans la pensée de Plotin les perfections particulières de la Perfection infinie. — Dieu, disait-on, est inconnaissable et ineffable. Il est cependant « le Roi des rois... et le Père des dieux (3) », « la cause de la cause (4) », « la cause suprême (5) », « le convenable et l'opportun (6) », « l'acte premier (7) », « l'absolu (8) », « le principe de l'essence et de l'existence absolue (9) », « la racine de la raison (10) », etc. — Dieu n'est pas dans l'espace : mais « il est *le dehors* (τὸ ἔξω), parce qu'il comprend toutes choses...; et il est aussi *le dedans* (ἡ εἴσω), parce qu'il est au fond de tout (11). » Dieu est au-dessus du temps : mais « le temps est l'image de son éternité (12). » Dieu est sans forme : mais il est « le principe de la forme (13). » Il n'est pas le nombre : mais

---

(1) VI, 9, 6 (II, 516⁷).
(2) V, 4, 1 (II, 203¹⁶).
(3) V, 5, 3 (II, 210⁷).
(4) VI, 8, 18 (II, 503¹⁹).
(5) *Ibid.* (Ibid. ²⁰).
(6) *Ibid.* (Ibid. ²⁶).
(7) *Ibid.* (II, 504³).
(8) V, 3, 17 (II, 201¹²).
(9) *Ibid.* (II, 201¹⁹).
(10) VI, 8, 15 (II, 499²⁷).
(11) VI, 8, 18 (II, 502¹¹).
(12) III, 7, 11 (I, 325¹⁷).
(13) VI, 7, 32 (II, 464⁴).

« il produit le nombre (1). » — Il n'a besoin de rien et n'aime rien. Mais il est « l'aimable et l'amour même (2). » Il est au-dessus de la Beauté : mais il est aussi « la Beauté essentielle (τὸ ὄντως) (3) » et « l'Idée sans forme (ἄμορφον εἶδος) (4). » Dieu est au-dessus de l'Intelligence et ne pense pas. Cependant « il n'est pas en quelque sorte privé de sentiment (οὐκ... οἷον ἀναίσθητον) : toutes choses sont de lui, en lui, avec lui ; il a un discernement absolu de lui-même (πάντη διακριτικόν)... ; il a de lui-même une conception (ἡ κατανόησις αὐτοῦ) qui implique conscience (συναισθήσει) et qui consiste dans un repos éternel, dans une pensée (νοήσει), mais différente de la pensée propre à l'Intelligence (5). « Si donc Dieu n'est pas devenu, s'il est éternel, si son action est pour ainsi dire une action vigilante (οἷον ἐγρήγορσις)..., si de plus cette action est une supraintellection éternelle (ὑπερνόησις ἀεὶ οὖσα), Dieu est ce qu'il se fait par son action (6)... » — Dieu enfin ne veut pas et n'est pas libre. Cependant « Celui qui a fait libre l'Essence,... et qu'on pourrait appeler l'auteur de la liberté (ἐλευθεροποιόν), de quoi pourrait-il être l'esclave (τίνι ἂν δοῦλον εἴη) ? Il est libre par son essence (τὸ δὲ τῇ αὐτοῦ οὐσίᾳ), ou plutôt l'Essence est libre par lui (7). — Il est donc tout à fait maître de lui (κύριος... πάντη ἑαυτοῦ), puisque son être ne dépend que de lui (8). — Quand vous aurez vu Celui

(1) V, 1, 5 (II, 167²).
(2) VI, 8, 15 (II, 498²¹).
(3) VI, 7, 33 (II, 465²⁹).
(4) VI, 7, 33 (II, 465¹⁰).
(5) V, 4, 2 (II, 204²²).
(6) VI, 8, 16 (II, 501¹).
(7) VI, 8, 12 (II, 494⁶).
(8) VI, 8, 13 (II, 495¹¹).

qui est infini (ἄπειρον)... regardez-le comme la Puissance universelle, vraiment maîtresse d'elle-même (αὑτῆς ὄντως κυρίαν) et qui est ce qu'elle veut (ὃ θέλει) (1). »

(1) VI, 8, 9 (II, 490²⁰). Il est vrai que Plotin ajoute aussitôt : αὑτὸν δὲ μείζονα παντὸς τοῦ θέλειν. — On peut voir maintenant jusqu'à quel point certains historiens se sont trompés sur la nature du Dieu de Plotin. L'infinité était, aux yeux du philosophe, le signe même de la perfection. Ceux-là, au contraire, l'ont prise pour l'imperfection même. Ainsi V. Cousin qui ne paraît pas avoir lu les textes : « Dieu n'est plus une pensée que la pensée conçoive et adore ; c'est une unité qui s'ignore et qui nous est incompréhensible, une abstraction indéfinissable, innommable, un pur *néant*. » (*Hist. gén. de la philos.*, p. 169.) — Ainsi Ravaisson, qui s'était pénétré trop profondément d'Aristote et du génie grec, pour avoir pu comprendre entièrement Plotin. Le Dieu des *Ennéades* est « le commencement informe, d'où l'être s'est élevé graduellement à ce qu'il est ;... l'unité vague, indéfinie en étendue, par cela même qu'elle est *nulle en compréhension* ;... chaos où tout se fond, néant où tout vient cesser d'être » (*Ess. sur la Mét. d'Arist.* II, p. 466, Paris, 1846) ; « rien mystique, néant d'existence » (*ibid.*, p. 463) ; Plotin a résolu « l'Un dans l'indétermination absolue de la matière » (*ibid.*, p. 467). — Vacherot est plus curieux. Son *exposé* de la philosophie de Plotin, intelligent et méthodique, est le meilleur que nous possédions en langue française et peut être lu encore avec profit, même après celui d'Ed. Zeller. Mais l'auteur est hégélien. (L'idéal n'a pas d'existence objective. *Hist. de l'Ecole d'Alex.* II, p. 272-3, 1846 ; la nature va du pire au meilleur. II, p. 328.) Pris, dès lors, entre l'évidence des textes et ses propres doctrines, il s'avance et se dérobe tour à tour dans la partie *critique* de l'ouvrage. Il écrit d'un côté : « Son Principe (de Plotin) est une abstraction vide » (*ibid.*, t. III, p. 280). Mais il reconnaît, d'autre part, que si les Néoplatoniciens ont eu le tort de « réaliser l'universel », ils n'ont fait, du moins, qu'incliner à l'absurde » et ont négligé la lettre pour l'esprit. (*Ibid.*, II, p. 277.) Plus haut, l'auteur avait déjà confessé qu'on ne saurait tenir pour « métaphorique », chez Plotin, l'existence du monde intelligible. — J. Simon, dont l'ouvrage est si défectueux par ailleurs, a bien vu, au contraire, quelle réalité profonde Plotin essayait de définir négativement. « Cette théodicée étrange, pleine de contradictions, est encore la meilleure école où l'on puisse apprendre à connaître Dieu. » (*Hist. de l'Ecole d'Alex.* II, p. 292, 1845.) M. Fouillée aussi, plus récemment, a réagi avec vivacité contre l'erreur de Cousin et de ses successeurs (*La philosophie de Platon*, t. II, pp. 339-41). — Les Allemands, servis par leur nature religieuse et la rigueur de leur méthode, ont généralement mieux compris le Dieu de Plotin que les Eclectiques français. Dès 1836, Ritter écrivait : « '... Il (Plotin) affirme de l'idée de l'infini, que

CHAPITRE DEUXIÈME

L'EXPANSION DE L'INFINI

Si la Puissance divine est infinie, elle produit nécessairement, mais son expansion doit rappeler l'Infinité soit dans son ensemble, soit à chacune de ses étapes. En d'autres termes le nombre des Principes situés entre Dieu et la matière est infini. De ces Principes les plus remarquables sont l'Intelligence, l'Ame et les choses elles-mêmes. Plus particulièrement encore la nécessité, le mode et la continuité de la création ; l'existence de l'Intelligence, la manière dont elle apparaît, son contenu et sa valeur ; l'Ame et le Monde sensible sont, aux mêmes points de vue, dans un rapport étroit avec l'Infinité divine. La Matière

---

Philon redoutait si fort (?), les attributs de la perfection. » (*Hist. de la philos.* trad. par O. J. Tissot ; t. IV, p. 474.) En 1848, STEINHART : « L'Unité suprême n'est point une abstraction vide, mais la chose la plus positive de toutes (das Positiviste von Allen), la Volonté éternellement active, féconde et toute-puissante. » (*Real Encyclopaedie*, art. PLOTIN.) — De même ED. ZELLER, *Die Phil. d. Griech.* qui expose successivement les déterminations négatives et positives de l'Unité. — Ajoutons, enfin, que les apologistes et les théologiens des cinq premiers siècles après Jésus-Christ, les philosophes du moyen âge, les mystiques du XVIIe siècle (Petau, Thomassin, etc.) n'ont jamais compris autrement Plotin.

enfin n'est plus que le terme idéal de la puissance infinie. L'expansion de l'Infini produit ainsi un Infini par expansion. Nous laisserons pour le chapitre suivant l'étude du Monde sensible et de la Matière et nous consacrerons au contraire un paragraphe du présent chapitre à caractériser la philosophie de Plotin. Ce même chapitre sera donc subdivisé finalement en quatre parties : 1º L'infinité divine et la *Production* du monde; 2º l'Infinité divine et l'*Intelligence;* 3º la *Philosophie* de Plotin : son caractère; 4º l'Infinité divine et l'*Ame*.

I

L'INFINITÉ DIVINE ET LA PRODUCTION DU MONDE. — Nous étudierons successivement dans cette production et au point de vue de l'Infinité, sa nécessité, son mode, sa continuité.

1º *Nécessité de la création.* — Dieu étant parfait n'avait besoin de rien. Mais chercher dans la perfection de Dieu une raison de stérilité et comme un obstacle à son expansion serait méconnaître précisément la nature *infinie* de cette perfection. Si l'expérience nous montre que les êtres engendrent dès qu'ils ont réalisé leur type, à combien plus forte raison doit-il en être ainsi de Dieu! « Si le Principe premier est parfait, s'il est souverainement parfait et la puissance première, il doit surpasser tous les êtres par la puissance (δεῖ πάντων... δυνατώτατον εἶναι)... Or nous voyons que tout être parvenu à sa perfection... ne se repose pas

ment les êtres capables de choix, mais ceux qui en sont incapables, et même les êtres inanimés se partagent autant qu'ils peuvent : ainsi le feu réchauffe et la neige refroidit (1)..... Comment donc Celui qui est souverainement parfait et le premier Bien demeurerait-il en lui-même (ἐν αὐτῷ σταίη), comme s'il était jaloux de lui-même, ou impuissant, lui qui est la Puissance de tout (ἡ πάντων δύναμις)? Comment serait-il encore Principe? Il fallait donc que quelque chose naquît de Lui... (δεῖ δή τι καὶ ἀπ' αὐτοῦ γενέσθαι (2). »

2° *Le mode de la création.* — Le mode suivant lequel Dieu produit est celui qui convient à un Etre *infiniment parfait*. — Le monde n'est pas le fruit du caprice et le résultat du hasard. « L'Etre (sc., l'Intelligence et le monde intelligible) n'est pas contingent (οὐχ οὕτω συνέβη) (3). — Il a engendré ce qui est né de Lui non au hasard (οὐχ ὡς ἔτυχεν), mais comme il l'a voulu. Or sa volonté n'a pas été irrationnelle (οὐκ ἄλογος), ni fortuite (οὐδὲ τοῦ εἰκῇ), ni accidentelle (οὐδ' ὡς ἐπῆλθεν) (4). » Dieu n'a pas agi par un vain désir. « Que pouvait-il se promettre de la fabrication du monde ? Il serait risible de penser à la gloire (ἵνα τιμῷτο), comme si Dieu était semblable aux artistes d'ici-bas... (5). »

---

(1) On remarquera dès maintenant cette comparaison que nous retrouverons souvent et dont la signification est grande dans la philosophie des *Ennéades*.
(2) V, 3, 4 (II, 203 [10]).
(3) VI, 8, 9 (II, 490 [6]).
(4) VI, 8, 18 (II, 503 [21]). Cf. VI, 8, 9 (II, 490 [20]) : ὃ θέλει ἀπορρίψκειν εἰς τὰ ὄντα.
(5) II, 9, 4 (I, 188 [7]).

bouge ni ne s'amoindrit : « Sa nature est telle qu'il est la source des choses excellentes, la puissance génératrice des êtres tout en restant en lui-même (μένουσαν ἐν ἑαυτῇ), sans être diminué (οὐκ ἐλαττουμένην), sans passer dans les choses engendrées (οὐδ' ἐν τοῖς γινομένοις... οὖσαν) (2). » Dieu, enfin, n'a ni *voulu* (οὐδὲ βουληθέντος) ni *consenti* (οὐ προσνεύσαντος) la production des choses (3). — Au contraire, la manière dont le Principe premier a produit est en accord intime avec sa plénitude infinie. « L'Un étant parfait et n'ayant rien à chercher, rien à acquérir, rien à désirer, a *surabondé* en quelque façon (οἷον ὑπερερρύη) et sa surabondance a fait le reste (καὶ τὸ ὑπερπλῆρες... πεποίηκεν ἄλλο) (4). — S'il engendre en demeurant en lui-même, cette génération s'accomplit quand il est au plus haut point ce qu'il est (ὅταν ἐκεῖνο μάλιστα ᾖ ὃ ἔστι) (5). » — On ne comprend pas toutefois comment le Principe premier produit sans diminuer et sans sortir de lui-même. Plotin précise dans un passage important. « Comment le Principe premier demeure-t-il en lui-même et devient-il cependant un acte ? Il y a un acte de l'essence [ἡ (ἐνέργεια)... τῆς οὐσίας] et un acte qui vient de l'essence (ἡ δ' ἐκ τῆς οὐσίας). L'acte de l'essence est chaque chose même en acte (sc., il ne diffère pas de l'essence); mais l'acte venu de l'essence, que chaque chose possède nécessairement, est autre que la chose. Ainsi dans le feu distingue-t-on la chaleur qui

---

(1) *Ibid.* (I, 188 [10]).
(2) VI, 9, 5 (II, 515 [8]). Cf. VI, 9, 9 (II, 520 [19]) : οὐκ... ἐλαττούντων.
(3) V, 1, 6 (II, 168 [16]).
(4) V, 2, 1 (II, 176 [10]).
(5) V, 4, 2 (II, 204 [27]).

constitue son essence et la chaleur qui rayonne de celle-ci... De même ici, et à plus forte raison, le Principe premier demeure lui-même dans son état habituel et de la perfection qui est en lui, de l'acte qui se confond avec lui (ἐκ τῆς... συνούσης ἐνεργείας) s'engendre un acte (sc., l'Intelligence), qui reçoit le second rang (ὑπόστασιν) et qui le tenant d'une puissance magnifique, bien plus de la Puissance suprême, entre en possession de l'Etre et de l'Essence (1). »

3° *Continuité de la création.* — Si nous considérons l'activité divine, non plus au commencement mais dans la suite et les résultats de son opération, nous saisissons encore la trace de son Infinité. — D'abord la présence de Dieu est *non locale,* mais purement *opérative,* comme une infinité « sans grandeur » le comportait (2). « Ne plaçons donc pas notre monde comme dans un lieu (ὡς ἐν τόπῳ), si nous entendons par lui la limite d'un corps (σώματος) contenant en tant qu'il contient, ou bien un espace qui eût été auparavant et qui serait encore le vide (κενοῦ). Con-

---

(1) V, 4, 2 (II, 205 ³) : ἀλλὰ πῶς μένοντος ἐκείνου γίνεται ἐνέργεια; ἡ μὲν ἐστι τῆς οὐσίας, ἡ δ' ἐκ τῆς οὐσίας ἑκάστου· καὶ ἡ μὲν τῆς οὐσίας αὐτό ἐστιν ἐνεργείᾳ ἕκαστον, ἡ δὲ ἀπ' ἐκείνης, ἣν δεῖ παντὶ ἕπεσθαι ἐξ ἀνάγκης ἑτέραν οὖσαν αὐτοῦ · οἷον καὶ ἐπὶ τοῦ πυρὸς ἡ μὲν τίς ἐστι συμπληροῦσα τὴν οὐσίαν θερμότης... Οὕτω δὲ κἀκεῖ · καὶ πολὺ πρότερον ἐκεῖ μένοντος αὐτοῦ ἐν τῷ οἰκείῳ ἤθει ἐκ τῆς ἐν αὐτῷ τελειότητος καὶ συνούσης ἐνεργείας ἡ γεννηθεῖσα ἐνέργεια ὑπόστασιν λαβοῦσα, ἅτε ἐκ μεγάλης δυνάμεως, μεγίστης μὲν οὖν ἁπασῶν, εἰς τὸ εἶναι καὶ οὐσίαν ἦλθεν.
— La comparaison tirée du *feu* et de sa double chaleur est déjà en V, 1, 6 (II, 168 ²⁶). Au même endroit (lignes 28 et seqq.) Plotin compare l'activité créatrice de Dieu avec celle des *parfums,* « qui, tant qu'ils durent, répandent des exhalaisons auxquelles participent les objets voisins d'eux. »
(2) Cf. *suprà*, IIIme Part., ch. I, § II.

cevons au contraire que notre monde est fondé et repose sur l'Etre qui est partout et qui le contient... (1). — Ses puissances descendent de lui en toutes choses; il est ainsi proclamé présent partout (2). — Comment ce qui est inétendu est-il présent à tout le corps de l'univers qui a tant d'étendue ? Comment ne se fragmente-t-il pas, mais reste-t-il un et identique ? (πῶς οὐ διασπᾶται ἓν ὂν καὶ ταὐτόν;)... Nous l'avons déjà démontré de la façon la plus forte et la plus convaincante en disant que la nature du Principe premier n'est pas comme une pierre ou une masse énorme (οὐκ οἷον κύβος τις μέγας), qui, placée dans l'espace, y occuperait une étendue égale à elle-même et ne pourrait en dépasser les limites... La nature première n'est ni mesurée ni limitée dans son extension : c'est elle en effet qui mesure la nature sensible; elle est la puissance universelle sans grandeur déterminée (οὐδαμοῦ τοσήδε)... Elle est présente partout tout entière (ταὐτὸν πάντη) comme le triangle immatériel aux triangles matériels (3). — Comme le Principe premier n'est ni le *près* ni le *loin*, il est nécessairement tout entier (ὅλον) où il est présent (4). » — En second lieu, l'opération divine est *illimitée* dans l'espace et le temps. Les textes que nous venons de citer le démontrent déjà

(1) VI, 4, 2 (II, 363 [23]). Cf. VI, 4, 11 (II, 376 [10]) : οὐ τόπῳ παρεῖναι.
(2) VI, 4, 3 (II, 365 [11]).
(3) VI, 5, 11 (II, 395 [20]). Il est déjà remarquable que ce passage appartient au chapitre d'où nous avons tiré les textes importants sur l'Infinité en soi. En outre les livres 4 et 5 de la 6ᵉ Ennéade sont consacrés tout entiers à la démonstration de cette idée, *L'Etre un et identique est partout présent tout entier* et c'est même le titre qu'ils portent. Cf. les passages importants de saint Augustin, Thomassin, Fénelon, Ibn Gébirol cités par M.-N. BOUILLET. *Les Ennéades de Plotin*. III, 305 et seqq., notes *passim*.
(4) VI, 4, 2 (II, 365 [5]).

(πανταχοῦ ὅλον) (1). Le monde d'autre part est créé, mais *éternel*. « Ce qui est éternellement (ἀεί) parfait engendre éternellement (ἀεί) et ce qu'il engendre est aussi éternel (καὶ ἀΐδιον) (2). » — En troisième lieu, l'Infinité exige non seulement l'éternité et l'ubiquité, mais aussi la *continuité*. Or celle-ci est parfaite au sein de l'univers : « Il y a *procession* (πρόεισιν) du premier au dernier, et, dans cette procession, chacun garde la place qui lui est propre. L'être engendré est subordonné (à l'être qui engendre). Pourtant *il demeure semblable au principe auquel il s'attache*, tant qu'il s'y attache (3). » C'est cette espèce de mouvement sur place qui permet à Plotin d'écrire : « Le Principe premier n'est pas venu, comme on pourrait le croire, mais *il est venu sans venir* (ἀλλ' ἦλθεν ὡς οὐκ ἐλθών) (4). Il s'est développé sans se développer (ἐξελιχθὲν οὐκ ἐξεληλιγμένον) (5). » Cette procession va elle-même jusqu'à l'infini. Le point est d'importance puisqu'un système véritablement *moniste* se présente ainsi pour la première fois dans l'histoire de la philosophie grecque. Nous l'établirons d'ailleurs plus amplement à propos de la Matière, mais nous pouvons dès maintenant citer le passage le plus décisif. « Le Bien ne pouvait être seul ; il fallait que par sa descente (τῇ

---

(1) VI, 8, 16 (II, 499 32).
(2) V, 1, 6 (II, 168 31). Cf. VI, 5, 11 (II, 393 11) : Plotin y explique que le *temps* est l'image perpétuelle et mobile de l'immobile éternité ; et IV, 3, 9 (II, 20 21) : οὐκ ἦν ὅτε οὐκ ἐψύχωτο τόδε τὸ πᾶν. Il s'agit, il est vrai, de l'action démiurgique de l'Ame universelle. Mais les *trois principes* de Plotin sont dans une étroite dépendance, comme nous le montrons d'ailleurs aussitôt.
(3) V, 2, 2 (II, 177 8). Cf. encore V, 5, 9 tout entier.
(4) V, 5, 8 (II, 215 28).
(5) VI, 8, 18 (II, 502 28).

extension *incessantes* (τῇ ἀεὶ ὑποβάσει καὶ ἀποστάσει) il y eût un dernier degré, après lequel une production quelconque devenait impossible : ce dernier degré est le Mal (sc., la Matière) (1). » Or il est évident que Plotin parle encore de la Matière première et du Mal en soi parce que l'antiquité grecque lui léguait des idées et des doctrines de cette sorte : mais la puissance divine étant réellement infinie, il ne pouvait y avoir de dernier degré. La matière et le Mal en soi ne sont plus qu'une *limite* vers laquelle l'Etre divin tend mais qu'il n'atteindra jamais. — Si Dieu en quatrième lieu est infini et par conséquent se développe, il est parfait aussi et par conséquent n'a besoin de rien. Il est donc moins allé vers les choses que celles-ci ne sont allées à lui ; il ne s'appuie pas sur elles, ce sont elles qui subsistent en lui : « Le Principe premier se contient et il contient... Il n'avait pas besoin des choses, mais celles-ci avaient besoin de lui pour s'édifier (ἵνα ἱδρυθῇ)... Cet Etre n'est donc pas déraisonnable au point de s'éloigner de lui-même et de s'étendre, alors qu'il se conserve en demeurant en lui-même, et de se confier à la nature trompeuse du lieu qui a besoin de lui pour se conserver. Il est donc demeuré sagement en lui-même... Ce sont les choses qui sont suspendues (ἀνήρτηται) et qui le cherchent avec passion. Tel l'Amour qui veille à la porte de ce qu'il aime... (2). »

---

(1) I, 8, 7 (1, 107 ¹⁹).
(2) Plus haut en VI, 4, 2 (II, 363 ²¹) nous lisons : « (Ce qui est postérieur au Principe premier) μάλιστα ἐξ ἐκείνου ἠρτημένον καὶ οὐ δυνάμενον ἄνευ ἐκείνου οὔτε μένειν οὔτε κινεῖσθαι. » Les commentateurs rap-

II

L'Infinité divine et l'Intelligence. — L'origine de l'Intelligence, son contenu, sa valeur sont dans un rapport étroit avec l'Infinité divine et caractérisent la philosophie de Plotin (1).

1° *Existence de l'Intelligence*. — Plotin, nous l'avons déjà vu, a tenté de concilier la production générale des choses avec la nature infinie de Dieu. Mais on conçoit que l'origine de l'Intelligence ait particulièrement attiré son attention. C'était, en effet, la première démarche de l'Infini ; cette démarche expliquée, tout devenait clair — relativement.

Dieu étant « souverainement parfait », engendre d'abord ce qu'il y a de meilleur après lui (μέγιστον μετ' αὐτό), c'est-à-dire l'Intelligence (2). Toutefois, la question se pose encore de savoir « pourquoi l'Intelligence est ce qu'il y a de meilleur après Dieu (3). » Plotin y répond avec une incroyable subtilité. — Il est entendu que Dieu est supérieur à tout, même à l'Intelligence, qu'il ne contient, et,

---

prochent ordinairement ces paroles et celles de S' Paul devant l'Aréopage : « καί γε οὐ μακρὰν ἀπὸ ἑνὸς ἑκάστου ἡμῶν ὑπάρχοντα. Ἐν αὐτῷ γὰρ ζῶμεν καὶ κινούμεθα, καὶ ἐσμέν. » (*Act. Apost.* xvii, 27. Cf. M.-N. Bouillet. *Les Ennéades*, etc., III, 306, note 1, et F. Picavet. *Plotin et S' Paul* (Cf. *Conclusion*).

(1) Cf. notre travail *La Génération de l'Intelligence par l'Un chez Plotin*. Rev. Néoscolastique, Février, 1905.
(2) V, 1, 6 (II, 168[11]).
(3) V, 1, 7 (V, 11, 169[21]).

l'Intelligence est sortie de Lui, elle n'était pas encore l'Intelligence, mais seulement la puissance de le devenir, sorte d'empreinte inachevée, de vue informe, d'aspiration à voir ; puis, comme elle était active, elle s'est tournée vers son Principe, elle l'a vu et cette *vision* constitue l'Intelligence même. — Enfin, Dieu est simple mais infini : l'intelligence, au contraire, est *multiple*, tant parce qu'elle s'est dédoublée en essayant de voir Dieu que parce qu'elle a brisé Celui qu'elle ne pouvait saisir tout entier. « L'Intelligence (ὁ νοῦς) est devenue *multiple* (πολύς), quand elle a voulu penser le Principe qui est au-dessus d'elle. Elle le pense donc, mais en voulant le recevoir, elle s'écarte de la simplicité (essentielle au principe premier) ; elle le reçoit toujours différencié et multiplié (ἄλλο ἀεί.. πληθυνόμενον). Quand elle s'est élancée hors de Lui, ce n'était pas à l'état d'Intelligence, mais de vue qui ne voit pas encore (οὐχ ὡς νοῦς, ἀλλ' ὡς ὄψις οὔπω ἰδοῦσα). En sortant, elle possédait ce qu'elle a elle-même (αὐτή) multiplié. Quelque chose d'autre qu'elle était pour elle l'objet d'un désir indéterminé (ἄλλου.. ἐπεθύμησεν ἀορίστως) ; elle en portait en elle l'image (φάντασμα) ; elle est sortie, possédant la chose différente d'elle qu'elle-même a rendue multiple. C'était l'empreinte (τύπον) de ce qu'elle avait vu. C'est ainsi que l'Intelligence est devenue multiple de une qu'elle était ; elle a connu le Principe premier et elle est alors devenue une vue qui voit (ἰδοῦσα ὄψις) (1)... — Avant d'être l'Intelligence, celle-ci n'est d'abord qu'une aspiration (ἔφεσις) et une vue informe (ἀτύπωτος ὄψις). Mais elle s'applique

---

(1) V, 3, 12 (II, 193⁸).

au Principe premier, et, en le saisissant, elle devient Intelligence (1). — Le Principe premier n'est pas Intelligence. Comment donc engendre-t-il l'Intelligence ? Celle-ci se tourne vers celui-là ; elle le voit (ἑώρα); cette vision est l'intelligence même (ἡ δὲ ὅρασις αὕτη νοῦς) (2). — L'Intelligence, incapable de contenir la puissance qu'elle recevait, l'a brisée et a rendu multiple ce qui était un, afin de le posséder au moins par parties (κατὰ μέρος φέρειν) (3). »

Dieu, cependant, est parfait en même temps qu'infini. Aussi une part considérable lui revient dans la constitution de l'Intelligence. Celle-ci, il est vrai, *achève* elle-même de se former ; mais c'est la puissance divine qui fournit le *fond* sur lequel l'intelligence travaille et qui la *soutient* dans ce travail. « L'Intelligence a reçu (du Principe premier) la puissance d'engendrer (δύναμιν.. εἰς τὸ γεννᾶν) et de se remplir de ce qu'elle engendre (4). — L'Intelligence détermine elle-même son être (ὁρίζειν τὸ εἶναι) à l'aide de la puissance qu'elle tient du Principe premier (τῇ παρ' ἐκείνου δυνάμει). Elle voit que ce Principe est en quelque sorte une partie de ce qui est en elle (5) et qui vient de Lui, qu'elle Lui doit sa force (ῥώννυται παρ' ἐκείνου) et qu'Il l'amène à sa perfection (τελειοῦται εἰς οὐσίαν) (6)... — L'Intelligence voit par la lumière qu'elle reçoit de Celui qui lui donne ce

---

(1) *Ibid.* (II, 193 15).
(2) V, 1, 7 (II, 169 21). Cf. V, 6, 5 (II, 226 9).
(3) VI, 7, 15 (II, 445 8). VI, 7, 16 (II, 446 3).
(4) VI, 7, 15 (II, 445 6).
(5) Ces paroles contredisent toute la théorie de l'infinité exposée, III, I. Mais les *Ennéades* — pages improvisées en vue de leçons orales — sont pleines de contradictions. D'ailleurs le terme οἷον atténue la difficulté.
(6) V, 1, 7 (II, 169 32).

qu'elle voit et cette lumière même. C'est pourquoi l'on dit non seulement que le Principe premier est la cause de l'Essence, mais aussi qu'Il fait voir l'essence (οὐ μόνον... τῆς οὐσίας, ἀλλὰ καὶ τοῦ ὁρᾶσθαι αὐτήν, αἴτιος ἐκεῖνος) (1)... »

2º *Le contenu de l'Intelligence*. — L'Infinité divine concourt pareillement à déterminer le *contenu* de l'Intelligence.

L'Intelligence est *infinie* en soi, parce qu'elle enveloppe la multitude au sein de l'unité. « L'Infinité (τὸ ἄπειρον) existe dans l'Intelligence, parce que celle-ci est une et plusieurs (ἓν πολλά), non comme une maison est une, mais comme une raison (séminale) est intérieurement multiple (ὡς λόγος πολὺς ἐν αὐτῷ) (2). »

Qu'est-ce que cette consubstantialité de l'unité et de la multiplicité ? Plotin essaie de le faire comprendre en des termes magnifiques : « Dans ce monde intelligible, tout est transparent; nulle ombre n'y borne la vue; toutes les essences s'y voient et s'y pénètrent jusque dans leur profondeur intime. C'est de la lumière qui rencontre de la lumière... Tout y est partout ; tout y est chaque chose ; chaque chose y est tout : c'est une splendeur infinie (ἄπειρος ἡ αἴγλη). Chaque chose y est grande, parce que le petit même y est grand. Ce monde a son soleil et ses étoiles et chaque chose y est le soleil et les étoiles (3). — Imaginez une sphère transparente placée en dehors du spectateur et

---

(1) VI, 7, 16 (II, 446 ^{14}).
(2) VI, 7, 14 (II, 444 ^{8}). Cf. VI, 5, 6 (II, 389 ^{4}) : πολλὰ... τὰ νοητά... καὶ ἕν... τῇ ἀπείρῳ φύσει.
(3) V, 8, 4 (II, 235 ^{16}).

dans laquelle on puisse en y plongeant le regard voir tout ce qu'elle renferme... Au moment où vous vous représentez ainsi cette sphère par la pensée... supprimez-en la masse, l'étendue et l'apparence matérielle (1)... Invoquez alors le Dieu qui a fait ce monde... et suppliez-le d'y venir. Ce Dieu un et multiple (εἷς ὢν καὶ πάντες) viendra avec tous les dieux qui sont en Lui, dont chacun contient tous les autres (ἕκαστος πάντες), qui sont uns et divers par leurs puissances (ταῖς... δυνάμεσιν ἄλλοι), que cette Puissance une et multiple enveloppe tous dans cette unité (2). »

La dernière partie de ce texte est plus abstraite, mais elle éclaire mieux les choses que les comparaisons précédentes. L'infinité de l'Intelligence et des Idées est celle de PUISSANCES *parfaites* en soi et susceptibles d'une production *illimitée*; ce n'est plus l'infinité du Principe premier, mais c'en est l'expression fidèle. Ainsi le texte que nous venons de citer poursuit : « (Le monde intelligible) est une puissance universelle, qui se développe à l'infini, sans épuiser sa capacité infinie (3). — L'Intelligence est... plusieurs, c'est-à-dire plusieurs puissances (δυνάμεις), puissances admirables, pleines de force et grandes parce qu'elles sont pures ; puissances vigoureuses et véritables parce qu'elles n'ont pas de terme où s'arrêter (οὐ τὸ μέχρι τινὸς ἔχουσαι), infinies par

---

(1) Même comparaison en II, 9, 17.
(2) VI, 8, 9 (II, 241 ^{10}). Cf. V, 8, 4 (II, 237 ^{2}) : ἔστιν αὐτὴ (sc., ἡ σοφία) τὰ ὄντα ; et V, 8, 6 (II, 238 ^{9}) : les *hiéroglyphes* égyptiens symbolisent l'Intelligence suprême, parce qu'ils présentent l'idée d'une manière synthétique.
(3) V, 8, 9 (II, 242 ^{11}) : τὸ δέ ἐστι δύναμις πᾶσα, εἰς ἄπειρον μὲν ἰοῦσα, εἰς ἄπειρον δὲ δυναμένη. *Infrà*, ligne 21 : les puissances naturelles, feu, etc., imitent seulement l'infinité (ἀπειρία) de la véritable puissance (sc., l'Intelligence).

conséquent (ἄπειροι τοίνυν), infinité (ἀπειρία) et grandeur même (1). »

Pourquoi le nombre des Idées est-il infini ? La question ne nous intéresse pas ici directement ; mais les raisons que Plotin donne, jettent une vive lumière sur le sentiment de l'infinie perfection qui anime la philosophie des *Ennéades*. Le nombre des Idées est infini, parce qu'il y a autant d'Idées que d'individus. Ceux-ci, en effet, sont séparés entre eux par des différences profondes qu'une Idée unique et spécifique n'expliquerait pas (2). On demandera alors si en mettant dans l'Intelligence les Idées des choses viles, l'on n'y met pas aussi la laideur et l'imperfection. Il n'en est rien. Tout est parfait et beau en soi : la laideur et l'imperfection proviennent seulement de la matière, qui a contrarié la Puissance divine (3).

La théorie de la *Matière Intelligible* confirme tout ce qui précède. — Soient d'abord les raisons pour lesquelles il y a une Idée de la matière, c'est-à-dire une matière intelligible. « Si », d'une part, « le monde intelligible existe, le monde sensible en est l'image ; or, celui-ci se compose de matière : il faut donc aussi qu'il y ait là-haut de la matière (κἀκεῖ δεῖ ὕλην εἶναι) (4). » On reconnaît l'infinie multitude des Idées correspondant au nombre infini des choses. D'autre part, « les Idées sont multiples ; il y a donc entre elles quelque chose de commun et... quelque chose de propre. Or, le propre et... le commun sont des formes.

---

(1) VI, 2, 21 (II, 322 ^{29}).
(2) V, 7, 1 (II, 228 ^{12}).
(3) Cf. par exemple V, 9, 14 (II, 259 ^{30}).
(4) II, 4, 4 (I, 153 ^{4}).

Mais là où il y a forme, il existe quelque chose d'informe. Il existe donc aussi une matière qui reçoit la forme (ἔστιν ἄρα καὶ ὕλη ἡ τὴν μορφὴν δεχομένη) (1)... » On reconnaît encore l'infinité de l'Intelligence par multiplicité. Au fond, la matière intelligible est, si l'on ose dire, le substrat de l'Intelligence et elle y tient le rôle que la matière réelle joue dans le monde sensible (2) : elle rappelle, mais de la seule façon qui était possible, c'est-à-dire par antithèse, l'Infinité du Principe premier. — Seulement, Plotin se garde d'oublier qu'il s'agit toujours du monde intelligible et que cette créature magnifique ne comporte rien de trop imparfait et à plus forte raison d'aussi imparfait que la matière sensible. La différence entre celle-ci et la matière intelligible est donc la différence même qui existe entre la Vie et la Mort, l'Etre et le Néant. Rien de plus curieux que ces subtilités et ces contradictions du premier philosophe vraiment infinitiste. — La forme d'abord qui informe la matière intelligible est véritable (ἀληθινόν); celle, au contraire, qui informe la matière sensible, n'est que l'image de la première (εἴδωλον) (3). Par suite, la matière intelligible, lorsqu'elle est formée, reçoit une vie déterminée et intelligente (ζωὴν ὡρισμένην καὶ νοεράν); au contraire, la matière sensible devient, il est vrai, quelque chose de déterminé, mais « elle ne vit ni ne pense et reste semblable à un cadavre couvert d'oripeaux (οὐ μὴν ζῶν οὐδὲ νοοῦν ἀλλὰ νεκρὸν κεκοσμημένον) (4). » Ceux donc qui appellent la matière

---

(1) II, 4, 4 (I, 152 28).
(2) Cf. *infrà*, p. 220 et seqq.
(3) II, 4, 5 (I, 154 5).
(4) *Ibid.* (I, 154 9).

essence (οὐσίαν) ont parfaitement raison, « s'il s'agit de la matière intelligible (1). » La *substance des Idées* (τὸ ὑποκείμενον ἐκεῖ), en effet, est essence : bien plus, la substance est ici inséparable de ce qui la recouvre. « Tout est lumineux là-haut (2). »

3º *Valeur de l'Intelligence*. — La notion de l'Infinité divine se retrouve enfin dans la nature semi-parfaite, semi-imparfaite de l'Intelligence. La remarque, à vrai dire, vaut pour tout le système. Dieu étant en effet infiniment parfait, doit produire et produire quelque chose d'aussi parfait que Lui. Mais, d'autre part, l'Infini ne peut se répéter. Nous verrons donc Plotin tantôt exalter, tantôt déprécier fiévreusement ce qui vient à la suite du Principe premier. La chose, d'ailleurs, est naturellement plus sensible à propos de l'Intelligence qu'à propos de tout le reste.

L'Intelligence est parfois célébrée en termes aussi magnifiques que s'il s'agissait du Principe premier. « Au sein des Intelligibles préside l'Intelligence pure (ἀκήρατον), la Sagesse ineffable (ἀμήχανον)... Elle contient tout ce qui est immortel, intelligent, divin, animé ; tout y est éternel. Pourquoi changerait-elle, en effet, puisqu'elle est heureuse ? quel accroissement chercherait-elle, puisqu'elle est *souverainement parfaite* (τελειότατος ὤν) (3) ? — L'Intelligence est un grand Dieu (θεός τις μέγας) et même quelque Dieu que ce soit... Elle est le trône magnifique où le Principe premier siège et sur lequel il s'édifie (ὑπερίδρυται). Il convenait, en

---

(1) II, 4, 5 (I, 154⁷).
(2) V, 1, 4 (II, 165¹⁸).
(3) Cf. VI, 2, 21 (II, 322¹⁵) : μεγάλῳ νῷ καὶ ἀμηχάνῳ.

effet, que Celui-ci vînt non sur quelque chose d'inanimé... mais fût précédé de quelque beauté ineffable (κάλλος ἀμήχανον) (1). — Cette Vie multiple, universelle, première et une, qui pourra la contempler sans être épris d'elle et sans mépriser toute autre vie ? Car ce sont pures ténèbres que ces vies d'ici-bas, vies médiocres, impuissantes, imparfaites, corrompues et corruptrices (2). » Une phrase abstraite résume tous ces éloges : « Quand celui qui engendre est souverainement parfait, il faut que (ce qui est engendré) Lui soit uni (σύνεστιν), de telle sorte que l'altérité seule l'en sépare (ὡς τῇ ἑτερότητι μόνον κεχωρίσθαι) (3). » Plus haut « l'Intelligence est le *Verbe* (λόγος) et l'*acte* (ἐνεργεία) du Principe premier (4). » Celui-ci et l'Intelligence ne seraient donc, semble-t-il, que logiquement distincts.

A s'en tenir là, on commettrait le contresens le plus complet. « Dieu étant infiniment parfait est autre que tout » : voilà l'idée maîtresse des *Ennéades*. Par conséquent l'Intelligence diffère du Principe premier, non seulement logiquement, mais réellement et essentiellement. La théorie curieuse, obscure et profonde, que nous avons exposée plus haut tant sur la production de l'Intelligence par le Principe premier que sur la production générale des choses par Celui-ci, l'établit péremptoirement, et nous y reviendrons encore. Toutes les raisons, en outre, pour lesquelles Plotin a cru bon d'élever le Principe premier au-dessus de l'Intelligence et que nous avons exposées au chapitre précé-

(1) V, 5, 3 (II, 209 [18]).
(2) VI, 7, 15 (II, 444 [18]).
(3) V, 1, 6 (II, 169 [18]).
(4) *Ibid.* (II, 169 [6]).

dent ne montrent pas moins l'infériorité relative de l'Intelligence. Plotin enfin écrira expressément par exemple : « L'Intelligence est Dieu, mais un *second* Dieu (θεὸς δεύτερος) (1). »

III

LA PHILOSOPHIE DE PLOTIN : SON CARACTÈRE. — La nature du rapport que l'Intelligence soutient avec l'Infini, caractérise la philosophie de Plotin.

On a fait de Plotin un *éclectique* pur et simple (2). Cette manière de voir était superficielle. Plotin met sans doute à contribution ses devanciers et ses contemporains, toutes les philosophies et toutes les religions. Certains passages des *Ennéades* rappellent les mystères de l'Egypte et les doctrines de la Perse (3); le philosophe doit à Philon et à Numénius l'Indétermination divine et l'indéfectibilité des choses intelligibles, aux Stoïciens les doctrines de l'Ame et de la Providence, au Stagyrite les Formes, à Platon la

---

(1) V, 5, 3 (II, 209 19).

(2) V. COUSIN. *Hist. gén. de la phil.*, p. 166. — F. RAVAISSON. *Essai sur la Mét. d'Aristote*, t. II, pour qui Plotin n'a guère fait que reprendre et superposer dans l'ordre inverse de leur apparition l'Ame des Stoïciens, l'Intelligence d'Aristote, l'Un de Platon. — K. STEINHART. *Real. Encycl.*, p. 1772 : « La philosophie de Plotin était le dernier et le plus intrépide effort de l'esprit grec, pour résoudre l'énigme du monde et de l'existence. Elle cherchait à réunir le monde idéal de Platon et les déterminations savantes, immanentes, positives, qu'Aristote avait données de toutes choses d'après les catégories de la raison, dans l'idée du Bien suprême, qu'elle ne considère point, à l'instar de Platon, comme un postulat de la pensée, mais comme la source certaine et première de tout être et qu'elle place au centre de ses spéculations. »

(3) Cf. M.-N. BOUILLET. *Les Ennéades de Plotin*, passim.

dialectique, les Idées et des théories entières sur l'Ame, le monde et la matière. Mais Plotin ne s'attache pas également à toutes ces doctrines. Quelques-unes sont négligées presque complètement : ainsi la Politique et les Questions naturelles. D'autres sont combattues avec vivacité : ainsi le fatalisme stoïcien (1) et les rêveries des Gnostiques (2). Surtout le philosophe altère profondément celles qu'il utilise. Plotin ne traduit pas : il trahit. N'entendait-il pas retrouver jusque chez Héraclite et chez Parménide l'Un, l'Intelligence et l'Ame (3)? En réalité la notion de l'Infinité divine domine et règle son choix. Si cette notion était préparée dans la spéculation antérieure, Plotin l'a faite sienne en l'approfondissant et en la systématisant. Plotin est autre chose et plus qu'un éclectique.

Serait-il *émanatiste* ? On l'a soutenu (4). Mais cette manière de voir est également incomplète. Certes les expressions émanatistes ne manquent pas dans les *Ennéades*. Nous lisons que l'Un a *surabondé* (ὑπερερρύη) et qu'il a produit « en étant au plus haut point ce qu'il est », que l'Intelligence et l'Ame ont engendré par une *effusion naturelle*, comme « le feu brûle et la neige refroidit, etc. » L'émanatisme, en outre, s'accorde bien en apparence avec l'Infinité divine : il unit étroitement Dieu et le monde et nous fait passer insensiblement de l'un à l'autre. Mais dans un système émanatiste, somme toute, le principe qui produit

(1) III, 1, 4.
(2) II, 9.
(3) V, 1, 8-9.
(4) RITTER. *Hist. de la philos.* t. IV, p. 475 : « Ses descriptions (de Plotin) du processus par lequel le Second est produit par le Premier, etc... se rattachent à la doctrine de l'émanation. » — VACHEROT. *Hist. critiq.* etc., t. III, pp. 293 et seqq.

contient *telles quelles* les choses qu'il produit et *s'épuise* en les laissant échapper. Or, nous ne lisons rien de semblable chez Plotin. Le philosophe affirme d'abord expressément que l'Un est « la source des choses..., sans être diminué. » D'autre part le Principe premier est *différent de tout*. Précisément l'expression *a surabondé* signifie que Dieu n'a rien donné de lui-même. Les Principes enfin, Un, Intelligence et Ame, se fournissent successivement leur fond : mais ils achèvent respectivement « de déterminer leur être. » On pourrait dire en résumé que les éléments du monde se posent par émanation dans le système de Plotin, mais ce système n'est pas l'émanatisme.

M. Ed. Zeller fait de Plotin un *panthéiste dynamique*. « En tant, écrit l'éminent historien, que l'Etre suprême produit tout, il est présent à tout son ouvrage ; tout participe de lui ; tout est en lui. Seulement cette présence de la Divinité n'est pas une présence substantielle, au sens du système stoïcien, mais une simple présence de la puissance. Le Premier... en produisant tout... retient en lui-même son essence développée par lui hors de lui. Le Multiple est simplement dans l'Un, mais non pas l'Un dans le Multiple (1). » La remarque est juste, mais la conclusion est

---

(1) *Die philos. der Griech.* III², 561-63. Voici le passage *in-extenso* : « Peut-être serait-il plus juste encore de la présenter comme un panthéisme dynamique. Ce système est panthéiste, car il établit du Fini à la Divinité un rapport tel que celui-là ne reçoit aucun être substantiel : tout ce qui est fini est pur accident, pure apparition du Divin. Nous savons déjà que, suivant Plotin, tout est simplement produit par les puissances débordantes de l'Etre suprême, que ces puissances ne sont point séparées de leur source primitive, et que c'est toujours une même activité, qui contient, resserre et détermine tout. Si le fond même de la conception panthéistique du monde se retrouve ici, Plotin n'a pas fui non plus l'expression précise que tout ce qui est,

exagérée. Le Principe premier est bien au fond et le fond de tout par sa puissance. Nous avons même dit que celle-ci y venait par une sorte d'écoulement. L'Un, enfin, aide les choses à prendre leur réalité actuelle. Mais d'abord l'Un ne fait qu'aider : nous savons que les choses *déterminent elles-mêmes* cette réalité. Ensuite Plotin distingue aussi fortement que possible non seulement entre l'essence de l'Un et sa puissance, mais entre la puissance qui constitue cette essence et la puissance qui en émane. La dernière seule passe dans les choses et en constitue le fond. Il y a donc du panthéisme dans la philosophie de Plotin; mais à moins de regarder comme panthéistique toute philosophie qui ne

est en Dieu. En tant que l'Etre suprême produit tout, il est présent à tout son ouvrage; tout participe de lui, tout est en lui. Seulement cette présence de la Divinité n'est pas une présence substantielle, au sens du système stoïcien, mais une simple présence de la puissance; le Premier reste tel pour lui-même, il n'entre pas dans la multiplicité, de telle façon qu'il deviendrait lui-même multiplicité et que les choses finies seraient une partie de lui; mais, en produisant tout par sa puissance, il retient en lui-même son essence développée par lui hors de lui. Le Multiple est simplement dans l'Un, mais non point l'Un dans le Multiple. L'immanence des choses en Dieu n'est par conséquent que leur production par Dieu; la représentation de l'Etre étendu doit être complètement écartée; aussi bien n'y a-t-il aucune contradiction, si, d'autre part, l'être dérivé est représenté comme un cercle d'activité enveloppant sa cause première, car cette représentation est aussi métaphorique que la représentation opposée. Plotin lui-même déclare que l'Etre suprême est aussi bien nulle part que partout, aussi bien en rien qu'en tout; bien plus, qu'il n'est pas seulement tout, mais rien, et qu'il est justement partout, parce qu'il n'est nulle part. S'il était dans autre chose, il serait enveloppé par cette chose, et amoindri ainsi dans son être et sa puissance. Tandis, au contraire, qu'il diffère simplement par son essence de toute chose finie, et qu'il déploie son activité au delà de toute limite, il est ainsi tout-puissant et omniprésent, comme, d'autre part, étant simplement pour lui-même, il est à cause de cela entièrement présent à chaque chose : sa présence, en effet, n'est point une communication de sa substance aux choses finies, mais une puissance sortie d'un point unique, comme la présence de l'âme dans les différentes parties du corps. »

sépare pas radicalement Dieu et le monde, celle de Plotin n'est pas un panthéisme même dynamique. Au fond l'auteur de *la Philosophie des Grecs présentée dans son développement* a toujours estimé que le développement de cette philosophie reproduisait la trilogie hégélienne. Des origines aux Sophistes, période d'indétermination ; Dieu est immanent ou transcendant. De Socrate aux Stoïciens, période de négation ; Dieu est transcendant et s'oppose à la Nature. Depuis les Stoïciens jusqu'à Proclus, période d'affirmation ; Dieu devient immanent à la Nature. Plotin était en conséquence un panthéiste dynamique à la manière des Stoïciens. Or, abstraction faite de l'Infinité et des considérations précédentes sur la Génération de l'Intelligence par l'Infini, la philosophie des *Ennéades* se présente dans son ensemble comme très objective encore. On diviserait mieux la philosophie grecque en reconnaissant que durant ses trois périodes, Dieu fut d'abord immanent, puis transcendant, enfin et à la fois immanent et transcendant (1).

La philosophie de Plotin forme donc un tout complexe et original. D'un côté, ce n'est pas l'essence mais seulement la puissance émanée de l'essence qui constitue le fond des choses ; celles-ci en outre achèvent de se donner leur réalité propre. Par là Plotin s'écarte de l'émanatisme et du panthéisme et il va au contraire vers une doctrine de causalité pure. Mais, d'autre part, le Principe premier surabonde ; il est au fond des choses. Plotin s'éloignait ainsi de la causalité pour revenir à un panthéisme plus ou moins dynamique ou émanatiste. Sa philosophie ne peut donc être ramenée exclusivement à telle ou telle doctrine déjà

(1) Cette division nous a été indiquée par M. V. Brochard.

présentée par l'histoire de la pensée. C'est un « plotinisme (1). » La raison doit en être cherchée dans l'Infinité divine, qu'un philosophe essayait pour la première fois de systématiser. L'Infini et le fini étaient également donnés. L'Infini pourtant diffère du fini. Plotin distingue alors entre la substance et la puissance de Dieu, entre l'essence et la réalité actuelle du monde. Mais l'Infini n'avait pas besoin du fini. La *procession* laissait celui-ci sortir insensiblement de celui-là. Dans le premier cas, la doctrine était plutôt une doctrine de causalité ; elle était plutôt dans le second cas panthéistique ou même émanatiste.

IV

Les considérations que nous avons développées sur l'existence, la production et la nature de l'Intelligence dans leur rapport avec l'Infinité divine peuvent être répétées touchant l'Ame et aux mêmes points de vue.

1° *Existence de l'Ame.* — L'Intelligence engendre l'Ame en vertu de sa perfection : « une puissance si grande ne

---

(1) Covotti. *La cosmogonia plotiniana.* Rendiconti della reale Academ. dei Lincei. Classe di Sc. mor. Serie V, vol. 4, pp. 371-393, 469-488. Le travail est remarquable. Nous en extrayons la conclusion : « Le système de Plotin n'est pas panthéiste : mais il n'est pas non plus un émanatisme au sens ordinaire du mot. Ce qui se pose par émanation n'est pas le monde dans son actualité, mais seulement ses éléments. Dans le système de Plotin, nous trouvons joints ensemble des éléments variés et distincts... La jonction de ces éléments forme un tout *sui generis,* qui se laisse mal réduire à une seule catégorie générale. Ce tout ... est un plotinisme. » (p. p. 487-8.)

pouvait demeurer stérile (1). » Mais l'Intelligence est
« demeurée en elle-même (μένοντος) (2) » : elle a seulement,
« à l'instar du Principe premier, *répandu sa puissance*
magnifique (δύναμιν προχέας πολλήν) et produit quelque chose
de semblable à elle (3). » Comme dans la production de
l'Intelligence par le Principe premier, ainsi dans la production de l'Ame par l'Intelligence, celle-ci *fonde* l'autre
et l'*excite* : l'Ame de son côté achève de se déterminer
elle-même. « Ici encore l'être engendré devait être... indéterminé en soi (ἀόριστον ὡσαύτως), mais déterminé (ὁριζόμενον)
et en quelque sorte spécifié (εἰδοποιούμενον) par ce qui l'a
engendré. La production de l'Intelligence est une raison
(λόγος) et une hypostase (ὑπόστασις) qui raisonne. L'une
est la lumière qui se meut autour de l'autre (τὸ περὶ νοῦν
κινούμενον... φῶς), le rayon (ἴχνος) qui lui est suspendu (4). —
L'Ame est l'acte (ἐνέργεια) par lequel l'Intelligence projette
de la vie afin de former une autre hypostase. Ainsi le feu
contient une chaleur qui lui est essentielle et une autre
qu'il laisse échapper. L'Ame toutefois ne s'écoule pas tout
entière de l'Intelligence : une partie y demeure ; une autre
partie subsiste par elle-même (5). »

2° *L'Ame et son contenu.* — Le contenu de l'Ame est

(1) V, 1, 7 (II, 170²⁶) : τέλειον ὄντα γεννᾶν ἔδει, καὶ μὴ δύναμιν... τοσαύτην
ἄγονον εἶναι.
(2) V, 2, 1 (II, 176³¹).
(3) *Ibid.* (II, 176¹⁸). A la ligne 20 : ὥσπερ τὸ πρὸ αὐτοῦ πρότερον προέχει.
(4) V, 1, 7 (II, 170³⁰).
(5) V, 1, 3 (II, 164²¹) : αὐτὴ (sc., ἡ ψυχή)... ἡ πᾶσα ἐνέργεια καθ᾽ἣν
προΐεται ζωὴν εἰς ἄλλου ὑπόστασιν· οἷον πυρὸς τὸ μὲν ἡ συνοῦσα θερμότης, ἡ δὲ
ἣν παρέχει. Δεῖ δὲ λαβεῖν ἐκεῖ οὐκ ἐκρεούσαν, ἀλλὰ μένουσαν μὲν τὴν ἐν αὐτῷ,
τὴν δὲ ἄλλην ὑφισταμένην.

une Infinité de Raisons séminales, comme le contenu de l'Intelligence était une Infinité d'Idées. Ici et là, d'ailleurs, l'Infinité consiste dans la consubstantialité de l'Unité et de la Multiplicité, ou plutôt encore, dans la perfection d'une puissance dont l'activité n'a pas de limites. « Toutes les Ames forment une Ame qui est une et en même temps infinie (πᾶσαι αἱ ψυχαί... μία, οὕτω δὲ μία, ὡς ἄπειρος αὖ)... (Il faut entendre par là) que l'Ame ne manque à rien et qu'elle est partout en restant ce qu'elle est... L'unité de l'Ame n'est pas une unité qu'on puisse mesurer... Si donc l'unité peut être affirmée de son essence, il est nécessaire qu'elle paraisse contenir d'une certaine manière dans sa puissance (ἐν τῇ δυνάμει) la nature opposée à la sienne, c'est-à-dire la multitude, qu'il ne tienne pas du dehors cette multitude, mais qu'il l'ait par lui-même et de lui-même (παρ' αὑτοῦ καὶ ἐξ αὑτοῦ), qu'il soit par là véritablement un et... en même temps infini et multiple (ἄπειρόν τε καὶ πλῆθος) (1). — (L'Ame universelle) est à la fois une et infinie (ἕν... καὶ ἄπειρον); elle contient en même temps toutes choses et chaque chose distinctes mais non séparées : sinon comment posséderait-elle l'infini (ἄπειρον) (2) ? » Telle la science dont chaque proposition contient toutes les précédentes et toutes les suivantes (3).

3° *L'Ame et sa valeur.* — L'Ame enfin est à l'instar de l'Intelligence très grande et pourtant imparfaite. — C'est

---

(1) VI, 5, 9 (II, 392 ¹³).
(2) VI, 4, 14 (II, 379 ²⁸). Cf. *ibid.* (II, 380 ²) : οὐ γὰρ δὴ μίαν ζωὴν ἰδεῖν αὐτὸ ἔχειν, ἀλλ' ἄπειρον.
(3) IV, 9, 5.

l'Ame universelle qui a produit, en leur soufflant la vie (ἐμπνεύσασα... ζωήν) (1), tous les animaux qui sont sur la terre, dans l'air et dans la mer, ainsi que les astres divins, le soleil et le ciel immense... Elle leur est d'ailleurs nécessairement supérieure, puisqu'ils commencent et meurent, suivant que l'Ame leur donne ou leur retire la vie, tandis qu'elle-même est éternelle et ne se fait jamais défaut à elle-même... Silence donc, ô terre; silence, ô mer, air, et toi-même ciel! Représentons-nous cette Ame qui déborde (εἰσρέουσαν) de tous côtés dans la masse immobile; elle s'y répand (εἰσχυθεῖσαν); elle la pénètre intimement et l'illumine. Comme le nuage sombre que le soleil frappe de ses rayons éclatants brille et devient d'or à la vue : ainsi l'Ame en pénétrant dans le monde a tiré ce corps de l'inertie où il gisait, et lui a donné la vie et l'immortalité... Elle a fait une chose admirable de ce qui n'était avant sa venue qu'un cadavre inerte, terre et eau, ou plutôt ténèbres matérielles et non-être (2)... » L'Ame en effet est l'« image (εἰκών) », « le Verbe et l'acte (λόγος καὶ ἐνέργεια) », « l'hypostase (ὑπόστασιν) (3) » de l'Intelligence. Entre l'une et l'autre pas plus qu'entre l'Intelligence et le Principe premier il n'existe « d'intermédiaire (μεταξὺ οὐδέν) (4). » — Cependant l'Ame est moins parfaite que l'Intelligence. A l'endroit même que nous citions tout à l'heure, Plotin écrit : « *Quoique* l'Ame soit ce que nous avons démontré, elle

(1) Cf. Gen., II, 7 ; ἐνέφυσεν (ὁ θεός) εἰς τὸ πρόσωπον αὐτοῦ πνοὴν ζωῆς, paroles que Plotin a pu certainement lire, sinon dans la Genèse même, du moins dans les commentaires de PHILON le Juif sur la Genèse.
(2) V, 1, 2 (II, 162 ¹⁹).
(3) V, 1, 3 (II, 164 ²⁰).
(4) V, 1, 6 (II, 169 ¹¹).

(n·) est (que) *l'image de l'Intelligence* (1). — Rien ne sépare celle-ci et celle-là *si ce n'est la distinction de leur essence* (τὸ ἑτέροις εἶναι) (2). » L'Ame, en effet, qui est engendrée est nécessairement inférieure à l'Intelligence qui l'engendre (3) : « ainsi la lumière qui se répand finit par devenir ténèbres (4). » En d'autres termes l'Ame et l'Intelligence sont toutes deux infinies. Mais l'infinité de l'Intelligence est plus voisine de l'infinité divine que celle de l'Ame : c'est une infinité par simplicité et plénitude. Au contraire, l'Ame est sans doute infinie encore pour les mêmes raisons ; mais elle l'est aussi déjà par défaut et par extension. Elle nous amène non seulement aux confins du monde sensible, mais jusqu'à cette matière dont l'infinité se confond avec le néant. Plotin écrit donc justement : « Là (sc., à l'Ame) finissent les choses divines. — Καὶ μέχρι τούτων τὰ θεῖα (5). »

(1) V, 1, 3 (II, 164 ^{20}).
(2) *Ibid.* (II, 165 ^{5}).
(3) V, 1, 6 (II, 168 ^{31}).
(4) IV, 3, 9 (II, 20 ^{31}).
(5) V, 1, 7 (II, 171 ^{9}).

CHAPITRE TROISIÈME

L'EXPANSION DE L'INFINI

(Suite.)

Si la Puissance de Dieu est infinie, son expansion, avons-nous dit, sera nécessairement infinie comme elle. L'Ame ne peut donc terminer cette expansion. Au contraire le Monde sensible en sera le prolongement. On devra par suite à propos de ce Monde, de son existence, de son contenu et de sa valeur répéter les considérations que nous avons faites sur l'Intelligence et sur l'Ame aux mêmes points de vue. Enfin la réalité de la Matière doit être purement idéale ; autrement cette réalité limiterait la puissance divine. Seulement ce point demandera une discussion assez longue. Nous subdiviserons donc notre troisième chapitre en deux parties : 1° l'Infinité divine et le *Monde sensible ;* 2° l'Infinité et la *Matière* dont l'étude devrait suivre logiquement les considérations relatives au contenu du Monde sensible.

I

L'Infinité divine et le Monde sensible. — Nous étudierons ce Monde successivement, et au point de vue de l'Infinité, dans son existence, son contenu et sa valeur.

1º *L'existence du Monde sensible.* — L'Ame, d'abord, n'a pour créer « ni cédé à un conseil étranger (οὐκ ἐπακτῷ γνώμῃ) », ni voulu ou délibéré (οὐδὲ βουλὴν ἢ σκέψιν ἀναμείνασα) (1) »; elle a agi « suivant sa nature (κατὰ φύσιν) (2) », « par la puissance de son essence (οὐσίας δυνάμει) (3) : ainsi « le feu produit de la chaleur, et le froid vient d'un principe contraire (4). » — On peut donc distinguer dans l'Ame deux puissances : l'une la pousse à sortir d'elle-même et à produire (τὸ μὲν ἐξ αὐτῆς εἰς ἄλλο); l'autre tient l'Ame en elle-même (τὸ δὲ ἐν αὐτῇ) (5). Par celle-ci donc l'Ame demeure (μένοντος) (6) en elle-même; elle y veille (ἐγρηγορός) (7); elle se contemple et elle contemple Dieu (8). Cette puissance est l'Etre même de l'Ame (τοῦ εἶναι αἰτία) (9). La seconde puissance, au contraire, est seulement la cause de l'ordre (τοῦ εὖ εἶναι) (10) : par elle l'Ame se répand dans

---

(1) IV, 3, 10 (II, 22 [14]).
(2) *Ibid.* (II, 22 [16]).
(3) *Ibid.* (II, 22 [20]). Cf. *Ibid.* (II, 22 [32]) : ὧν τὴν δύναμιν εἰς τὸ ποιεῖν ἔχει.
(4) *Ibid.* (II, 22 [30]).
(5) IV, 3, 10 (II, 23 [2]).
(6) I, 8, 2 (I, 100 [25]).
(7) IV, 3, 10 (II, 23 [7]).
(8) I, 8, 2 (I, 100 [27]).
(9) II, 1, 5 (I, 124 [11]).
(10) *Ibid.*

les choses et s'efforce de les faire vivre de la même vie qui l'anime (1). — Nous retrouvons en particulier à propos de l'Ame et de sa procession *l'éternité* et *l'ubiquité* qui caractérisent si bien l'Infinité qualitative du Principe premier. « Il n'y a pas eu d'instant où l'Ame n'ait été présente à l'univers, et il n'y en a pas eu où celui-ci ait subsisté sans âme (οὐκ ἦν ὅτε οὐκ ἐψύχωτο τόδε τὸ πᾶν, κ. τ. λ.) (2). — Si l'éternité est une vie en repos, identique et par suite infinie (καὶ ἄπειρος), l'image de l'éternité est le temps (εἰκόνα... τοῦ αἰῶνος τὸν χρόνον). La vie, qui est là haut, a pour homonyme (ὁμώνυμόν) la vie de cette puissance qu'est l'Ame (du monde)... A la place d'un Infini *intensif* (ἀντὶ δὲ ἀπείρου... καὶ ὅλου), c'est un infini par succession sans terme (τὸ εἰς ἄπειρον πρὸς τὸ ἐφεξῆς ἀεί) (3). » D'autre part, l'Ame devant procéder (προιέναι εἰ μέλλοι) a engendré le *lieu* (τόπον) et le corps... Mais si le monde est animé, l'Ame n'est pas sa servante (οὐχ αὐτοῦ); elle le favorise seulement de son travail (ἀλλ' αὐτῷ). Elle le domine, mais il ne la domine pas; elle le possède, mais il ne la possède pas (κρατούμενος οὐ κρατῶν καὶ ἐχόμενος ἀλλ' οὐκ ἔχων). Il repose sur l'Ame et celle-ci le soutient (ἀνεχούσῃ). Comme le filet qui s'agite au sein des eaux ne peut les embrasser toutes, mais s'y étend au moins autant qu'il le peut,... ainsi le monde entoure l'Ame et la presse, car il n'existe que dans la mesure où elle le détermine (ὁρίζεται) (4). » — On doit cependant faire une restriction importante. Tandis que

(1) IV, 3, 10 (II, 23 [4]).
(2) IV, 3, 9 (II, 20 [21]).
(3) III, 7, 11 (I, 326 [14]).
(4) IV, 3, 9 (II, 20 [29]).

l'Ame universelle au sein d'une complète immobilité, l'Ame « se meut (κινηθεῖσα) (1) » en organisant le monde sensible. Nous disions plus haut avec Plotin qu'à l'Ame finissaient les choses *divines*. C'était vrai de l'Ame considérée comme hypostase immédiate de l'Intelligence. Ce n'est plus vrai de l'Ame considérée dans sa partie inférieure et dans sa procession : là, au contraire, commencent les choses mortelles.

2° *Le Monde sensible et son contenu*. — Les âmes sont les Raisons séminales engagées dans la matière. « Elles demeuraient d'abord dans le monde intelligible conjointement avec l'Ame universelle et partageaient avec celle-ci l'administration du monde... Mais elles se sont éloignées de l'Ame universelle et elles sont revenues chacune à ce qui leur appartenait en propre (εἰς τὸ αὐτῶν)... Leur existence dès lors est devenue particulière ; elles se sont trouvées accablées d'une foule de soins ; non seulement elles ont été présentes au corps (sc., à la matière), mais elles s'y sont engagées profondément (2). »

Pourquoi cette descente ? « Elle n'a été ni volontaire ni forcée (οὔτε ἑκοῦσαι οὔτε πεμφθεῖσαι) : ni volontaire, puisqu'elle n'est pas choisie et consentie par les âmes ; ni forcée, puisque celles-ci ont cédé à une sorte d'impulsion naturelle (ὡς τὸ πηδᾶν κατὰ φύσιν) (3). » Cette impulsion naturelle n'est autre que la poussée par laquelle tout principe agit au

---

(1) V, 2, 1 (II, 176 ²⁴).
(2) *Enn.*, IV, 8 4 (II, 147 ¹⁰).
(3) *Enn.*, IV, 3, 13 (II, 26 ⁸).

dehors, dès qu'il est arrivé à sa plénitude. « L'Un ne devait pas être seul... Par conséquent la multitude même des êtres nés de lui n'existerait pas, si de ces êtres ne sortaient par voie de procession (τῶν... τὴν πρόοδον λαβόντων) les natures inférieures destinées à prendre le rang d'âmes (ψυχῶν... τάξιν). De même il ne fallait pas seulement que les âmes existassent, mais qu'elles révélassent encore ce qu'elles étaient capables d'engendrer. Il est naturel, en effet, à chaque chose de produire quelque chose au-dessous d'elle, de le tirer d'elle-même par un développement semblable à celui d'une semence, développement dans lequel un principe indivisible procède à la production d'un objet sensible, et où ce qui procède demeure à sa propre place en même temps qu'il engendre ce qui suit par un pouvoir ineffable (1). » Les âmes donc se sont élancées d'en haut ici-bas afin d'y développer leurs puissances.

Toutefois le principe des âmes, c'est-à-dire leur intelligence, ne descend pas avec elles ; si leurs pieds touchent la terre, leur tête s'élève au-dessus du ciel (2). Toutes ensuite ne sont pas descendues également ; les unes sont descendues plus bas, les autres moins bas (3). — Nous obtenons ainsi une hiérarchie d'âmes, dont l'unité foncière et les dons variés constituent au sein du Monde sensible une *infinité* pareille à celle du Monde et dérivée en somme de l'Infinité divine. Un texte décisif en fait foi. « La

---

(1) IV, 8, 6 (II, 149 ^{29}) : — εἴπερ ἑκάστῃ φύσει τοῦτο ἔνεστι τὸ μετ' αὐτὴν ποιεῖν καὶ ἐξελίττεσθαι οἷον σπέρματος ἔκ τινος ἀμεροῦς ἀρχῆς εἰς τέλος τὸ αἰσθητὸν ἰούσης, μένοντος μὲν ἀεὶ τοῦ προτέρου ἐν τῇ οἰκείᾳ ἕδρᾳ, τοῦ δὲ μετ' αὐτὸ οἷον γεννωμένου ἐκ δυνάμεως ἀφάτου.

(2) IV, 3, 12 (II, 24 ^{11}).

(3) *Ibid.* (II, 25 ^{21}).

« ne devait pas être arrêtée ou circonscrite dans son action. La procession devait être continue (χωρεῖν δὲ ἀεί). Ainsi, de degré en degré, toutes choses arrivaient aux dernières limites du possible. C'est le propre en effet d'une puissance inépuisable (δυνάμεως ἀπλέτου) de se communiquer à toutes choses et de ne pas endurer que ce qui peut la recevoir soit déshérité d'elle (1). » — On distinguera ainsi les âmes des astres, l'âme de la Terre, les diverses âmes humaines, et l'âme de la Nature animale et végétale. Les premières sont des dieux ; elles ont l'intuition complète de l'intelligence ; elles nous connaissent mais n'ont pas d'organes (2). L'âme de la Terre n'a pas non plus d'organe, mais elle a des espèces de sens (3). Au dernier rang vient l'âme de la Nature animale et végétale : son action est aveugle, mais sûre comme l'instinct (4).

L'âme humaine, qui tient le milieu entre celle-ci et l'âme de la Terre, comprend trois parties : l'intelligence, l'âme raisonnable et l'âme irraisonnable. L'intelligence est impassible, immatérielle, séparée du corps ; l'intelligible est son propre fonds, mais elle n'en prend conscience qu'en réfléchissant (5). L'âme raisonnable est séparable, mais non séparée du corps (6) ; son opération ordinaire

---

(1) IV, 8, 6 (II, 150¹²) : ὅση ἦν ἐν ἐκείνῳ, ἦν οὐκ ἔδει στῆσαι οἷον περιγράψαντα..., χωρεῖν δὲ ἀεί, ἕως εἰς ἔσχατον μέχρι τοῦ δυνατοῦ -ὰ πάντα ἥκῃ αἰτίᾳ δυνάμεως ἀπλέτου ἐπὶ πάντα παρ' αὐτῆς πεμπούσης καὶ οὐδὲν περιιδεῖν ἄμοιρον αὐτῆς δυναμένης.
(2) II, 3, 3 (I, 135³¹). II, 3, 9 (I, 14¡²³). IV, 4, 6-8 et 26.
(3) IV, 4, 27.
(4) VI, 4, 13-14.
(5) I, 1, 13 (I, 49¹²). I, 1, 2, 4, 11. V, 3, 3 (II, 181¹¹).
(6) IV, 3, 23 (II, 36¹¹).

puisqu'elle implique incertitude et recherche (1); l'âme raisonnable possède en outre l'imagination et la mémoire intellectuelles : la sensation n'étant qu'une pensée obscure, cette imagination et cette mémoire en perçoivent, conservent et représentent à la raison l'élément intelligible (2). L'âme irraisonnable constitue avec le corps le composé qu'on nomme l'animal ; ses facultés sont l'imagination et la mémoire sensibles ; elle est le siège de l'appétit concupiscible et irascible ; par elle le corps vit et se reproduit (3).

Aux confins du monde sensible se trouve la *Matière*. Celle-ci n'est que le degré dernier et idéal de la Puissance infinie. Mais, comme nous l'avons dit au début de ce paragraphe, la démonstration de ce point demandera une place considérable. C'est pourquoi nous examinerons immédiatement la *valeur* du monde sensible dans son rapport avec l'Infinité divine et nous consacrerons ensuite un paragraphe spécial à l'étude de la Matière.

3º *Le Monde sensible et sa valeur*. — Le Monde sensible est *le meilleur* des mondes corporels (4) (τῶν μετὰ σώματος... ἀρίστῳ); il est tout à fait beau (πάγκαλον), complet, harmonieux (5). Cependant certaines choses mauvaises donnent lieu d'élever des doutes sur la Providence universelle (6); le monde sensible en particulier est le théâtre

---

(1) V, 3, 2 (II, 179²⁸).
(2) I, 1, 7. I, 4, 10. IV, 3, 23-26. IV, 3, 31-32. IV, 4, 1-6. IV, 4, 18-21. IV, 5, 1-8. VI, 7, 7 (II, 434¹⁰).
(3) Cf. note précéd. et I, 1, 6 (I, 45³), I, 1, 9 (I, 46²⁸).
(4) III, 2, 3 (I, 229³).
(5) *Ibid.* (I, 229¹⁰).
(6) III, 2, 1 (I, 226⁸).

thèse a été posée en conséquence de l'Infinité divine ; c'est de l'Infinité encore que Plotin va tirer la réponse la plus solide à l'objection.

D'abord l'existence du Monde sensible était nécessaire. Le Principe premier et les principes inférieurs étant des puissances parfaites ont surabondé. « Le monde sensible n'a pas existé par un raisonnement qui aurait prouvé la nécessité de son existence, mais parce qu'une seconde nature était nécessaire. Le monde intelligible, en effet, ne pouvait être le dernier des êtres, puisqu'il était premier et qu'il avait une puissance grande, totale (πᾶσαν), capable de créer sans délibération (2). » — D'autre part, « l'être engendré est toujours inférieur à l'être qui engendre (3). » L'Intelligence, en effet, et la Nécessité se partagent le Monde. Celui-ci ne pouvait être exclusivement ni l'une, qui n'avait pas à se répéter, ni l'autre, d'où il était impossible qu'aucun ordre sortît. Or c'est de la Nécessité que le caractère inférieur du Monde provient (4). — On demandera alors pourquoi la Nécessité ? Les choses en s'éloignant de leur Principe s'abaissent et s'épuisent. Il fallait un dernier degré. Ce dernier degré est la Nécessité ou le Mal. Le Mal n'est qu'un moindre bien. « Le Bien ne pouvait être seul. Il fallait que son exode ou, si l'on aime mieux, sa descente et son affaiblissement continus amenassent un degré dernier, après lequel rien ne pouvait

---

(1) III, 2, 2 (I, 227 19).
(2) III, 2, 2 (I, 227 27).
(3) V, 1, 6 (II, 168 31).
(4) III, 2, 2 (I, 228 22). Cf. III, 3, 2 (I, 252 30).

la Matière. — Le Mal n'est qu'un moindre Bien (1). »

Ces considérations sur la puissance infinie ne justifient pas seulement l'existence du Mal en général; elles permettent d'expliquer aussi les maux particuliers. — On critique par exemple quelques parties du monde. C'est juger du genre humain par Thersite. On doit considérer, non les détails, mais l'ensemble. Or cet ensemble est magnifique, complet, harmonieux. Tout y aspire et y concourt au bien : c'est une image qui se forme perpétuellement sur son modèle intelligible et qu'elle reproduit par la variété infinie de ses puissances (2). — Soit encore la lutte pour la vie. Les êtres poursuivent des buts différents; ils s'entravent; ils disparaissent pour se renouveler : tel l'acteur qui change de costume. Le néant enfin n'était pas préférable, parce qu'il vaut mieux être que n'être pas (3). Les guerres sont jeux d'enfants. Les milliers d'êtres qui y trouvent la mort ne font que devancer leur terme. Nos richesses en sont diminuées; mais ces richesses ont été et seront à d'autres : pouvait-on dire qu'elles nous appartenaient vraiment? Enfin nous perdrions à les garder et nous gagnons à les perdre à cause des maux qui en sont inséparables. Quant aux meurtres, aux massacres, au pillage des villes, on doit les considérer du même œil qu'au théâtre on regarde les changements des scènes et des personnages, les pleurs et les cris des acteurs (4). —

(1) I, 8, 7 (I, 107[19] et III, 2, 5 (1,233[8]).
(2) III, 2, 3; II, 3, 18 (I, 150[12]); III, 2, 11 et le § précédent *Le Monde sensible et son contenu*.
(3) III, 2, 15 (I, 243[14]).
(4) III, 2, 15 (I, 244[1]).

aux méchants : ainsi la pauvreté et la maladie ; ils nous stimulent, nous font connaître le prix de la vertu (1) ; par eux, enfin, la Providence manifeste sa justice (2) : les anéantir serait l'anéantir (3). — Toujours et partout revient donc la même idée d'une Puissance infinie qui a surabondé nécessairement en vertu de son Infinité, que son expansion infinie reproduit admirablement par sa continuité, son immensité et sa perpétuité, tandis qu'au regard de cette expansion et de cette Puissance, hommes et choses ne valent chacun que dans la mesure où ils les expriment.

Tout de même beaucoup de désordres viennent de la liberté. L'homme est en effet maître de ses actes. Le fatalisme stoïcien est faux (4). Le destin d'Héraclite nie à tort les causes secondes (5). La sympathie universelle, qui fonde l'astrologie, n'est pas la nécessité (6). L'homme est libre et il agit librement, quand il obéit à la raison (7). Mais, si la raison est présente chez tous, tous ne s'en servent pas également (8). Pourquoi ? Question vide de sens. On ne demande pas pourquoi les plantes ne sont pas des animaux, pourquoi les animaux ne sont pas des hommes, et le reste. L'homme est complet en soi : cela suffit (9). N'accusons donc pas le meilleur à cause du pire,

(1) III, 2, 5 (I, 232 15).
(2) III, 2, 5 (I, 232 16).
(3) III, 3, 7 (I, 259 19).
(4) III, 1, 4.
(5) III, 1, 7.
(6) III, 3, 6.
(7) III, 3, 4 (I, 254 21).
(8) *Ibid.* (I, 254 29).
(9) III, 3, 3.

quelque chose de sa perfection (1). Enfin, la liberté n'est pas absolue. Le corps et les passions nous assujettissent à leur empire (2). La liberté elle-même est comprise de toute éternité dans le plan de l'univers (3).

L'examen du présent ne suffit pas en effet; les périodes passées et la vie future doivent aussi entrer en compte. On voit alors s'exercer la Providence et sa justice distributive (4). Les âmes, qui ont été injustes avant ou pendant cette vie, passent dans de nouveaux corps pour y subir la punition méritée (5). Les tyrans demeurent esclaves. Celui qui a tué sa mère sera tué par son fils. Le violateur d'une femme deviendra femme pour être violé à son tour (6). Quant aux âmes, qui se sont détachées du corps par la pratique de la vertu, elles n'entrent plus dans rien de corporel. Leurs puissances végétative et sensitive, désormais inutiles, remontent au principe qui les avait laissées s'étendre hors de lui, et n'existent plus que virtuellement (7). Elles ne raisonnent plus, ne se souviennent plus, ne parlent plus. Le monde intelligible est leur séjour; la béatitude, leur partage. Leur vie est parfaite, en effet. Absolue, leur liberté, puisqu'elles ne dépendent plus que d'elles-mêmes et qu'elles exercent toute leur activité. Unies à Celui dont les êtres tiennent leur perfection, elles s'y

---

(1) III, 3, 7 (I, 259 ^{27}).
(2) *Ibid.* (I, 255 ^{13}).
(3) *Ibid.* (I, 255 ^{14}).
(4) III, 2, 13 (I, 240 ^{24}).
(5) IV, 3, 24.
(6) III, 2, 13 (I, 240 ^{27}).
(7) III, 4, 6 (I, 266 ^{9}); IV, 4, 29 (II, 80 ^{18}); IV, 5, 7 (II, 113 ^{2}); IV, 3, 32 (II, 46 ^{27}); IV, 4, 3-6.

à leurs vœux (1). Cette béatitude, enfin, peut être dès ici-bas le fruit de l'extase. Or celle-ci est en notre pouvoir. La connaissance de Dieu, et le bonheur qui lui est attaché, justifient la Providence (2).

II

L'Infinité divine et la matière. — La nature de la Matière et son rapport avec le Principe premier est encore plus difficile à déterminer chez Plotin que chez Philon. Pourtant cette détermination est très importante. Si, comme nous le pensons, la Matière n'est plus pour Plotin que le dernier degré de l'être et la limite idéale de son développement, la philosophie des *Ennéades* devient la première et considérable doctrine *moniste* que l'histoire de la pensée antique nous présente. De plus, la Matière perdant toute réalité constitue enfin cet Infini nouveau, négatif, image de l'Infini positif, vers lequel celui-ci n'avait cessé de tendre et auquel il devait aboutir en développant son essence et sa notion. Mais, d'autre part, il n'est pas aisé d'établir que la philosophie de Plotin soit un monisme. Certains textes sont dualistes et d'autres contradictoires. Cependant l'Infinité divine qui est l'idée maîtresse du système exigeait le monisme. La description de la Matière qu'on lit aux livres II, 4 et III, 6, est plutôt moniste. Enfin

(1) I, 4, 3 (I, 66⁸⁶); I, 5, 10 (I, 84¹⁰); IV, 7, 10.
(2) Cf. chap. suiv.

manière décisive la thèse moniste.

Certains textes sont franchement *dualistes*. — Ainsi les deux passages où Plotin établit l'*existence* de la matière. L'un présente les choses comme le *Timée* : les corps changent ; tout changement suppose un sujet dans lequel il s'accomplit ; ce sujet est la matière (1). L'autre reproduit la distinction aristotélicienne de la matière et de la forme : « Si les corps changent, ils ne peuvent être ni l'Acte premier, ni la matière première ; ils se composent donc nécessairement de matière et de forme (2). » — La Matière, ensuite, paraît jouer chez Plotin le rôle limitatif et corrupteur qu'elle jouait déjà chez Platon et chez Aristote. « La nature sensible est un mélange d'intelligence et de nécessité (μεμιγμένη... ἐκ τε νοῦ καὶ ἀνάγκης) (3) : ce qui vient de Dieu est bon, le mal (τὰ... κακὰ) vient de la nature primitive (ἐκ τῆς ἀρχαίας φύσεως), c'est-à-dire de la matière (τὴν ὕλην) qui est le sujet des espèces et qui n'est pas encore organisée (4). — Il a fallu que l'harmonie survînt entre l'Intelligence et la Nécessité. Celle-ci, en effet, tire (ἑλκούσης) (le monde) vers le pire et le porte (φερούσης) à la déraison, car elle est déraisonnable elle-même ; mais l'Intelligence l'emporte sur la Nécessité (5). — Tout (dans le monde) a été ordonné par le général (sc., l'Ame du monde ou, en somme, Dieu) : cependant au dehors étaient des choses

---

(1) II, 4, 6 (I, 154 19).
(2) II, 4, 6 (I, 155 6).
(3) Ἀνάγκη et ὕλη sont synonymes chez Plotin comme chez Platon.
(4) I, 8, 7 (I, 107 8).
(5) III, 2, 2 (I, 223 23).

(καίτοι ἔξωθεν, etc.)... (1). » — Enfin le texte que nous donnerons comme le plus décisif en faveur du monisme, poursuit ainsi d'un seul trait et de façon absolument contradictoire : « La matière ayant existé éternellement, il n'était pas possible que, dès qu'elle existait, elle ne participât pas à ce qui communique le bien à toutes choses dans la mesure où chacune le peut recevoir (2). » Voilà pour la thèse dualiste. Voici pour la thèse moniste ; encore le passage demeure-t-il ambigu : « Si la génération de la matière a été la conséquence nécessaire de principes antérieurs à elle, il ne fallait pas cependant qu'elle fût entièrement privée (du Bien) par l'impuissance où elle se trouvait, avant que vînt à elle la cause qui existait en soi et qui lui a fait en quelque sorte cadeau de l'être (3). »

Ce dualisme toutefois s'atténue d..., si l'on étudie attentivement la *description* plotinienne de la matière. Celle-ci n'est ni l'infini d'Anaximandre, ni le mélange d'Anaxagore, ni l'élément d'Empédocle; ces principes, en effet, sont obscurs, contradictoires en soi, contraires à l'expérience; ils ne laissent en outre à l'Intelligence qu'un rôle insuffisant (4). La matière est sans qualités (ἄποιος) : elle n'est ni colorée, ni chaude ou froide, ni légère ou

---

(1) III, 3, 2 (I, 252 ^{30}).
(2) IV, 8, 6 (II, 150 ^{20}) : εἴτ' οὔτ' ἦν ἀεὶ ἡ τῆς ὕλης φύσις, οὐχ οἷόν τε ἦν αὐτὴν μὴ μετασχεῖν οὖσαν τοῦ πᾶσι τὸ ἀγαθὸν καθ' ὅσον, κ. τ. λ.
(3) IV, 8, 6 (II, 150 ^{22}) : εἴτ' ἐπηκολούθησεν ἐξ ἀνάγκης ἡ γένεσις αὐτῆς τοῖς πρὸ αὐτῆς αἰτίοις, οὐδ' ὡς ἔδει χωρὶς εἶναι, ἀδυναμίᾳ πρὶν εἰς αὐτὴν ἐλθεῖν στάντος τοῦ καὶ τὸ εἶναι οἷον ἐν χάριτι δόντος.
(4) II, 4, 7.

figure, ni quantité d'aucune sorte. La quantité en effet est encore « distincte » (1) de l'être, c'est-à-dire de ce à quoi elle s'ajoute : elle est donc une forme, une espèce, une qualité. Or la matière, qui doit recevoir des qualités de toutes sortes, n'en doit posséder elle-même aucune (2). La matière est donc informe (ἄμορφος) (3), pure privation (στέρησις) (4), et vide de tout (πάντων ἔρημος) (5). On demandera, il est vrai, si le fait d'être privé de toute qualité n'est pas déjà une qualité. Mais c'est se payer de mots : tout alors sera qualité (6). Bien plus. Quand les formes envahissent la matière, celle-ci n'en est pas plus affectée, enrichie ou appauvrie, qu'un *miroir* par les images qu'il reflète (7). On peut l'appeler avec Platon, si l'on veut, « réceptacle », « nourrice », « mère » des choses, mais à la condition que cette mère, cette nourrice et ce réceptacle ne concourent en rien à la génération (8). « Seule l'Idée est féconde; la nature opposée est stérile. — Μόνον γὰρ τὸ εἶδος γόνιμον, ἡ δὲ ἑτέρα φύσις ἄγονος (9). »

Jusqu'ici toutefois cette description ne nous apporte aucun trait *essentiellement* différent de ceux qu'on trouve sur le même sujet chez Platon ou Aristote. La matière est présentée ici et là comme une forme d'être inférieure;

(1) II, 4, 9 (I, 157 ^{11}).
(2) Pour tout le passage cf. II, 4, 8-9, 4.
(3) II, 4, 10 (I, 159 ^{7}).
(4) II, 4, 13 (I, 162 ^{21}).
(5) II, 4, 8 (I, 156 ^{32}).
(6) II, 4, 13 (I, 162 ^{14}).
(7) III, 6, 9-13 tout entiers, mais particulièrement III, 6, 9 (I, 294 ^{7}) et III, 6, 13 (I, 301 ^{5}).
(8) III, 6, 19.
(9) III, 6, 19 (I, 309 ^{8}).

certaine réalité. Or Plotin continue avec plus de force qu'aucun de ses prédécesseurs : « La matière ne mérite même pas l'appellation d'*être* (τὴν τοῦ ὄντος προσηγορίαν); on doit plutôt l'appeler non-être (μὴ ὄν), non relatif comme le mouvement ou le repos (1), mais véritable (ἀληθινῶς μὴ ὄν), image et illusion de corps, aspiration à l'existence (ὑποστάσεως ἔφεσις), immobile et mobile, invisible en soi, fuyant qui veut la voir, présente quand on ne la voit pas, absente quand on cherche à la saisir, présentant incessamment en elle les contraires, petite et grande, moindre ou accrue, pauvre ou surabondante, image qui ne peut ni rester ni fuir : comment en effet pourrait-elle même fuir, puisqu'aucune force ne lui vient de l'Intelligence, mais qu'elle consiste dans le défaut total de l'Etre (ἐν ἐλλείψει τοῦ ὄντος παντὸς γενόμενον)? C'est pourquoi toute dénomination qu'on peut faire est mensongère (διὸ πᾶν ὅ ἂν ἐπαγγέλληται ψεύδεται); si on se la représente comme grande, elle est petite; si petite, elle est grande (2). — La matière ne possède pas l'être à la façon du Bien ; elle ne le possède que par homonymie (ὁμώνυμον), en sorte qu'on peut dire qu'elle est véritablement un non-être (ὡς ἀληθὲς εἶναι λέγειν αὐτὴν μὴ εἶναι) (3). — Elle est l'image de l'Etre, ou plutôt le non-être (καὶ ἔτι μᾶλλον μὴ ὄν) (4). » La matière ainsi comprise est identique au Mal absolu. Qu'est-ce en effet que celui-ci? « C'est ce qui n'a pas de mesure par rapport à la mesure,

---

(1) Cf. I, 8, 3 (I, 101 [11]) : οὐχ οὕτω δὲ μὴ ὄν, ὡς κίνησις... ἢ περὶ τὸ ὄν·
(2) III, 6, 7 (I, 291 [13]).
(3) I, 8, 5 (I, 103 [32]).
(4) I, 8, 3 (I, 101 [12]).

rapport à ce qui donne la forme, ce qui ne se suffit jamais par rapport à l'absolu, indétermination éternelle, mobilité perpétuelle, passivité pure, insatiabilité, pauvreté extrême, et non pas accidentellement, mais essentiellement (ἀλλ' οἷον οὐσία αὐτοῦ ταῦτα) (1). » Le Mal premier (πρῶτον) n'est donc que le défaut complet de l'Etre (παντελῶς ἐλλείπῃ). Or la matière n'est elle-même rien autre chose. Elle est donc identique au Mal en soi (2).

Cherchons l'essence et le nom de ces caractères. La matière est ineffable, inconnaissable, autre que tout et donc absolue en soi. Mais ces déterminations négatives étaient aussi celles du Principe premier. La matière est donc un autre *Infini*, dont l'indigence infinie symbolise à l'autre extrémité du monde l'infinie plénitude du Principe premier. Plotin l'écrit : « C'est le fini (τὸ πέρας), la borne (ὅρος), la raison qui ordonne. Ce qui est ordonné et borné est nécessairement l'infini (τὸ ἄπειρον) ; or la matière est ordonnée : elle est donc aussi l'infini (ἀνάγκη τοίνυν τὴν ὕλην τὸ ἄπειρον εἶναι). Non pas, d'ailleurs, accidentellement. L'accident, en effet s'ajoute, et ce qui s'ajoute est une raison. Or la matière n'est pas une raison. A quoi en outre s'ajouterait l'infini ? Au terme et à ce que le terme limite ? Mais la matière n'est pas terminée et elle n'est pas un terme (ἀλλ' οὐ πεπερασμένον οὐδὲ πέρας ἡ ὕλη). Enfin l'infini en s'ajoutant à ce qu'il limiterait perdrait sa nature. La matière n'est donc pas accidentellement l'infini : elle est

---

(1) I, 8, 3 (I, 101 ^{18}).
(2) I, 8, 5 (I, 103 ^{20}). Cf. I, 8, 10 tout entier, et particulièrement (I, 110 ^{11}) : ὀρθῶς ἄρα λέγεται (ἡ ὕλη) καὶ ἄπειος εἶναι καὶ κακή.

l'infini même (αὐτὴ τοίνυν τὸ ἄπειρον). C'est à un tel point que dans le monde intelligible la matière est l'infini (ἐν τοῖς νοητοῖς ἡ ὕλη τὸ ἄπειρον) (1). — Ce qui reçoit le terme, n'est pas terminé; il n'est pas non plus le terme : il est l'infini en tant qu'infini (ἀλλὰ τὸ ἄπειρον καθ᾽ ὅσον ἄπειρον) (2). » Quand, d'ailleurs, la matière reçoit les formes, son infinité ne cesse pas. La plupart des textes que nous venons de citer le laissaient entendre. Plotin le confirme en ces termes : « Comment l'infinité ne disparaît-elle pas quand la forme survient ?... Peut-être si la matière était infinie par sa quantité, la chose se produirait-elle (ἢ εἰ μὲν κατὰ τὸ ποσὸν ἄπειρον, ἀνῄρει [ἂν]). Mais ici il n'en est pas ainsi. Au contraire, l'infinité continue d'être ce qu'elle est (σώζει.. ἐν τῷ εἶναι). Elle s'actualise et se perfectionne dans le sens même qui lui est naturel... Telle la femelle, lorsqu'elle jouit du mâle : jamais plus qu'à ce moment-là elle n'est efféminée (θηλύνεται), c'est-à-dire que ce qu'elle était, elle le devient davantage encore (3). » Ainsi la matière infinie n'est pas une quantité ; elle est une qualité ou plutôt une puissance infiniment petite.

Faisons donc un dernier pas. Non seulement la matière infinie symbolise l'infinie perfection de Dieu; *elle en dérive*. La matière est la limite idéale à laquelle la Puis-

---

(1) II, 4, 15 (I, 164 ^{19}). Cf. *Ibid.* (I, 165 ^{17}) : « La matière est donc infinie par elle-même (ἄπειρον... παρ᾽ αὑτῆς) et par opposition à la Raison. Comme celle-ci n'est en soi que la Raison, ainsi la matière ... sous le rapport de l'infinité n'est rien qu'infinie (κατὰ τὴν ἀπειρίαν οὐκ ἄλλο τι οὖσαν... ἄπειρον). »
(2) II, 4, 16 (I, 165 ^{28}).
(3) II, 4, 16 (I, 165 ^{32}).

sance du Principe premier tend par sa procession, son épanouissement et son amincissement continus et qu'elle n'atteint jamais. « Dans le monde intelligible la matière est l'infini. Celui-ci serait engendré par l'infinité de l'Un, ou par sa puissance ou par son éternité. Dans l'Un, en effet, il n'y a pas d'infinité, mais il la produit (1). Comment donc y a-t-il infinité ici et là ? C'est que l'Infini même est double. En quoi alors l'un diffère-t-il de l'autre ? Comme l'archétype diffère de l'image. Le second est-il donc moins infini que l'autre ? Il l'est davantage. Plus, en effet, cette image fuit l'existence véritable, plus elle est infinie. L'infinité est en raison même de l'indétermination (2). » Ailleurs et plus clairement : « Le Bien n'est pas seul. Il fallait que son exode, ou, si l'on aime mieux, sa descente et son affaiblissement continus amenassent un degré dernier, après lequel rien ne pouvait plus être produit. Ce degré dernier est le Mal..., ou encore la Matière qui n'a plus rien du Bien (3). — Le mal n'est qu'un moindre bien (ἔλλειψιν τοῦ ἀγαθοῦ). Or le Bien s'est ainsi amoindri, parce qu'il est en autre chose. Or cette autre

---

(1) Il paraît y avoir contradiction entre cette ligne des *Ennéades* et la doctrine exposée III, I de ce travail. Mais on peut d'abord remarquer que Plotin ne prend pas ici le mot ἀπειρία tout à fait dans le même sens qu'en III, I de ce travail. De plus, le sens fût-il identique aux deux endroits, les paroles que nous citons ne sauraient prévaloir contre les textes multiples rapportés précédemment.

(2) II, 4, 15 (I, 164[32]) : ἐπεὶ καὶ ἐν τοῖς νοητοῖς ἡ ὕλη τὸ ἄπειρον καὶ εἴη ἄν, γεννηθὲν ἐκ τῆς τοῦ ἑνὸς ἀπειρίας ἢ δυνάμεως ἢ τοῦ ἀεί, οὐκ οὔσης ἐν ἐκείνῳ ἀπειρίας ἀλλὰ ποιοῦντος. Πῶς οὖν ἐκεῖ καὶ ἐνταῦθα; Ἢ δίττὸν καὶ τὸ ἄπειρον· Καὶ τί διαφέρει; Ὡς ἀρχέτυπον καὶ εἴδωλον. Ἐλαττόνως οὖν ἄπειρον τοῦτο; Ἢ μᾶλλον · ὅσῳ γὰρ εἴδωλον πεφευγὸς τὸ εἶναι τὸ ἀληθές, μᾶλλον ἄπειρον. Ἡ γὰρ ἀπειρία ἐν τῷ ἧττον ὁρισθέντι μᾶλλον.

(3) I, 8, 7 (I, 107[19]).

est nécessairement moindre (ἕτερον ἀγαθοῦ ὂν ποιεῖ τὴν ἔλλειψιν) (1). » Plotin écrit enfin d'une façon décisive touchant la descente des âmes : « L'Un ne devait pas être seul... Il est naturel à chaque essence de produire quelque chose au-dessous d'elle... par une puissance ineffable et qui leur est propre. Or il ne fallait pas que cette puissance s'arrêtât et fût en quelque sorte circonscrite par jalousie. La procession devait être continue, jusqu'à ce que toutes ces choses fussent parvenues au dernier degré du possible. C'était le propre, en effet, d'une puissance inépuisable de se communiquer à tout et de ne pas souffrir que quelque chose fût déshérité d'elle, puisque rien n'empêchait chaque chose de participer à la Nature bonne, dans la mesure où elle en était capable (2). »

Qu'on relise maintenant à la lumière de ces textes ceux dont nous faisions tout à l'heure objection au monisme de Plotin. On verra d'abord que les uns ne peuvent prévaloir sur les autres. De plus ils sont en désaccord avec l'idée de l'immutité divine, qui est l'idée maîtresse du système. Si on les étudie enfin en eux-mêmes, on trouvera ou qu'ils traitent précisément d'une question particulière, abstraction faite de cette idée maîtresse, ou qu'ils la réintroduisent toujours à un instant donné. Ainsi le texte I, 8, 7

---

(1) III, 2, 5 (I, 233³).

(2) IV, 8, 6 (II, 149³²) : εἴπερ οὖν δεῖ μὴ ἓν μόνον εἶναι — εἴπερ ἑκάστῃ φύσει τοῦτο ἔνεστι τὸ μετ' αὐτὴν ποιεῖν... ἐκ δυνάμεως ἀφάτου, ὅση ἦν ἐν ἐκείνῳ, ἣν οὐκ ἔδει στῆσαι οἷον περιγράψαντα φθόνῳ, χωρεῖν δὲ ἀεί, ἕως εἰς ἔσχατον μέχρι τοῦ δυνατοῦ τὰ πάντα ἥκῃ αἰτίᾳ δυνάμεως ἀπλέτου ἐπὶ πάντα παρ' αὑτῆς πεμπούσης καὶ οὐδὲν περιιδεῖν ἄμοιρον αὐτῆς δυναμένης, κ. τ. λ.

(I, 107³) dit d'abord : « Le monde est le mélange nécessaire de l'Intelligence et de la Nécessité, etc. », mais continue ensuite de cette façon à la ligne 29 : « Le Bien n'est pas seul. Il fallait que l'Intelligence, etc. » D'autre part les textes III, 2, 2, (I, 228³³) : « Il a fallu que l'harmonie survînt entre l'Intelligence et la Nécessité, etc. », III, 3, 2 (I, 252³⁰) : « Tout (dans le monde) a été ordonné par le général, etc. », et II, 4, 6 (I, 154²⁹) qui reproduit les raisonnements d'Aristote et de Platon sur l'existence de la matière, posent nettement le dualisme. Mais les deux chapitres III, 2, 2 et III, 2, 3 sont intitulés Περὶ προνοίας et Plotin n'y songe visiblement qu'à justifier la Providence touchant l'imperfection du monde. Le dualisme de Plutarque et de Platon en était le moyen le plus commode. D'autre part, le livre II, 4 traite spécialement de la matière. Plotin tout plein de Platon et d'Aristote les résume naturellement, quitte d'ailleurs à substituer plus loin ses propres idées à celles de ses devanciers.

CHAPITRE QUATRIÈME

L'INFINI PAR CONCENTRATION OU EXTASE

La théorie du Monde ne peut clore celle de l'Infinité divine. Si, en effet, la Puissance infinie est le fond de nos âmes, elle est notre Bien et nous devons chercher à nous unir avec elle le plus étroitement possible. Mais notre nature est finie. Nous ne nous unirons donc à l'Infini que dans la mesure où nous nous dégagerons de la Matière, du corps, des choses qui nous limitent et où nous sortirons en quelque sorte de nous-mêmes et de tout. En un mot l'union de l'âme avec l'Infini sera une *extase*. On conçoit d'ailleurs que l'Extase ne se produise pas du premier coup. Des *purifications* doivent au préalable détacher l'âme du monde sensible, et la contemplation l'approcher de Dieu. Ces considérations avaient été toutes développées et d'une façon remarquable par Philon, Plutarque et Numénius. Mais Plotin les reprend et les marque fortement au coin de l'Infinité divine. Philon et Numénius n'ont rien dit, par exemple, de pareil à ce que Plotin dira sur la déification et le bonheur de l'âme durant l'extase. Quoi d'étonnant, si ce bonheur, comme Porphyre le rapporte, avait été accordé à Plotin quatre fois au cours de sa vie mortelle? Nous traiterons d'abord rapidement de la Purification et de la Contemplation, puis plus longuement de l'Extase, dans leur rapport avec l'Infinité divine.

1° PURIFICATION. — Les idées de Plotin sur la *purification* sont sensiblement pareilles à celles de Platon et des Stoïciens, de Philon et des Néopythagoriciens. On doit noter toutefois la subtilité bien plus grande du philosophe alexandrin qui veut toujours combler l'intervalle entre le fini et l'Infini. Le meilleur exemple de cette subtilité est la théorie des vertus (1). — Il y a quatre sortes de vertus, savoir : les vertus civiles, les vertus purificatives, les vertus de l'âme purifiée et les vertus exemplaires. Les vertus civiles (αἱ... πολιτικαὶ ἀρεταί) « définissent et mesurent les désirs de l'âme et... retirent celle-ci du désordre et de l'Infinité (sc., de la matière) (καὶ τῷ ὡρίσθαι καὶ τῶν ἀμέτρων καὶ ἀορίστων ἔξω...) (2). » Ainsi la *prudence* (φρόνησιν) concerne « la partie raisonnable » de l'âme; le *courage* (ἀνδρείαν), « la partie irascible »; la *tempérance* (σωφροσύνην) « accorde et harmonise le désir avec la raison »; il y a *justice* (δικαιοσύνην) enfin, quand « chacune des facultés accomplit sa fonction propre soit en commandant soit en obéissant (3). » — Par les *vertus purificatives* (καθάρσεις) (4) « l'âme n'opine plus avec le corps, mais elle

(1) I, 2.
(2) I, 2, 2 (I, 52 9).
(3) I, 2, 1 (I, 50 12).
(4) I, 2, 3 (I, 52 31).

agit seule et c'est... la *prudence*; l'âme ne pâtit plus avec le corps, et c'est la *tempérance*; l'âme ne craint plus de quitter le corps, et c'est le *courage*; la raison... commande et le corps ne fait plus d'opposition et c'est quelque chose comme la *justice* (1). » — Les vertus civiles et les vertus purificatives engendrent les *vertus de l'âme purifiée* (ἡ ἀρετὴ ἡ ἐν τῷ κεκαθάρθαι) (2). Alors « la *sagesse* consiste à contempler (les essences) que l'intelligence possède;..... par la *justice* l'âme travaille activement autour de l'intelligence (τὸ πρὸς νοῦν ἐνεργεῖν); la *tempérance* tourne intimement (ἡ εἴσω... στροφή) l'une vers l'autre; le *courage* rend l'âme impassible et semblable à ce qu'elle contemple (3). » — Telles sont les vertus de l'âme. Il y a aussi « dans l'intelligence des sortes de *types* supérieurs à la vertu (κἀκεῖ τὰ πρὸ τῆς ἀρετῆς... ὥσπερ παραδείγματα) (4). » Ici « la *sagesse* est... pensée; la conversion, *tempérance*; la (*justice*), accomplissement de la fonction propre; l'analogue du *courage*, l'identité et la persévérance dans la pureté (5). »

2º CONTEMPLATION. — Les opinions de Plotin sur la contemplation sont aussi les mêmes que celles de ses prédécesseurs. Cependant un texte qui en résume beaucoup d'autres recommande fortement l'abandon de la Science. Celle-ci opère, en effet, sur le Fini et le Multiple. Voici ce texte : « L'âme s'éloigne de l'Un (πάσχει... τοῦ ἕν...

---

(1) I, 2, 3 (I, 53 ³).
(2) I, 2, 4 (I, 53 ¹⁶).
(3) I, 2, 6 (I, 56 ⁷).
(4) I, 2, 7 (I, 56 ¹⁷).
(5) I, 2, 7 (I, 56 ²⁹).

ἀπόστασιν) et elle n'est plus une du tout, quand elle acquiert la science (ἐπιστήμην). La science, en effet, est un discours (λόγος); or le discours est multiplicité (πολλὰ δὲ ὁ λόγος)... Il faut donc s'élever au-dessus de la science (ὑπὲρ ἐπιστήμην.., δραμεῖν) (1). » L'objet propre de la contemplation est l'Etre ou Intelligence ou Beauté première (2).

2º L'EXTASE. — L'Extase commence quand l'âme atteint cette Beauté. La Beauté, en effet, réside dans la proportion. Dès lors la contemplation ne donne à l'âme qu'un Principe déterminé. L'âme veut quelque chose de plus haut et cherche ce qui brille à travers la proportion. C'est le Bien. « Dès que l'âme a reçu en elle cette émanation du Bien (τὴν ἐκεῖθεν ἀπορροήν) (sc., la Beauté) elle s'émeut et elle entre en délire (ἀναβακχεύεται); le désir l'aiguillonne et elle devient amoureuse. Auparavant l'Intelligence même ne l'émouvait pas, toute belle qu'elle soit. C'était, en effet, une beauté morte que la lumière du Bien n'illuminait pas (3)... Mais dès que l'âme ressent la douce chaleur du Bien, elle prend des forces, s'éveille et déploie véritablement les ailes. Au lieu de s'arrêter à l'Intelligence qui gît devant elle, elle s'élève comme par une sorte de souvenir à quelque chose d'autre et de plus grand,... jusqu'au Bien

---

(1) VI, 9, 4 (II, 512 [16]). Cf. VI, 9, 10 (II, 522 [23]) : ἀργεῖ (ἡ ψυχὴ) τὴν θέαν οὐκ ἀργοῦν τὴν ἐπιστήμην.

(2) I, 6, 1-9.

(3) Cf. *Ibid.* (II, 453 [19]) : « Pourquoi la Beauté brille-t-elle de tout son éclat sur la face d'un vivant et n'en voit-on après la mort que le vestige, alors même que les chairs et les traits ne sont pas encore altérés ? Pourquoi entre plusieurs statues les plus vivantes paraissent-elles plus belles que d'autres mieux proportionnées ?... C'est que la forme vivante est plus voisine du Bien, etc. »

qu'elle ne peut dépasser parce qu'il n'y a rien au-dessus de Lui (1). »

Si l'Infinité divine provoque l'extase, elle en détermine aussi les *moyens*. — Dieu d'abord est un Infini sans grandeur. Les *sens* par suite ne nous serviraient de rien pour le saisir : « De quelle façon, par quel moyen, comment atteindre cette Beauté inaccessible, réfugiée dans le sanctuaire et qui ne se montre pas aux yeux des profanes ? Que celui qui le peut entre et avance jusqu'au fond,... sans jeter un regard en arrière sur les corps dont la grâce le charmait autrefois... Celui qui s'égarerait à la poursuite de ces vains fantômes aurait une image aussi fugitive que la forme mobile reflétée par les eaux : tel l'insensé, qui, dit la fable, voulut saisir cette image et disparut lui-même dans le courant... C'est ici-bas que nous pouvons nous écrier vraiment : Fuyons vers notre chère patrie. Mais comment fuir ? comment échapper ? Ainsi parle Ulysse dans l'allégorie où il essaie de se dérober à l'empire magique de Circé ou de Calypso, sans que... le spectacle des beautés corporelles qui l'entourent pût le retenir... Notre patrie, c'est d'où nous sommes venus. Là habite notre Père. Mais comment y retourner et y fuir ? Ne comptons pas sur nos pieds : ils ne pourraient que nous porter d'une terre sur une autre terre. Ce n'est pas non plus un char ou un navire qu'il faut nous préparer. Laissons tout cela ;... changeons nos yeux ; éveillons cette vue de l'âme que tout homme possède et dont si peu

---

(1) VI, 7, 22 (II, 452 ²⁹). Cf. VI, 7; 32 (II, 463 ²⁷) : ποῦ οὖν ὁ ποιήσας τὸ τοσοῦτον κάλλος, κ. τ. λ; et VI, 7, 31 tout entier et qui est magnifique.

font usage (1). » L'impuissance des sens ne doit pas nous embarrasser. Dieu est au fond de nous par sa puissance infinie. Rentrons en nous et nous le saisirons. « Par une partie de nous-mêmes nous touchons à Lui (ἐφαπτόμεθα), nous sommes avec Lui (σύνεσμεν) et nous Lui sommes suspendus (ἀνηρτήμεθα)(2) : nous sommes édifiés en Lui (ἐνιδρύμεθα) quand nous nous tournons vers Lui (3). — Contemplez en ne jetant pas votre pensée au dehors (μή ἔξω ῥίπτων τήν διάνοιαν). Dieu, en effet, n'est pas présent ici ou là, privant le reste de sa présence. Il est là où quelqu'un peut le toucher (θιγεῖν); Il est absent pour celui qui ne le peut. Comme, lorsqu'il s'agit des autres objets, on ne peut penser à l'un en même temps qu'à l'autre, de même ici, croyons-le bien, celui qui a dans l'âme quelque image étrangère ne peut concevoir Dieu (4)... » — En résumé, l'âme qui voudra saisir la Puissance divine, infinie et simple, deviendra *simple et infinie* comme Dieu : « De même que la matière doit être dépourvue de toutes qualités (ἄποιον... πάντων) pour recevoir toutes les formes, de même et à plus forte raison l'âme doit être sans forme (ἀνείδεον) si elle veut qu'aucun obstacle ne l'empêche d'être remplie et illuminée par la Nature première (5). — Le Principe premier n'ayant pas en Lui de différence (ἑτερότητα) est toujours présent, et nous lui sommes présents nous-mêmes quand nous n'en avons pas non plus (6). » L'âme devient

---

(1) I, 6, 8.
(2) Cf. VI, 9, 9 (II, 520[19]).
(3) V, I, 11 (II, 174[31]).
(4) VI, 9, 7 (II, 517[25]).
(5) VI, 9, 7 (II, 518[3]). Cf. VI, 7, 34 (II, 466[19]).
(6) VI, 9, 8 (II, 520[9]).

aussi *infinie* pour s'unir au Principe infini : « L'âme doit éloigner d'elle le mal, le bien, et quoi que ce soit, afin de recevoir Dieu seule à seul... Elle ne sent plus alors son corps ; elle ne dit plus qu'elle est en lui, ou ce qu'elle est elle-même, homme, vie, être ou quoi que ce soit. Ce serait déchoir que de voir ces choses... En quel état elle se trouve, elle n'a pas le loisir de le considérer (1). Elle ne saura même pas qu'elle est unie au Principe premier (2). — Alors l'âme ne se meut plus, parce que Dieu ne se meut pas non plus ; elle n'est plus âme, parce que Celui-ci ne vit pas, mais est au-dessus de la Vie ; elle n'est plus intelligence, parce que Celui-ci ne pense pas : la ressemblance (ὁμοιοῦθαι) doit être complète (entre Dieu et l'âme). L'âme enfin ne pense même pas Dieu, parce qu'elle ne pense pas (durant l'extase) (νοεῖ δὲ οὐκ ἐκεῖνο ὅτι οὐδὲ νοεῖται) (3). »

La *nature* de l'extase est ainsi corrélative à l'Infinité divine. L'extase est une déification ; l'Infini absorbe l'âme dans une union ineffable. « Quand Dieu vient dans l'âme ou plutôt qu'Il lui manifeste sa présence..., lorsqu'elle est devenue semblable à Lui (εἰς ὁμοιότητα ἐλθοῦσα)..., elle Le voit tout à coup paraître en elle : plus d'intervalle et plus de dualité ; tous deux ne sont qu'un (μεταξὺ... οὐδὲν οὐδ' ἔτι δύο, ἀλλ' ἓν ἄμφω). On ne peut discerner l'une de l'Autre, tant qu'Il lui est présent (οὐ γὰρ ἂν διακρίναις ἔτι, ἕως πάρεστι). C'est cette union qu'imitent ici-bas ceux qui aiment et qui

---

(1) VI, 7, 34 (II, 467⁵) : ἀλλὰ δεῖ (τὴν ψυχὴν) μήτε κακὸν μήτ' αὖ ἀγαθὸν μηδὲν ἄλλο πρόχειρον ἔχειν, ἵνα δέξηται μόνη μόνον... οὔτε σώματος ἔτι αἰσθάνεται, ὅτι ἐστὶν ἐν αὐτῷ, οὔτε ἑαυτὴν ἄλλο τι λέγει, οὐκ ἄνθρωπον, οὐ ζῷον, οὐκ ὄν, οὐδὲ πᾶν.
(2) VI, 9, 7 (II, 518¹³).
(3) VI, 7, 35 (II, 469¹⁵).

sont aimés en cherchant à se fondre en un seul (1). — Si tu deviens (pur), si tu te vois toi-même, que tu sois rentré en toi, qu'aucun obstacle ne t'empêche de devenir un, mais que tu sois toi-même lumière véritable et rien que lumière, lumière que l'étendue ne mesure pas, que la forme ne rend pas susceptible de diminuer, qui ne peut non plus grandir précisément parce qu'elle est infinie, mais qui échappe partout à la mesure comme étant plus grande que toute mesure et supérieure à toute quantité : si, devenu cela, tu te vois toi-même, tu es devenu la vision même (2). — Alors l'âme peut voir Dieu et se voir elle-même autant qu'il lui est possible. Elle se voit elle-même brillante, pleine d'une lumière intelligible, ou plutôt devenue elle-même lumière pure, subtile, légère, devenue Dieu, ou plutôt elle est Dieu (θεὸν γινόμενον, μᾶλλον δὲ ὄντα) (3). — Alors celui qui voit ne voit pas, ne distingue pas et n'imagine pas deux choses ; mais il est devenu en quelque façon autre (οἷον ἄλλος γενόμενος), il n'est plus lui (οὐκ αὐτός), il ne conserve plus rien de lui. Devenu partie de Dieu (κἀκείνου γενόμενος) il est un (avec Dieu) comme un centre qui coïncide avec un autre centre. Ceux-ci, en effet, sont un en tant qu'ils coïncident, et ils font deux quand on les distingue. C'est ainsi que nous disons ici que (l'âme)

(1) VI, 7, 34 (II, 466 27).
(2) I, 6, 9 (I, 95 24) : εἰ γέγονας τοῦτο... ἀλλ' ὅλος αὐτὸς φῶς ἀληθινὸν μόνον, οὐ μεγέθει μεμετρημένον οὐδὲ σχήματι εἰς ἐλάττωσιν περιγραφὲν οὐδ' αὖ εἰς μέγεθος δι' ἀπειρίας αὐξηθέν, ἀλλ' ἀμέτρητον πανταχοῦ, ὡς ἂν μεῖζον παντὸς μέτρου καὶ παντὸς κρεῖσσον ποσοῦ · εἰ τοῦτο γενόμενον σαυτὸν ἴδοις, ὄψις ἤδη γενόμενος... Or c'est bien la même infinité dont il est question, III, 1 de ce travail.
(3) VI, 9, 9 (II, 522 14). Cf. VI, 9, 11 (II, 524 23) : αὐτὸν (sc., θεὸν) γενόμενον.

est autre. Aussi cette vision est-elle *difficile à décrire*
(δύσφραστον). Comment décrire, en effet, comme s'il différait
de nous, ce qui, lorsqu'on le contemplait, n'était pas autre
que nous, mais ne faisait qu'un avec nous (1) ? — C'est
ce que voulait montrer la défense faite dans les mystères
de les révéler à ceux qui n'étaient pas initiés (εἰς μὴ
μεμυημένους). Ce qui est divin est ineffable (οὐκ ἔκφορον). On
prescrivait donc de n'en pas parler à celui qui n'avait pas
eu le bonheur de le voir. Alors les deux (sc., Dieu et l'âme)
n'étaient pas deux (δύο οὐκ ἦν); celui qui voyait était identique à Celui qui était vu (ἓν ἦν... ὁ ἰδὼν πρὸς τὸ ἑωραμένον),
de telle sorte que l'un ne voyait pas l'autre, mais lui était
uni (ἡνωμένον), et si quelqu'un se rappelait ce qu'il était,
quand il était mélangé avec Dieu (ἐκείνῳ ἐμίγνυτο), il aurait
en lui l'image de Dieu (εἰκόνα). Il était un, en effet, et il
n'avait aucune différence en lui... Rien ne se mouvait plus
en lui, ni la colère, ni la concupiscence, ni la raison, ni
même la pensée (οὐδὲ νόησις). Il n'était plus aucunement
lui-même (οὐδ' ὅλως αὐτός), s'il faut le dire; mais ravi en
quelque sorte et enthousiasmé (ἁρπασθεὶς ἢ ἐνθουσιάσας), tranquille et solitaire, il jouissait d'un repos imperturbable;
renfermé dans sa propre essence il n'inclinait d'aucun
côté, il ne se tournait même pas vers lui-même, il se tenait
dans une stabilité parfaite, il était devenu la stabilité
même (οἷον στάσις γενόμενος)... Peut-être même n'était-ce pas
une vision (θέαμα), mais une autre façon de voir, une
extase (ἔκστασις), une simplification, un abandon de soi, un

---

(1) VI, 9, 10 (II, 523 ᵃ). Le paragraphe presque tout entier (sauf les lignes 20 à 28) exprime la même pensée.

désir de contact, un repos, un souhait de se confondre avec ce que l'on voit dans le sanctuaire (1). »

L'Infinité divine est le comble de la perfection. Loin donc que l'Extase soit l'anéantissement de l'âme, la réalité de celle-ci devient infinie comme Dieu : « Ce qui reste à trouver pour celui qui s'est élevé au-dessus de tout est précisément Ce qui est avant tout (ὅ ἐστι πρὸ πάντων). Jamais, en effet, l'âme n'ira vers le non-être absolu, mais en s'abaissant elle ira vers le mal et ainsi vers le non-être, mais non vers le non-être absolu. Si elle suit la voie contraire, elle n'ira pas vers une chose différente d'elle, mais vers elle-même (οὐκ εἰς ἄλλο, ἀλλ' εἰς ἑαυτήν). De ce qu'elle ne sera pas dans une chose autre qu'elle, elle ne sera pas dans rien, mais en elle-même (οὐκ ἐν ἄλλῳ οὖσα ἐν οὐδενί ἐστιν, ἀλλ' ἐν αὐτῇ) (2). » Il semble qu'il y ait contradiction. Mais la contradiction, si contradiction il y a, disparaît quand on se rappelle comment l'Intelligence et, par suite, comment toute âme a été produite. Cette production a été l'œuvre simultanée du Principe premier et de la créature elle-même. L'un l'a commencée, l'autre y a collaboré et l'a achevée (3). L'âme comprend donc en quelque sorte deux puissances : l'une lui est propre; l'autre n'est en somme que la puissance émanée de Dieu. C'est par cette dualité de puissances que l'extase est, non l'anéantissement, mais l'exaltation de l'âme. « L'Intelligence possède une puissance de penser (δύναμιν εἰς τὸ νοεῖν), par

---

(1) VI, 9, 11 (II, 523 11).
(2) VI, 9, 11 (II, 524 15). Cf. VI, 7, 34 (II, 467 18) : οὐ γάρ ἐστιν ἀπάτη ἐκεῖ, κ. τ. λ.
(3) VI, 7, 35 (II, 468 21).

qui elle voit ce qui est en elle; avec une autre puissance, elle voit ce qui est au-dessus d'elle (τὰ ἐπέκεινα αὐτοῦ) dans une sorte d'assaut et de reddition (ἐπιβολῇ τινι καὶ παραδοχῇ). Cette entreprise la faisait d'abord voir simplement; plus tard la vision lui donna l'intelligence et la fit devenir une. Or la première façon de voir est propre à l'âme qui se possède encore; la seconde manière est celle de l'âme qui aime (νοῦς ἐρῶν). Eternellement l'âme a la puissance de penser; éternellement aussi elle possède celle de ne pas penser, c'est-à-dire de voir Dieu autrement que par la pensée (τὸ μὴ νοεῖν, ἀλλὰ ἄλλως ἐκεῖνον βλέπειν). Quand, en effet, elle voyait Celui-ci, elle a reçu des germes et elle a senti qu'ils étaient produits et déposés en elle. Lorsqu'elle les voit, on dit qu'elle pense; lorsqu'elle voit Dieu, c'est par cette puissance qui devait ensuite la faire penser (ἐκεῖνον δὲ ᾗ δυνάμει ἔμελλε νοεῖν). L'âme donc ne voit Dieu qu'en confondant (συγχέασα) (en Lui), en faisant disparaître l'intelligence qui est en elle. Ou plutôt c'est son Intelligence première qui voit (μᾶλλον δὲ αὐτῆς ὁ νοῦς ὁρᾷ πρῶτος), mais la vision (que celle-ci a de Dieu) va vers l'âme : Intelligence et âme ne font plus alors qu'un. C'est le Bien qui s'étend sur elles, les ajuste et les fond ensemble;... il les unit, les domine, et leur donne l'heureux sentiment et la vision de Lui-même (ἐκταθὲν δὲ τὸ ἀγαθὸν ἐπ' αὐτοῖς καὶ συναρμοσθὲν... μακαρίαν διδοὺς αἴσθησιν καὶ θέαν) (1). »

Le bonheur étant en raison de la perfection, l'âme en extase est infiniment heureuse. « Tout ce qui faisait auparavant sa joie, commandements, puissance, richesse,

---

(1) Cf. *suprà*, III° Part., ch. II, § II, 1°.

beauté, science, tout lui paraît méprisable (ὑπεριδοῦσα)... Elle ne craint rien tant qu'elle est avec Dieu et qu'elle Le contemple. Tout périrait autour d'elle qu'elle s'en féliciterait, puisqu'elle serait seule avec Dieu. Tant est grand le bonheur auquel elle est parvenue (1) !... — L'âme méprise même la pensée, à laquelle elle ne cessait jadis d'aspirer : la pensée, en effet, est un mouvement ; or l'âme ne veut plus alors se mouvoir (2). L'âme vit alors d'une autre vie ; elle s'avance vers Dieu, l'atteint, le possède, et, dans cet état, reconnaît le principe de la véritable vie (ὁ χορηγὸς ἀληθινῆς ζωῆς). Elle n'a plus besoin de rien. Au contraire il lui faut tout laisser pour se tenir en Dieu seul... Hâtons-nous donc de sortir d'ici-bas ; détachons-nous du corps qui nous afflige et nous enchaîne ; embrassons Dieu par tout notre être, et ne laissons aucune partie qui ne soit en contact avec Lui (ἐφαπτόμεθα) (3). »

Toutefois cet état ne peut durer. Certes « un temps viendra où l'âme jouira sans interruption de la vision divine (4). » Mais actuellement elle n'est pas assez détachée des choses d'ici-bas (5). Les choses intelligibles la fatiguent. « Chaque fois que l'âme approche de ce qui est sans forme, elle ne peut le comprendre parce qu'il est indéterminé (ἐξαδυνατοῦσα περιλαβεῖν τῷ μὴ ὁρίζεσθαι) et n'a pas reçu en quelque sorte une empreinte distinctive, elle s'en éloigne et elle tremble ne n'avoir devant elle que le néant (μὴ οὐδὲν ἔχῃ). Elle se fatigue dans ces régions et elle

---

(1) VI, 7, 34 (II, 467²¹). Cf. Ibid. (II, 467¹¹).
(2), VI, 7, 35 (II, 467³²).
(3) VI, 9 (II, 522⁴).
(4) VI, 9, 10 (II, 522²¹).
(5) Ibid. (II, 522²⁰).

redescend avec joie..., elle se laisse tomber jusqu'à ce qu'elle rencontre quelque objet sensible sur lequel elle s'arrête et se repose (1). »

Ce repos enfin ne peut être lui-même que passager. L'âme aspire toujours à quelque chose de plus grand qu'elle et en revient toujours à l'infini. « Celui qui aura perdu la vue de Dieu pourra encore, réveillant la vertu qui est en lui... remonter à la région céleste, s'élever par la vertu à l'Intelligence, et par la sagesse à Dieu même. Telle est la vie des dieux ; telle aussi la vie des hommes divins et bienheureux, détachement des choses et dédain des plaisirs d'ici-bas, fuite d'une âme solitaire vers le Dieu unique (2). »

Plotin est, avons-nous dit, le premier et vraiment grand philosophe mystique. Son génie et son instruction demeurèrent grecs. Mais la naissance, le milieu, en particulier l'influence d'Ammonius Saccas, une âme naturellement

---

(1) VI, 9, 3 (II, 510[27]).
(2) VI, 9, 11 (II, 524[36]). — Les mêmes philosophes, qui, pour les raisons indiquées plus haut (Cf. p. 181 n. 1), ont méconnu, ou reconnu la véritable nature de l'Infini, ont aussi pour les mêmes raisons méconnu ou reconnu la véritable nature de l'*extase* chez Plotin. Ainsi V. Cousin. *Hist. génér. de la philos.* p. 180 : « L'extase, loin d'élever l'homme jusqu'à Dieu, l'abaisse au-dessous de l'homme. » — Vacherot. *Hist. critiq.* etc. : « L'extase alexandrine — est une hypothèse qui ne peut pas plus se concevoir que se réaliser, une pure chimère. » (t. III, p. 435). Et au contraire, Steinhart. *Real. Encycl.* art. Plotin. p. 1772 : « Mais en tant qu'elle (la philosophie grecque) pénétrait dans ces profondeurs de l'esprit, où la conscience humaine atteint la conscience divine, et à la lumière de cette conscience, qu'elle relie étroitement à la beauté, à la vertu et à la pensée raisonnable, apprend à interpréter la nature et la vie humaine, elle ouvrait à l'esprit spéculatif des voies jusque-là inconnues au monde occidental. » — Ed. Zeller. *Die philos. d. Griech.* etc. III² : « L'extase est une forme supérieure de la conscience. »

tourmentée le préparèrent et le portèrent à spéculer sur l'Infinité divine. Philon, il est vrai, ainsi que Numénius lui en fournirent la notion. Mais Plotin perfectionna merveilleusement cette notion et en devint le premier théoricien. — Dieu étant le Principe premier et ne pouvant par conséquent être quoi que ce soit de ce qui vient ensuite, il est infini. Cette Infinité est celle, non d'une grandeur matérielle, mais d'une Puissance immatérielle. On peut d'ailleurs établir indirectement ces différents points en montrant que Dieu est par son unité et sa perfection supérieur à tout ce qui vient après lui, matière, choses, Ame, Intelligence. Dieu est donc absolu, inconnaissable et ineffable. Enfin cette ineffabilité est celle non du néant mais d'un Etre souverainement parfait. — Dieu a produit le Monde, non par caprice, désir ou volonté, mais par l'expansion naturelle de sa Puissance infinie. Celle-ci d'ailleurs étant double, intérieure et essentielle ou venant de l'essence et extérieure, la puissance Extérieure s'est seule répandue; Dieu est donc resté identique et solitaire tout en se répandant : il a surabondé. Enfin la continuité qui existe dans le monde à tous égards — présence non locale mais opérative, ubiquité divine, éternité du monde, procession indéfinie, etc. — rappelle et reproduit l'Infinité de la Cause créatrice. — L'expansion de la Puissance divine fonde d'abord et excite l'Intelligence; celle-ci se tourne alors vers son Principe ou son propre fonds et le voit en partie : cette vision partielle est l'Intelligence même. L'Intelligence est infinie, parce que son unité enveloppe une multiplicité indéterminée d'Idées; l'Idée même de cette Multiplicité est la Matière Intelligible.

Enfin la valeur de l'Intelligence est presque aussi grande que celle du Principe premier, mais elle ne l'égale pas; l'une est seulement ce qu'il y a de meilleur après l'autre. — La puissance de l'Intelligence fonde à son tour et excite l'Ame; celle-ci en se tournant vers son Principe et son fonds achève de se donner sa propre forme. L'Ame est infinie parce que son Unité enveloppe une Multiplicité Indéterminée de Raisons séminales ou Ames. Sa valeur enfin est presque, mais n'égale pas, celle de l'Intelligence; l'une est seulement le Principe immédiatement postérieur à l'autre. Avec l'Ame finissent les choses divines et commencent les choses Sensibles. — L'Ame a produit celles-ci, non par caprice, désir ou volonté, mais par une impulsion naturelle. Sa puissance Extérieure s'est répandue. La présence de l'Ame est non locale mais opérative. Elle est partout tout entière. Le monde sensible est éternel comme l'Intelligible. Cependant le Principe premier n'a pas bougé pour produire celui-ci; l'Ame au contraire a *bougé* pour produire l'autre. Le monde sensible est infini, parce que son Unité enveloppe une multiplicité Indéterminée de Vivants, astres, Terre, hommes, animaux, plantes, etc. La même Infinité se retrouve dans l'âme humaine. Le monde sensible a donc aussi une valeur infinie; il est le Meilleur possible; le Mal n'est qu'un moindre bien. Précisément la Matière, qui est identique au Mal en soi, n'est que le degré dernier et possible de la Puissance divine. — Dieu est le fond de nos âmes et celles-ci le cherchent naturellement. Mais l'un est infini et les autres finies. Nous ne pouvons donc nous unir à Lui et trouver le repos qu'en nous détachant des choses par la vertu, en nous approchant de Dieu par la contemplation et en sortant de nous-mêmes par l'extase. L'Extase est une déification ; l'âme en extase est pour un court moment infinie comme Dieu même.

On voit maintenant ce que Plotin doit et ce qu'il ajoute à ses devanciers jusqu'à Philon, à Philon même et à Numénius. Les premiers lui transmirent les matériaux les plus ordinaires de sa construction, distinction de l'intelligible et du sensible, Intelligence, Ame ; les autres lui fournirent la notion de l'Infinité divine et les doctrines corrélatives des Puissances intermédiaires et de l'Extase. Mais les matériaux sont d'abord élaborés, groupés, transformés par notre philosophe en vue même de l'Infinité. Plotin diffère ainsi profondément d'un Platon, d'un Aristote et même des Stoïciens.

M. Ed. Zeller à la vérité s'est efforcé d'atténuer cette différence et masque ainsi en partie l'influence de Philon. Il écrit : « Le panthéisme dynamique... des Néoplatoniciens *n'est qu'une métamorphose* de la doctrine stoïcienne sur le rapport de Dieu au monde (1). » Mais c'est dire trop et trop peu. L'Absolu que le stoïcisme contient implicitement laissait la porte ouverte à l'Infinité. Mais celle-ci n'apparut et ne rejoignit l'autre que lorsque Philon apporta son Dieu *sans qualités*. — L'embarras où sa thèse jette M. Ed. Zeller est parfois visible. Tantôt les rapprochements que l'éminent historien établit entre Philon et ses devanciers grecs n'ont pas une

---

(1) III¹, 476.

portée suffisante. Tantôt la force même des textes lui fait reconnaître tout à coup l'influence de Philon et son importance. Par exemple M. Ed. Zeller compare à propos des Puissances divines la doctrine de Philon et les pages de la *République* sur le soleil intelligible, celles du *Timée* sur l'expansion de l'Ame universelle à travers le monde et la conception stoïcienne du souffle divin répandu dans les choses ; le langage même, remarque M. Ed. Zeller, est identique : « le terme d'*émanation* (ἀπόρροια) avait été employé plusieurs fois... par les Stoïciens, surtout pour exprimer l'union de l'âme humaine avec l'esprit divin (1) » ; de même le terme *lambeau* (ἀπόσπασμα) (2). Mais c'est voir les choses avec quelque simplicité. De Platon et des Stoïciens à Philon la lettre est la même ; l'esprit est autre. La lumière à laquelle Platon emprunte ses comparaisons est brillante sans doute mais surtout limpide et douce ; celle de Philon est éclatante et obscure. L'Ame du *Timée* se promène dans le monde comme un prince dans son domaine ; les Puissances chez Philon pénètrent et matent les choses. Le souffle divin, il est vrai, a déjà, ou peu s'en faut, le même rôle chez les Stoïciens. Ce rôle pourtant est moins assuré : « matière et esprit sont unis partout et toujours. » Surtout le rapport de Dieu au monde est un rapport d'équivalence ; Dieu chez Philon domine le monde de toute son Infinité. Des termes donc comme ceux d'*émanation* et de *portion* ont pu être employés par les Stoïciens et repris à ceux-ci par Philon ; Philon leur donne un sens sinon entièrement nouveau du moins plus

---

(1) III², 416.
(2) *Ibid.*, note 2.

profond. Ἀπόρροια marquait pour la première fois avec les Stoïciens l'*immanence* de l'esprit aux choses, ἀπόσπασμα la *continuité* de ces mêmes choses ; mais nul rapport n'était établi entre l'immanence ou la continuité et la nature déterminée ou indéterminée du Principe premier. Philon au contraire se sert de l'immanence et de la continuité pour sauvegarder la perfection infinie de Dieu vis-à-vis de l'univers. Les mêmes remarques vaudraient aussi pour le rapprochement que M. Ed. Zeller effectue entre la doctrine de Philon sur l'Extase et certaines pages du *Banquet* (1). — La force des textes n'a pas laissé d'ailleurs que d'amener M. Ed. Zeller à restreindre notablement sa pensée. Ainsi le passage que nous citions tout à l'heure est suivi de cette observation que « la transcendance divine a été conditionnée par la direction *postérieure* de la philosophie grecque (2). » L'historien écrit ailleurs à propos de l'extase : « Ces propositions qui sont si étroitement liées avec toute la manière de penser (de Philon), séparent sa philosophie religieuse d'une façon tout à fait décisive (ganz entschieden) de la science pure et parfaite en soi de l'antiquité grecque (3). » Ailleurs enfin M. Ed. Zeller avoue que l'extase est « en opposition avec la direction générale de la pensée classique, » et marque « une parenté décisive avec la tournure d'esprit orientale (4). »

Si grande toutefois que la place de Philon et celle de Numénius aient été dans l'histoire de l'Infinité divine,

(1) *Conviv.* 209 E et 215 E.
(2) III², 477.
(3) III², 464.
(4) III², 666.

la place de Plotin l'est davantage encore. — Philon est moins un philosophe qu'un exégète ; Numénius est un philosophe mais de second ordre ; il y a au contraire chez Plotin une *théorie* de l'Infinité divine. — Philon et même Numénius font leur Dieu personnel en même temps qu'infini ; le Dieu de Plotin n'est rien qu'infini. Jahvé chez Philon dispose le monde comme le Démiurge du *Timée;* le Principe premier de Plotin se répand, non par caprice, désir ou volonté, mais par une expansion naturelle ; cette expansion même est étudiée par le philosophe avec soin et subtilité. — La doctrine des Principes intermédiaires est chez Philon et chez Numénius incohérente et confuse ; Plotin laisse l'Intelligence, l'Ame, le Monde sensible, et, dans chacun de ces Principes, leurs différentes Parties, découler harmonieusement du Principe premier et les unes des autres ; tous surtout reproduisent à leur manière l'Infinité de ce Principe. Philon et Numénius même sont encore dualistes ; Plotin est moniste : la Matière infinie n'est plus que le degré dernier et idéal de la Puissance divine et infinie. — L'infinité de l'Ame par extase avait été remarquablement décrite par Philon ou Numénius et Plotin s'en souvient à l'occasion. Mais le VI⁰ livre des *Ennéades* et d'autres passages laissent loin derrière eux par leur force, leur éclat et leur abondance les fragments obscurs de Numénius ou même la limpide et molle onction de Philon.

CONCLUSION

~~~~~~

Telle est l'histoire de l'Infinité divine depuis Philon le Juif jusqu'à Plotin. L'importance du moment et la difficulté de traiter avec l'ampleur nécessaire l'histoire entière de la notion nous ont fait nous tenir presque exclusivement à cette période des *origines*. Mais le développement et la valeur de l'Infinité elle-même en devenaient moins faciles à saisir. Ainsi une Partie qui eût été autre chose qu'une Introduction n'eût pas simplement établi l'hésitation, puis l'opposition de l'esprit grec vis-à-vis de l'Infinité divine. Nous eussions pénétré au sein de cette opposition et nous y eussions rencontré l'Infinité, non seulement dans tel et tel passage de la *République* et de la *Métaphysique*, mais chez Platon et chez Aristote mêmes dans cette « mère des choses » et cette Matière première au regard desquelles Dieu semble devenir inutile, puis dans tout le système des Stoïciens. L'Infinité d'autre part eut apparu demeurant après Plotin dans la spéculation avec une fortune grandissante, mais non encore exclusive de notions contraires. — On peut d'ailleurs, ces remarques faites, mesurer cette fortune. Partout un premier Principe est donné aux choses, l'eau, l'Indéterminé, le Germe, les atomes, l'Idée du Bien, la Pensée chez les Grecs; Jahvé chez les Juifs. Mais Grecs et Juifs connaissant mieux les choses soulèvent progressivement au-dessus d'elles un Principe qui devait rester premier et donc autre qu'elles. Ainsi ce Principe tendait à devenir infini. Mais la personnalité primitive et puissante de Jahvé résiste dans Israël. Le débat chez les Grecs est encore plus complexe. L'Eau est nettement déterminée. La nature de l'*Indéterminé* reste incertaine. Le Germe est infini, mais l'Intelligence paraît en même temps. L'Infini est le théâtre sur lequel les Atomes se jouent ; mais Démocrite et Epicure ne paraissent voir de ce théâtre que les acteurs. Le raisonnement jette Platon et Aristote en face de l'Infinité ; l'un se dérobe, l'autre ferme les yeux. Bien plus. Les Germes, où il y avait de tout, la chiquenaude donnée, se suffisaient ; Anaxagore passe. La « mère des choses » une fois fécondée n'avait plus besoin que d'elle-même pour les nourrir ; Platon ne s'en soucie pas. La Pensée ne fait en somme que mettre en branle une Matière qui tire tout d'elle-même ; Aristote l'aperçoit, s'en émeut un instant (1), et conclut négativement. Epicure affirme dogmatiquement la « déclinaison »

(1) Dans *Mét.*, VI, 1-6 où Aristote se demande si la Matière n'est pas la *substance*.

savants. L'Absolu et par suite l'Indéterminé était partout dans le stoïcisme; mais les Stoïciens ne le voient pas. Enfin l'Infinité qui perce ainsi de tous côtés devient de plus en plus identique au Mal physique et moral. Comme d'ailleurs cet Infini est inintelligible, les Stoïciens avancent qu'il n'existe pas. Platon déjà ne s'était-il pas laissé entraîner à donner des qualités à la mère des choses et Aristote n'avait-il pas affirmé que Forme et Matière étaient partout unies ? — Cependant il fallait aboutir. L'aboutissement se produisit quand un Juif spécula. L'esprit grec était trop positif pour qu'un Grec pur consentît à prendre l'Infinité pour le comble de la Perfection. Peut-être aussi le terrain physique sur lequel Thalès avait placé la spéculation empêcha-t-il celle-ci de prendre de Dieu une idée suffisamment haute. Philon au contraire tenait de sa race une croyance en Dieu la plus fiévreuse qui eût jamais été et une imagination plus vive que claire. Un Dieu parfait, indéterminé, et l'un parce que l'autre, n'avait que pour satisfaire cette croyance et cette imagination. Plotin, esprit tourmenté, lecteur de Philon et de l'exégète Numénius, dialecticien bien plus audacieux que Platon, fit le reste. Le Dieu sans qualités du Juif alexandrin devint un Dieu infini. Cependant le Dieu de Philon est Jahvé en même temps que sans qualités. Plutarque réintroduit dans la théologie le déterminisme grec. Ce déterminisme teinte quelquefois encore l'Un et le Bien chez Plotin. Surtout Dieu demeure pour tous le Parfait. — Le mélange a subsisté. Si Dieu est devenu presque uniquement infini chez Plotin et, après lui, chez un Pseudo-Denys, un

Bruno, un Maïmonide et un Spinoza (1), saint Augustin, saint Thomas d'Aquin, Bossuet, Malebranche, Kant, nous-mêmes enfin ne le concevons guère autrement que Philon. Dieu pour ceux-là comme pour nous demeure quelque chose de plus ou moins inconnaissable, et quelque chose aussi de Parfait ou même de plus ou moins semblable à l'homme. La dogmatique chrétienne en effet a marqué irrésistiblement la pensée moderne. Or c'est Philon bien plus que Plotin qui alimenta cette dogmatique (2). —

(1) V. les textes cités par M.-N. Bouillet. *Les Ennéades de Plotin*, passim; Fr. Picavet. *Esquisse d'une hist. gén. des philos. médiévales* : II, 8; III, 1, 2, 4, 10; IV, 5-8; V, 9-10; S. Karppe. *Essais de critique*. Monothéisme et Monisme; Id. *Les origines du Zohar*.

(2) Sur l'opposition qui exista primitivement entre le Néoplatonisme et le Christianisme, nous citons volontiers les pages remarquables d'Ed. Zeller III², 494 : « Nous considérons comme moins fondée encore l'opinion, que la religion chrétienne comme telle, abstraction faite des spéculations gnostiques, ait participé à la formation du Néoplatonisme. Non seulement sans doute le Christianisme est entré plus tard en relation par voie de conclusions avec le Néoplatonisme, mais tous deux sont proches parents par leurs origines. Tous deux sont sortis de l'état d'une époque où les peuples, aussi loin que s'étendait le peuple romain, avaient perdu ou commençaient à perdre leur indépendance, les religions populaires leur puissance, les formes d'organisation nationale leur empreinte particulière; où les soutiens de la vie extérieure et intérieure tombaient en même temps; où se faisaient jour chez les peuples civilisés, qui avaient jusqu'alors le plus marqué, la conscience de leur chute et le pressentiment d'une ère nouvelle; où la recherche d'une manière d'être nouvelle, satisfaisante, de la vie spirituelle, d'une communauté embrassant tous les peuples, d'une croyance dépassant toutes les misères du présent et apaisant tous les besoins de la sensibilité, était générale. Conformément à cette origine première, tous deux procèdent d'un vif sentiment de misère; tous deux sont pénétrés de l'insuffisance de l'existence terrestre, de la caducité et de l'insignifiance de toute chose extérieure, de la distance infinie qui existe entre le Monde et Dieu, la Nature et l'Esprit. Une solution de cette opposition est recherchée par tous deux et tous deux ne la savent trouver en dernière analyse que dans l'abandon à l'appui divin, dans la croyance en une révélation divine. Mais le Christia-

Pourtant un pas nouveau semble fait depuis Comte où, si l'on veut, depuis Descartes et Kant. La Science d'un côté a commencé d'appliquer à la nature Morale la méthode qui lui a permis d'agir sur la nature Physique et tout, — si ce n'est une opposition deux fois antiscientifique puisque cette opposition serait a priori et contredite par les faits — permet d'espérer le succès final. D'autre part un Monde mouvant comme le fleuve du vieil Héraclite se révèle depuis un siècle à notre esprit stupéfait. Le jour donc où la Morale sera devenue une Physique des mœurs ; le jour surtout où le fleuve de la vie aura charrié jusqu'à notre rive, s'il ne l'a déjà fait en quelque autre endroit, des formes d'esprit aussi supérieures à notre propre mentalité que celle-ci l'emporte sur la mentalité de l'escargot, que nous restera-t-il à proférer sur Dieu ? que restera-t-il de ce que nous en aurons proféré ? Dieu alors sera vraiment

---

nisme reconnaît cette révélation dans des personnes et des faits historiques ; pour le Néoplatonisme, elle coïncide en partie avec l'ordre naturel des choses, et elle est en partie le but inaccessible de la spéculation mystique... L'un enseignait l'abaissement de la Divinité jusqu'au dernier fond de la faiblesse humaine ; l'autre poursuivait l'élévation de l'homme jusqu'à une déification surhumaine. L'un apportait une *religion* nouvelle..., mais en tant qu'il se rattachait à quelque chose de donné, il se tenait tout voisin de la *dogmatique juive*; l'autre voulait remédier à la misère des temps par une *spéculation* qui réunirait en elle les fruits de la science et de la religion helléniques, mais qui précisément à cause de cela n'eut pas la force d'insuffler une vie nouvelle à la civilisation mourante de la Grèce. » — Fr. Picavet (*Plotin et saint Paul*. Séances et trav. de l'Acad. d. Sc. mor., etc. Mai, 1904) a rapproché le discours de saint Paul à l'Aréopage (*Act.*, xvii, 22 et seqq.) et certains passages des *Ennéades*. Plotin, suivant l'auteur, aurait « spiritualisé » l'Apôtre. Mais le parallélisme des textes ne nous paraît pas suffisamment rigoureux. Plotin par suite a pu reprendre aux Stoïciens ou à Philon le Juif et spiritualiser ensuite les idées que saint Paul avait développées devant l'Aréopage et qui sont en effet stoïciennes pour le fond.

fication des deux n'a été que le détour le plus subtil et comme désespéré du dogmatisme — mais Perfection ou Imperfection radicale selon le sentiment de l'esprit qui le concevra. Si dès lors l'une et l'autre conception en ont fortifié, si elles en fortifieront encore tel ou tel, le savant qui aura observé *exactement* ne serait-ce qu'une seule cellule ou un seul état de conscience aura toujours plus fait pour le salut de tous.

TABLE DES MATIÈRES

Pages.

Avant-Propos. Objet, division et but de l'ouvrage.   v
Table alphabétique des auteurs cités.   ix

INTRODUCTION
L'Infinité divine dans la Philosophie grecque avant Philon le Juif.

Objet et division. — I, De Thalès a Démocrite : l'esprit grec hésite entre l'infinité et la détermination du Principe premier. — Le *Chaos* de la *Théogonie.* — *Thalès de Milet.* Caractère physique et scientifique du problème philosophique. Caractère déterminé de l'élément premier. — *Anaximandre.* L'Infini ; son caractère positif ; son imperfection. — *Anaximène.* L'air Infini ; recul par rapport à Anaximandre. — *Héraclite.* Limitation quantitative et qualitative du feu ; le feu est un Verbe. — *Les premiers Pythagoriciens.* Textes ; éclaircissements ; authenticité ; dualisme ; l'infini, principe Imparfait. — *Xénophane de Colophon.* L'Infinité, illimitation relative de l'Etre dans l'espace. — *Parménide et Mélissos.* Détermination de l'Etre chez le premier ; Infinité de l'Etre chez le second ; les antinomies de Zénon. Réflexions complémentaires sur Mélissos. Son Etre infini est-il immatériel? Est-il Dieu? — *Philolaos.* Dualisme ; difficultés ; l'infini, principe Imparfait physiquement et moralement. — *Anaxagore.* Doctrine. Le *germe* est l'Infini d'Anaximandre repris et mis au point. Son caractère positif. L'Intelligence et son isolement ; sa perfection relativement infinie ; sa toute-puissance relative. Les germes, leur infinité numérique et interne. Une philosophie de l'Infini. — *Archélaos et Diogène d'Apollonie.* Indétermination apparente et caractère scientifique de leur physique. — *Empédocle et Démocrite.* Triomphe du déterminisme scientifique.

ET MÊME L'IRRÉEL. *Opposition* de la Perfection et de l'Infinité.
— *Platon*. L'infini dans le *Philèbe*. La matière du *Timée*.
Dualisme ; caractère positif et inférieur de l'infini. Un texte
de la *République*. — *Aristote*. Aristote reprend et systématise la doctrine de Platon ; l'infini est ce qui devient
toujours autre. Un passage de la *Métaphysique*. — *Epicure*. Déterminisme ; infinité numérique des atomes et des
mondes ; le vide infini. — *Les Stoïciens*. L'infini est l'irréel
et l'inconcevable. — Conclusion.   1

PREMIÈRE PARTIE
Philon le Juif.

Objet et division.   35

CHAPITRE PREMIER

*L'Infini en soi dans la tradition juive. — Philon le Juif.
Origines ; éducation. L'Infini en soi.*

I. LE PEUPLE JUIF. Le monothéisme juif ; Dieu est ineffable,
parfait, tout-puissant. — II. PHILON LE JUIF. *Les origines et
l'éducation*. Le Juif. Le Grec. Prédominance de l'un sur
l'autre. — *L'Infinité divine*. Dieu n'est ni ceci ni cela. Dieu
est supérieur à tout. Dieu est « sans qualités » ; ineffable ;
inconnaissable. Déterminations positives. La personnalité
de Dieu. — *Conclusion*.   37

CHAPITRE DEUXIÈME

*Les Puissances intermédiaires dans la tradition juive.
Philon le Juif.
Les Puissances intermédiaires et le Verbe. La Matière.*

Objet et division. — I. LA TRADITION JUIVE. La toute-puissance
de Jahvé. Les Puissances intermédiaires dans le Pentateuque,
le livre de *Job* et les *Proverbes*. L'*Ecclésiastique* et les
Septante. L'influence hellénique : Aristobule et la *Sagesse*.

parition des Puissances. Extension et section, effusion, illumination et émanation de l'Etre divin. Personnalité ou Infinité, causalité ou émanatisme. 3° *L'Infinité divine et la nature des Puissances*. Personnalité ou Infinité. 4° *L'Infinité divine et le nombre des Puissances*. Les Puissances sont une, ou plusieurs, ou en nombre infini. 5° *L'Infinité divine et le Verbe*. Considérations analogues. — *Conclusion*. — III. La matière chez Philon. Infinité divine et émanatisme. Personnalité divine et réalité de la matière. Conclusion. . . 57

CHAPITRE TROISIÈME

L'extase dans la Tradition juive et chez Philon le Juif.

Objet et division. — I. La tradition juive. Le prophétisme dans Israël. Appréciation. — II. Philon le Juif. 1° *La purification et la contemplation dans leur rapport avec l'Infinité divine*. Dépréciation de la vie sociale, subordination de la dialectique à la morale; Infinité et scepticisme. 2° *L'extase et l'Infinité divine*. Description de l'extase. L'extase est un don divin. Identification de l'âme avec Dieu. Activité de l'âme durant l'extase. Rareté et brièveté de l'extase. Conclusion. — *Place de Philon dans l'histoire de l'Infinité divine*. . . 85

DEUXIÈME PARTIE

Les Néopythagoriciens.

Objet et division. 105

CHAPITRE PREMIER

Le Néopythagorisme en général.

Objet et division. Hésitation de l'esprit grec en face de l'Infinité... — I. *Dieu*. Il est tantôt fini, tantôt infini. — II. *Les Principes intermédiaires*. Personnalité ou Infinité. — III. *La matière*. Infinité et monisme. Dualisme. — IV. *L'activité morale*. 106

CHAPITRE DEUXIÈME

Plutarque.

Pages.

Objet et division. — I. *Vie, caractères, idées maîtresses de Plutarque.* Le Grec. L'Oriental. Prédominance de l'un sur l'autre. — II. *Dieu.* Il est conçu d'une manière très haute, mais il est personnel. — III. *Principes intermédiaires.* Infinité et panthéisme. Dualisme. L'Ame du monde. L'Ame mauvaise. La matière. — IV. *L'activité morale.* Dieu, source du bonheur. La piété. La connaissance de Dieu ; ses conditions intérieures et extérieures. L'extase. — *Conclusion*   114

CHAPITRE TROISIÈME

Numénius.

Objet et division. — I. *Idées maîtresses.* Orientalisme. — II. *Dieu.* Son infinité. — *Principes intermédiaires.* Subtilités. — IV. *L'extase.* Perfection de la théorie. — *Conclusion.* Place de Numénius dans l'histoire de l'Infinité divine. 137

TROISIÈME PARTIE

Plotin.

Objet et division. 153

CHAPITRE PREMIER

La Vie de Plotin. L'Infini en soi.

Objet et division. — I. *Vie et caractère.* Ammonius Saccas et Plotin. — II. *L'Infini en soi.* Dieu est infini. Raisons de cette Infinité. — III. *Déterminations négatives.* Dieu n'est ni la matière, ni la totalité des choses, ni l'Ame universelle ; ni l'Intelligence, ni l'Etre et l'Essence, ni la Beauté. — IV. *Ineffabilité.* Dieu est absolu, supérieur à tout, ineffable et inconnaissable. — V. *Déterminations positives.* 155

CHAPITRE DEUXIÈME.

L'expansion de l'Infini.

Objet et division. — I. L'INFINITÉ DIVINE ET LA PRODUCTION DU MONDE. — 1° *L'Infinité divine et la nécessité de la création.* L'une est la raison de l'autre. 2° *L'Infinité et le mode de la création.* Dieu n'a ni agi par caprice, ni désiré, etc. Il a « surabondé. » L'acte de l'essence (τῆς οὐσίας) et l'acte qui vient de l'essence (ἐκ τῆς οὐσίας). 3° *L'Infinité divine et la continuité du monde.* La présence de Dieu est non locale, mais opérative. L'ubiquité divine. L'action créatrice est illimitée dans le temps et dans l'espace. Continuité et Infinité de la procession. Dieu n'est pas allé vers les choses, mais celles-ci sont allées vers lui. — II. L'INFINITÉ DIVINE ET L'INTELLIGENCE. 1° *L'Infinité divine et l'existence de l'Intelligence.* L'Infini fournit d'abord le fond, puis excite l'Intelligence à se tourner vers lui ; celle-ci se tourne en effet vers le Principe premier et se donne ainsi à elle-même sa propre forme. 2° *L'Infinité divine et le contenu de l'Intelligence.* L'Intelligence est infinie en soi, parce que son unité contient une multiplicité infinie d'Idées. La matière intelligible. 3° *L'Infinité divine et la valeur de l'Intelligence.* Perfection de l'Intelligence. Distinction essentielle du Principe premier et de l'Intelligence. — III. LA PHILOSOPHIE DE PLOTIN : SON CARACTÈRE. La philosophie de Plotin n'est ni l'éclectisme pur et simple ; ni l'émanatisme ; ni un panthéisme-dynamique ; Hegel et M. Ed. Zeller ; une opinion de M. V. Brochard. La philosophie de Plotin est un « plotinisme », c'est-à-dire un tout complexe et original. — IV. L'INFINITÉ DIVINE ET L'AME. 1° *L'Infinité et l'existence de l'Ame.* La puissance très grande de l'Intelligence fonde et excite l'Ame ; celle-ci achève de se donner à elle-même sa propre forme. 2° *L'Infinité divine et le contenu de l'Ame.* Ce contenu est une infinité de Raisons séminales. 3° *L'Infinité divine et la valeur de l'Ame.* L'Ame est à la fois très grande et imparfaite. 182

CHAPITRE TROISIÈME

L'expansion de l'Infini (suite).

Objet et division. — I. L'INFINITÉ DIVINE ET LE MONDE SENSIBLE. 1° *L'Infinité et l'existence du monde sensible.* L'Ame a produit le monde, non par volonté, mais « par l'acte de son essence » et par cet acte qui vient de l'essence. L'Ame est partout tout entière. Le Monde est éternel. L'Ame a bougé pour créer. 2° *L'Infinité et le contenu du monde sensible.* Les âmes ; leur descente : impulsion naturelle. Hiérarchie des âmes : par cette hiérarchie le monde sensible est un infini. Les diverses sortes d'âmes. L'âme humaine et ses parties. 3° *L'Infinité et la valeur du monde sensible.* Le monde sensible est le meilleur possible. Théodicée. Le mal en général : il n'est qu'un moindre bien et il était nécessaire. Les maux particuliers : ils ne sont des maux qu'en apparence. La liberté. Préexistence, survie, extase. — II. L'INFINITÉ DIVINE ET LA MATIÈRE. Objet. Textes dualistes. La matière est un infini négatif. Elle est le non-être. Monisme : la matière est la limite idéale de la puissance infinie. Examen des textes dualistes. 209

CHAPITRE QUATRIÈME

L'Infini par concentration ou extase.

Objet et division. — 1° PURIFICATION. Les Vertus. — 2° CONTEMPLATION. Dédain de la Science. — L'EXTASE. L'Infinité divine la nécessite. Elle en détermine les moyens : insuffisance des sens, méditation, simplification. L'Infinité détermine la nature de l'extase : celle-ci est une déification. Perfection et bonheur de l'âme durant l'extase. Brièveté et rareté de l'extase. — *Conclusion.* Résumé et place de Plotin dans l'histoire de l'Infinité divine. 230

CONCLUSION. 249

Bar-le-Duc. — Impr. Saint-Paul.

FÉLIX ALCAN, Éditeur.

EXTRAIT DU CATALOGUE. — Philosophie ancienne.

ARISTOTE (Œuvres d'), traduction de J. BARTHÉLEMY-SAINT-HILAIRE.
— Rhétorique. 2 vol. in-8 .... 16 fr.
— Politique. 1 vol. in-8° .... 10 fr.
— La Métaphysique. 3 vol. in-8° .... 30 fr.
— De la Logique d'Aristote, par M. BARTHÉLEMY-ST-HILAIRE. 2 v. in-8° 10 fr.
— L'Esthétique d'Aristote, par M. BÉNARD. 1 vol. in-8° ...... 5 fr.
— La Poétique d'Aristote, par A. HATZFELD, professeur honoraire au Lycée Louis-le-Grand et M. DUFOUR, prof. à l'Univ. de Lille. 1 vol. in-8° 6 fr.
ÉPICURE. La Morale d'Épicure et ses rapports avec les doctrines contemporaines, par M. GUYAU. 1 vol. in-8°. 3° édition .... 7 fr. 50
PLATON. Sa Philosophie, sa vie et ses œuvres, par Ch. BÉNARD. In-8°. 10 fr.
— La Théorie platonicienne des Sciences, par Elie HALÉVY. In-8°. 5 fr.
— Œuvres, traduction Victor COUSIN, revue par J. BARTHÉLEMY-SAINT-HILAIRE : *Socrate et Platon ou le Platonisme — Euthyphron-Apologie de Socrate — Criton — Phédon.* — 1 vol. in-8° .... 7 fr. 50
SOCRATE. La Philosophie de Socrate, par Alf. FOUILLÉE. 2 vol. in-8° 16 fr.
— Le Procès de Socrate, par G. SOREL. 1 vol. in-18 .... 3 fr. 50
BÉNARD. La Philosophie ancienne, histoire de ses systèmes. In-8°... 9 fr.
BOUTROUX. Études d'histoire de la Philosophie. *L'histoire de la philosophie — Socrate fondateur de la science morale — Aristote — Jacob Boehme — Descartes — Science et morale selon Descartes — Kant — La philosophie écossaise et la philosophie française.* 2° éd. 1 vol. in-8° 7 fr. 50
DUGAS. L'Amitié antique. 1 vol. in-8° .... 7 fr. 50
FAVRE (Mme Jules), née VELTEN. La Morale de Socrate. 1 vol. in-18 3 fr. 50
— La Morale d'Aristote. 1 vol. in-18 .... 3 fr. 50
— La Morale des stoïciens. 1 vol. in-18 .... 3 fr. 50
FERRIÈRE. Les Mythes de la Bible. 1 vol. in-18 .... 3 fr. 50
GOMPERZ. Les Penseurs de la Grèce : Tome I. *La philosophie antésocratique.* 1 vol. gr. in-8°, 10 fr. — Tome II. *Les grands tragiques — Thucydide — Xénophon — Socrate et Socratiques — Platon.* 1 fort vol. gr. in-8° 12 fr.
(Le 3° et dernier volume est en préparation. Il traitera d'Aristote, des Stoïciens et des Épicuriens)
KARPPE. Les origines et la nature du Zohar. 1 vol. in-8° ..... 7 fr. 50
LANESSAN (DE). La Morale des Philosophes chinois. 1 vol. in-12. 2 fr. 50
— La Morale des Religions. 1 vol. in-8° .... 10 fr.
MABILLEAU. Histoire de la Philosophie atomistique. 1 vol. in-8° (Couronné par l'Institut) .... 12 fr.
MARIÉTAN. Problème de la classification des Sciences, d'Aristote à saint Thomas. 1 vol. in-8° .... 3 fr.
MAX MÜLLER. Nouvelles études de Mythologie. 1 vol. in-8°... 12 fr. 50
MILHAUD (G.). Les Origines de la Science grecque. 1 vol. in-8°.... 5 fr.
— Les Philosophes géomètres de la Grèce. 1 vol. in-8° ...... 6 fr.
OGEREAU. Système philosophique des stoïciens. 1 vol. in-8° ... 5 fr.
OLDENBERG. Le Bouddha. *Sa vie, sa doctrine, sa communauté.* 2° édition, traduit de l'allemand par M. Paul FOUCHER. 1 vol. in-8° ...... 7 fr. 50
— La Religion du Véda. Trad. V. HENRY. 1 vol. in-8° ...... 10 fr.
OUVRÉ. Les Formes littéraires de la Pensée grecque. 1 vol. in-8°. 10 fr.
PIAT (C.). Socrate. 1 vol. in-8° .... 5 fr.
PRAT. Le Mystère de Platon. *Aglaophamos.* 1 vol. in-8° ..... 4 fr.
— L'Art et la Beauté. *Kallikles.* 1 vol. in-8° .... 5 fr.
RÉVILLE. Histoire du Dogme de la Divinité de Jésus-Christ. 3° édition. 1 vol. in-12 .... 2 fr. 50
RIVAUD (A.). Le problème du devenir et la notion de la matière dans la philosophie grecque. 1 vol. in-8° .... 10 fr.
RODIER. La Physique de Straton de Lampsaque. 1 vol. in-8° ... 3 fr.
TANNERY (Paul). Pour l'Histoire de la Science hellène (de Thalès à Empédocle). 1 vol. in-8° .... 7 fr. 50
TERQUEM (A.). La Science romaine à l'époque d'Auguste. 1 vol. in-8° 3 fr.
VAN DER REST. Platon et Aristote. 1 vol. in-8° .... 10 fr.